Michael S. Aßländer
Wirtschaft

Grundthemen Philosophie

Herausgegeben von
Dieter Birnbacher
Pirmin Stekeler-Weithofer
Holm Tetens

Michael S. Aßländer

Wirtschaft

—

DE GRUYTER

ISBN 978-3-11-030620-0
e-ISBN 978-3-11-030638-5

Library of Congress Cataloging-in-Publication Data
A CIP catalog record for this book has been applied for at the Library of Congress.

Bibliografische Information der Deutschen Nationalbibliothek
Die Deutsche Nationalbibliothek verzeichnet diese Publikation in der Deutschen
Nationalbibliografie; detaillierte bibliografische Daten sind im Internet
über http://dnb.d-nb.de abrufbar.

© 2013 Walter de Gruyter GmbH & Co. KG, Berlin/Boston
Satz: fidus Publikations-Service GmbH, Nördlingen
Druck und Bindung: Hubert & Co. GmbH & Co. KG, Göttingen
Printed on acid-free paper
Printed in Germany

www.degruyter.com

Inhalt

1. Vorwort

Wenn es darum geht, in einer philosophischen Reihe das Thema „Wirtschaft"
zu behandeln, ist dies mit mehreren Herausforderungen verbunden. Zum ersten
ergibt sich das Problem, dass die Quellenlage des ökonomischen Schrifttums
stark uneinheitlich ist. Während ökonomische Fragen in der antiken Literatur
und den Schriften des Mittelalters eine eher untergeordnete Rolle spielen, nimmt
die Menge an literarischen Quellen mit der Etablierung der Ökonomie als eigener
Wissenschaft im Laufe der Neuzeit erheblich zu und erreicht in der Gegenwart
eine nahezu unüberschaubare Fülle an Einzelwerken, unterschiedlichen und
teilweise gegensätzlichen Ansätzen. Zum zweiten verändert sich im Laufe der
ökonomischen Theoriegeschichte auch das Selbstverständnis der Ökonomie als
Wissenschaft. Orientierten sich die ökonomischen Schriften der Antike an den
Vorstellungen der Eudaimonie und sahen Wirtschaften als notwenige Voraussetzung für ein gelungenes und glückliches Leben, und wurde Ökonomie im Denken
der mittelalterlichen Theologen vor allem als Teil einer gesamtgesellschaftlichen
Ordnung gesehen, geht diese Anbindung der Ökonomie an eine praktische Philosophie spätestens gegen Ende des 19. Jahrhunderts verloren. Ihrem Selbstverständnis nach sieht sich die moderne Ökonomik als wertfreie Wissenschaft,
die sich auf Basis mathematischer Modelle vor allem mit der Entwicklung von
Märkten und weniger mit den dahinter liegenden Handlungen und Motiven einzelner Akteure beschäftigt. Schließlich ergibt sich zum dritten die Frage nach
einer geeigneten Vorgehensweise, die es erlaubt, die „philosophischen" Problemlagen der ökonomischen Wissenschaft zu thematisieren. Hier bieten sich generell
zwei mögliche Vorgehensweisen an: Entweder konzentriert man sich auf zentrale
normative Annahmen der Ökonomie wie das Postulat der ökonomischen Rationalität oder das Menschenbild der Ökonomie und diskutiert deren Entstehung
und die damit verbundenen Implikationen, oder man konzentriert sich auf die
Theoriegeschichte der ökonomischen Theoriebildung und versucht so, die Veränderungen innerhalb der ökonomischen Fragestellungen im Zeitablauf sichtbar
zu machen.

Ich habe mich im vorliegenden Band für letztere Vorgehensweise entschieden. Dies einerseits deshalb, da es mir ein Anliegen ist, die theoriegeschichtlich
bedingten Veränderungen der gesellschaftlichen Bedeutung wirtschaftlicher Fragestellungen im Zeitablauf aufzuzeigen. Während ökonomische Diskussionen in
unserer heutigen „Wirtschaftsgesellschaft" einen breiten Raum einnehmen und –
von den täglichen Börsennachrichten bis hin zur Berichterstattung über die aktuellen Konjunkturdaten – unseren medialen Alltag bestimmen, spielt Ökonomie
in früheren Gesellschaften eine weitaus geringere Rolle. Dies bedeutet nicht, dass
„Wirtschaften", im Sinne von Daseinsvorsorge, nicht auch das Alltagshandeln

und die täglichen Sorgen des antiken oder mittelalterlichen Menschen geprägt hätte. Aber erst ab der Neuzeit entwickelt sich allmählich eine systematische Sicht des Wirtschaftens, die es erlaubt, die bis dahin im Rahmen von Politik und Ethik abgehandelten einzelnen Phänomene im Rahmen einer eigenständigen Theorie miteinander in Verbindung zu bringen, diese zu beschrieben und zu diskutieren und damit zum Gegenstand politischer und wissenschaftlicher Auseinandersetzungen zu machen.

Zum zweiten erleichtert es die historische Betrachtung auch, die theoriegeschichtliche Entstehung zentraler Begriffe der Ökonomie nachzuzeichnen. So fällt nicht von ungefähr die Entstehung der Ökonomie mit der philosophischen Aufklärung zusammen. So lässt sich zeigen, dass sich zentrale Themen beispielsweise der klassischen Ökonomie, wie Rationalität, Individualismus oder Handelsfreiheit letztlich auf die politischen Forderungen der Aufklärung zurückführen lassen. Auch die weitere Entwicklung der ökonomischen Wissenschaft hin zu einer wertfreien und vor allem an mathematischen Modellen orientierten Wissenschaft ergibt sich theoriegeschichtlich aus der zunehmenden Dominanz technisch-naturwissenschaftlicher Forschung, wie sie ab der Neuzeit zum Ideal der Wissenschaft und damit auch zum Vorbild der modernen ökonomischen Wissenschaft, der Ökonomik, wird.

Selbstredend ist die Auswahl der im Folgenden vorgestellten Autoren und Theorien notwendig subjektiv. Dennoch liegt ihr das Bemühen zugrunde, eine Übersicht über die Entwicklung ökonomischer Fragestellungen aus philosophischer Perspektive zu bieten. Entsprechend soll es vor allem darum gehen, den philosophischen Wurzeln des ökonomischen Denkens nachzuspüren. Während hier im antiken und mittelalterlichen Schrifttum ein gewisser Mangel an originär ökonomischen Schriften herrscht und daher auch auf politische und ethische Schriften Bezug genommen wird, ergibt sich für die Moderne das Problem, dass nurmehr die wichtigsten Schulen und Strömungen dargestellt werden können. Dennoch ist mit der vorliegenden Auswahl das Anliegen verbunden, eine systematische Übersicht über die aus Sicht des Philosophen relevanten Entwicklungslinien der ökonomischen Wissenschaft zu geben.

2. Ökonomie als Praktische Philosophie: Das Wirtschaftsverständnis der Antike

In der Philosophie der Antike spielen ökonomische Betrachtungen eine eher untergeordnete Rolle. Zwar wird „Wirtschaften" durchaus als Tatbestand des menschlichen Lebens gesehen, allerdings gilt die Beschäftigung mit der Beschaffung der zum eigenen Lebensunterhalt notwendigen Mittel eher als praktische Notwendigkeit denn als systematische Wissenschaft in unserem heutigen Sinne. Effizienz und Rentabilitätsdenken als wesentliche Grundlagen der „ökonomischen Wissenschaft" sind der antiken Wirtschaft fremd. Mit wenigen Ausnahmen, die sich vor allem mit Fragen der „Staatsfinanzierung" befassen, so etwa Xenophons „Poroi" (1982) oder das zweite Buch der pseudo-aristotelischen „Oikonomik" (2006), beziehen sich die dezidiert dem Wirtschaften gewidmeten antiken Schriften vor allem auf die Führung des eigenen Haushalts und die Bewahrung des eigenen Vermögens. So widmen sich die wenigen „klassischen" Werke zur „Ökonomie", wie z.b. Hesiods „Werke und Tage" (1996), Xenophons „Oikonomikos" (1956a), Catos „De agri cultura" (1963) oder Vergils „Georgica" (1990), vor allem der Führung landwirtschaftlicher Güter. Dabei geht es jedoch nicht allein um Fragen der „wissenschaftlichen Betriebsführung", sondern auch um die moralphilosophischen Grundlagen eines wohlgeordneten Hausstandes. Gesamtwirtschaftliche Fragen, wie etwa die der Geldwirtschaft, des Handels oder der Eigentumsordnung, werden hingegen der politischen Sphäre zugeordnet und entweder im Rahmen der Ethik oder der Politik mit abgehandelt (vgl. u.a. Platon 1994a: 301 [742c] u. 511f. [918b-c]; Aristoteles 1995a: 14-26 [1256a 1-1259a 35]; Pseudo-Xenophon 1913: 75 [II,11f.]).

Generell werden innerhalb der antiken Vorstellungswelt Ethik, Ökonomie und Politik insofern als Einheit betrachtet (vgl. Pieper 1985: 18f.), als sie als Teilbereiche der praktischen Philosophie versuchen, Anweisungen für das richtige Handeln zu geben. Dabei regelt die Politik das Verhältnis des Einzelnen zum Staat (Polis). Hierzu zählen Fragen der Verfassung ebenso wie Fragen der rechtmäßigen Verteilung politischer Ämter und der steuerlichen Abgabelasten oder der gerechten Gesetzgebung. Demgegenüber beschäftigt sich die „Oikonomik" mit den Problemen der Hauswirtschaft. Hierzu zählen sowohl die Ordnung des Hausstandes, die Beschaffung der lebensnotwendigen Güter, aber auch die Rechte und Pflichten der Ehepartner oder Probleme der Sklavenerziehung. Die Ethik schließlich regelt das richtige Verhalten des Einzelnen in Bezug auf seine Mitmenschen. Es geht hier vor allem um das Problem der gelungenen Lebensführung, aber auch um Fragen des tugendhaften Lebens, der Gerechtigkeit oder das Verhältnis zu Freunden.

Im Großen und Ganzen waren die ökonomischen Vorstellungen der Antike geprägt von einer agrarischen Lebensweise und dem Ideal der Subsistenzwirtschaft. Obwohl neuere archäologische Forschungen insbesondere für die römische Zeit durchaus das Bild einer zum Teil hochentwickelten Wirtschaft mit weitreichenden Handelsbeziehungen zeichnen, spiegelt sich dies in den idealisierten Vorstellungen der meisten antiken Autoren bestenfalls ansatzweise wider. Trotz zahlreicher politischer, gesellschaftlicher aber auch wirtschaftlicher Veränderungen bleibt das Ideal des unabhängig von materiellen Zwängen von seinen eigenen landwirtschaftlichen Erzeugnissen leben könnenden Bürgers prägend bis in die römische Kaiserzeit (vgl. Finley 1993: 122-125). Während die religiöse, soziale und politische Ordnung städtisch geprägt waren und sich der Bürgerstatus des Einzelnen durch seine Zugehörigkeit zu einem politischen Gemeinwesen definierte, blieb die wirtschaftliche Ordnung weitgehend ländlich geprägt (vgl. Dahlheim 2000: 112). So lebten die Eliten des Staates überwiegend von den Grundrenten ihrer landwirtschaftlichen Besitztümer, die es ihnen erlaubten, sich weitgehend frei von ökonomischen Zwängen für den Staat engagieren zu können. Insbesondere in der griechischen Antike war die Stadt so vor allem politisches und kulturelles Zentrum, nicht wirtschaftliches. Spöttisch bezeichnet Max Weber (1988a: 147) die Stadt der griechischen Antike daher als „Pensionopolis", die vor allem dem Konsum und der Unterhaltung und nicht der wirtschaftlichen Produktion diente.

Es verwundert daher wenig, dass sich die antike Philosophie vor allem den Themen Ethik und Politik und weniger den Fragen der Ökonomie zuwendet. Entscheidend für den sozialen Status des Einzelnen innerhalb der antiken Gesellschaft – so zumindest das Ideal – ist nicht sein ökonomischer Erfolg, sondern seine individuelle, tugendhafte Lebensweise und sein mit der Übernahme politischer und militärischer Ämter verbundener politischer Einfluss. Wenn es also im Folgenden darum gehen soll, sich dem antiken Verständnis von Wirtschaft aus philosophischer Sicht zu nähern, gilt es zu beachten, dass ökonomische Themen in der Antike weit weniger systematisch bearbeitet werden, als dies in späteren Epochen der Fall ist. Doch trotz des Fehlens eines „geschlossenen ökonomischen Theoriegebäudes" bedeutet dies im Umkehrschluss nicht, dass sich die antike Philosophie nicht zu ökonomischen Themen geäußert hätte. Allerdings tat sie dies, mit Ausnahme der „Haushaltskunst", stets aus Perspektive der philosophischen Ethik und der politischen Philosophie.

2.1 Autarkie als Ideal der ökonomischen Unabhängigkeit

Zentral für die antike Vorstellung des Wirtschaftens, sowohl aus Sicht des einzelnen Hausstandes als auch aus Sicht der Polis, waren das Ideal der Autarkie und das Ziel der wirtschaftlichen Unabhängigkeit. Wenngleich in der Praxis die griechischen Stadtstaaten ebenso wie das Imperium Romanum sehr wohl auf Lebensmittelzufuhr und Rohstoffimporte angewiesen waren und auch die einzelnen Haushalte ohne den Zukauf einzelner Produkte kaum überlebensfähig gewesen wären, gilt für die antike Gesellschaft Selbstversorgung als erstrebenswert. Ideal ist der freie Bürger, der unabhängig von materiellen Zwängen auf Grundlage seiner landwirtschaftlichen Einkünfte über genügend Muße verfügt, um sich um die Belange der Polis oder des Staates kümmern zu können, und der ohne Sorge um seine wirtschaftliche Not Verantwortung für Rechtsprechung und Politik übernimmt (vgl. u.a. Bender 1893: 340f.; Finley 1993: 38f.; Finley 1991: 21; Mommsen 1993: II, 357).

Freiheit im wirtschaftlichen Sinne wird dabei in zweifacher Weise verstanden: Zum einen ist es erstrebenswertes Ziel, frei von materiellen Sorgen und so in gewissem Sinne befreit vom Zwang der täglichen Erwerbsarbeit leben zu können. Zum anderen wird Freiheit verstanden als sich nicht unter den Befehl eines anderen unterordnen zu müssen. Dies erklärt die für die gesamte antike Gesellschaft kennzeichnende negative moralische Sicht der Handwerksberufe und die soziale Deklassierung der Tagelöhner. Denn wer ein Handwerk betreibt, ordnet sich den Wünschen des Kunden unter, und wer als Taglöhner arbeitet, verkauft seine Arbeitskraft und ist dem Befehl eines Dienstherren unterstellt (vgl. u.a. Pekáry 1979: 10; Finley 1981: 108). Frei und unabhängig in dieser Sicht ist somit nur der Bauer, der alles, was er zum Leben benötigt, selbst erzeugen kann. So sieht es beispielsweise Aristoteles als erstrebenswertes Ideal des freien Mannes, aus seinem Besitz keinen Gewinn ziehen zu müssen und auf kein Handwerk zur Sicherung des täglichen Lebensunterhalts angewiesen zu sein:

> Auch das ist schöner, was einem alleine gehört, denn es bleibt eher in gutem Andenken. Weiterhin Besitz, der keinen Gewinn bringt, denn er ist eher Zeichen eines Unabhängigen. (...) Weiterhin keinerlei Handwerk zu betreiben; denn es ist Kennzeichen eines unabhängigen Mannes, nicht in Abhängigkeit von anderen zu leben. (Aristoteles 1993: 50 [1367a 25ff.])

Zwar lässt sich diese Aussage auch als spezifische Sichtweise einer attischen Oberschicht und ihrer Kritik an der angeblich mangelnden Moral der Erwerbstätigen deuten (vgl. Albrecht 1979: 492, 7-18). Jedoch scheint die Skepsis gegenüber dem mit handwerklicher Betätigung verbundenen Erwerbsdenken innerhalb der Antike weit verbreitet. Handwerk, oder gar Erwerbsarbeit und die damit verbundene Abhängigkeit von anderen, galten innerhalb des Wertekanons der klassischen Antike als eines freien Mannes prinzipiell unwürdig.

Dabei ist es nicht die körperliche oder handwerklich Arbeit an sich, die den Menschen entwürdigt: „Selbst ein König darf Bäume fällen oder hinter dem Pflug gehen, aber nur soweit er es aus freien Stücken und für sich selbst tut" (Pekáry 1979: 10). So schildert Xenophon in seinem Oikonomikos ein fiktives Gespräch zwischen dem attischen Gesandten Lysander und dem jüngeren Kyros, in dem dieser, obwohl von königlicher Herkunft, beteuert, selbst Landwirtschaft und Gartenbau zu betreiben: „Ich schwöre dir bei Mithras, wenn ich gesund bin, esse ich nie, ehe ich mich nicht im Schweiße meines Angesichtes in militärischer oder bäuerlicher Arbeit geübt (...) habe" (Xenophon 1956a: 253 [4,24]). Und auch König Odysseus betont voll Stolz, das Bett im königlichen Schlafgemach selbst aus einem Olivenbaum gezimmert zu haben (vgl. Homer 1980: 831[23,190-201]). Entscheidend für die moralische Wertschätzung einer Tätigkeit ist, dass sie nicht primär auf Erwerb gerichtet ist. So stehen auch die Handwerkskünste mitunter in hohem Ansehen, eben dann, wenn sie nicht um des Gelderwerbs willen, sondern zum Wohle der Gemeinschaft ausgeübt werden oder der Entfaltung der eigenen Persönlichkeit dienen (vgl. Wägner 1902: 162; Erb 1939: 16). Zielt die Tätigkeit jedoch auf Erwerb, werden sie und die sie ausübende Person letztlich als moralisch minderwertig eingestuft. Entscheidend für das moralische Urteil ist das einer Betätigung zugrunde liegende Motiv. So heißt es beispielsweise bei Aristoteles:

> Es ist auch ein großer Unterschied, aus welchem Grund man etwas tut oder lernt. Tut man es für sich selbst oder für seine Freunde oder um der Tugend willen, so ist es eines freien Mannes nicht unwürdig; tut man dasselbe aber um anderer willen, so wird man wohl oft wie ein Mensch dastehen, der das Geschäft eines Tagelöhners oder eines Sklaven versieht. (Aristoteles 1995a: 284 [1337b 17-21])

Innerhalb der antiken Literatur finden sich daher zahlreiche Textstellen, die sich mit der sozialen und moralischen Minderwertigkeit der Tagelöhner und Gewerbetreibenden auseinandersetzen. Nicht standesgemäße Beschäftigung und die tägliche Sorge um das eigene materielle Auskommen, so die einhellige Meinung, verderben den Charakter. Je mehr der Einzelne auf Erwerbseinkommen angewiesen ist, desto geringer ausgeprägt sind seine politischen Tugenden. So heißt es bei Xenophon:

> Denn die so genannten handwerklichen Beschäftigungen sind verschrien und werden aus Staatsinteresse mit Recht sehr verachtet. Sie schwächen nämlich den Körper des Arbeiters, da sie ihn zu einer sitzenden Lebensweise und zum Stubenhocken zwingen, oder sogar dazu, den Tag am Feuer zuzubringen. Wenn aber der Körper verweichlicht wird, leidet auch

die Seele. Auch halten diese so genannten spießbürgerlichen Beschäftigungen am meisten davon ab, sich um die Freunde und um den Staat zu kümmern. Daher sind solche Leute ungeeignet für den Verkehr mit Freunden und die Verteidigung des Vaterlandes. Deshalb ist es in einigen Städten (...) keinem Bürger erlaubt, sich einer handwerklichen Beschäftigung zu widmen. (Xenophon 1956a: 249 [4,2])

Und in der Tat ist die angebliche Charakterschwäche der Gewerbetreibenden nicht nur Gegenstand der philosophischen Betrachtungen, sondern auch die Grundlage zahlreicher Gesetze, die das Gemeinwesen vor der mangelnden Moral der Tagelöhner, Handwerker und Händler in Schutz nehmen sollen. So gesteht Athen den Handwerkern und Gewerbetreibenden zwar das aktive, nicht jedoch das passive Wahlrecht zu (vgl. Volkmann 1979a: 765, 13-19). Ähnlich waren auch in Sparta und Theben Gewerbetreibende von der Bekleidung öffentlicher Ämter ausgeschlossen (vgl. Pekáry 1979: 18 u. 25), und in Rom wurden Gewerbetreibende per Gesetz, das bezeichnenderweise noch auf den „Staatsgründer" Romulus zurückgeführt wurde, vom Kriegsdienst und der Bewerbung um höhere öffentliche Ämter ausgeschlossen (vgl. Bender 1893: 341ff.; Mommsen 1993: I, 206).

Tugend und Erwerbsstreben werden so als miteinander unvereinbar angesehen. Wer gezwungen ist, sich stets seinen Geschäften zu widmen, vernachlässigt dabei seine bürgerlichen Pflichten. Insbesondere der Handwerker steht im Verdacht, ein potentieller Vaterlandsverräter zu sein, da er keinen Grund und Boden besitzt, den zu verteidigen er gezwungen wäre, und sein Gewerbe jederzeit andernorts wieder eröffnen könnte. Auf ihn ist mithin kein Verlass.

Generell wurde den Gewerbetreibenden dabei unterstellt, dass sie die Pleonexia (das Mehrhabenwollen oder vielleicht etwas zeitgemäßer: die Raffgier) zum Grundprinzip allen menschlichen Handelns machten, was sie aus tugendethischer Perspektive als fragwürdig und damit moralisch „minderwertig" erscheinen ließ (vgl. u.a. Demokrit 1991: 182 [720ff.]; Aristoteles 1995a: 19ff. [1257b]; Sextus Empiricus 1996: 360ff. [123-131]). So gibt Platon den Einwohnern von Syrakus den Rat, vor allem Gesetze zu erlassen, die nicht das Streben nach Reichtum befördern, sondern „der Trefflichkeit der Seele den höchsten Wert beilegen" (1994b: 562 [355a-c]).

Allerdings ist sich auch Platon darüber im Klaren, dass diese Empfehlung eher ein anzustrebendes Ideal darstellt, das mit den praktischen Anforderungen des Alltagslebens mitunter unvereinbar ist. Denn letztlich bleibt der Gewerbetreibende ebenso wie der Tagelöhner auf den Verkauf seiner Ware respektive seiner Arbeitskraft angewiesen. So ist es vor allem das übertriebene Erwerbsstreben, das ausschließlich die Mehrung des eigenen Geldbesitzes zum Inhalt hat, das als unschicklich, ja als ungerecht, gemeinschaftsschädlich und „gottlos" empfunden wird. In diesem Sinne mahnt Epikur:

> Auf ungerechte Weise nach Geld zu gieren, ist gottlos, aber auch auf gerechte Weise geldgierig zu sein, ist schändlich; denn es gehört sich nicht, schmutzig zu geizen, selbst wenn es ohne Ungerechtigkeit geschieht. (Epikur 1988a: 83 [30])

Wird Besitz auf ehrliche Art und Weise erworben und standesgemäß verwaltet, bestehen dagegen kaum moralische Bedenken. Wird das Handeln des Einzelnen jedoch von „Geldgier" bestimmt und zielt das Streben des Einzelnen rein auf unmäßigen Geldbesitz, wird dies verurteilt. Diese Einschätzung spiegelt sich auch in der Bewertung einzelner Berufe wider, die je nach Bedeutung für das Gemeinwesen und je nach dem damit verbundenen Gewinnstreben unterschiedlich (moralisch) bewertet werden. An oberster Stelle steht dabei die landwirtschaftliche Betätigung. Sie zählt bis in römische Zeit hinein zu den „edelsten" der Erwerbskünste. In seiner Schrift *Oikonomikos* nennt Xenophon acht Gründe für ihre herausragende Bedeutung (vgl. Xenophon 1956a: 253ff. [5]): (1) Sie stärkt das Interesse an der Landesverteidigung, da es gilt, auch den eigenen Besitz zu verteidigen. (2) Sie stählt den Körper und härtet ab, da der Landwirt durch seine Tätigkeit notwendigerweise zur körperlichen Ertüchtigung gezwungen ist. (3) Sie schafft die Voraussetzung für die Gastfreundschaft, da die ländliche Umgebung stets für Behaglichkeit sorgt. (4) Sie erlaubt es, den Göttern angemessen zu opfern, da sie alles Notwendige hierfür hervorbringt. (5) Sie ist als Erwerbskunst allgemein beliebt, da sie Nutzen stiftet und angenehm ist. (6) Sie lehrt die Gerechtigkeit, denn sie erweist denen, die sorgfältig wirtschaften, Gutes. (7) Sie fördert die Gemeinschaft und den Beistand, da Landwirtschaft nur in Zusammenarbeit möglich ist. (8) Sie ist die Mutter aller Künste, denn wenn sie blüht, gedeihen auch alle anderen Gewerbe. Am unteren Ende der Skala stehen jene Berufe, die allein auf Gelderwerb gerichtet sind. So werden insbesondere Spekulation, Zinsnahme und Handel verurteilt. Vor allem gilt der Handel als wenig tugendhaft, da der Gewinn des Händlers aus unterschiedlichen Preisen im An- und Verkauf resultiert. Ausgehend von der Theorie eines „gerechten Preises", der den „natürlichen Wert" einer Ware widerspiegelt, bedeutet dies, dass entweder der Produzent für seine Arbeit zu niedrig entlohnt oder der Endverbraucher durch einen übeteuerten Preis übervorteilt wird. Mithin ist der Händler stets auf Betrug angewiesen, will er sein Auskommen finden.

Zwar sieht Platon durchaus auch positive Aspekte des Handels. Etwa sei es nur mit Hilfe des Handels möglich, räumlich unterschiedliche Bedarfe auszugleichen und die Warenmengen an die jeweilige lokale Nachfrage anzupassen (vgl. Platon 1994a: 511f. [918b-c]). Auch diene der Handel dazu, das lokale Warenangebot zu vergrößern und verhelfe so erst einem Gemeinwesen zu seiner vollen Blüte (vgl. Platon 1994c: 261ff. [370e-371e]). Dennoch überwiegt auch für Platon die negative Sicht des Handels, da er vor allem auf Gelderwerb gerichtet ist. Deshalb seien „auch alle der Krämerei, dem Handel und der Gastwirtschaft gewidmeten Berufsarten in Verruf gekommen und zu etwas höchst Schimpflichem geworden" (Platon 1994a: 512 [918c-d]). Allerdings ist es für Platon nicht so sehr der Beruf an sich, der aus moralischen Gründen verurteilt wird, sondern der Charakter derjenigen, die diesen Beruf vorzugsweise ergreifen.

Eine Ausnahme hinsichtlich der negativen moralischen Einschätzung des Handelsberufes bildet lediglich der Fernhandel. Dies einerseits, da er mit bestimmten Risiken verbunden ist und daher besonderen Wagemut erfordert, mithin eng mit dem antiken Tugendideal der Tapferkeit verbunden ist. Zum anderen deshalb, da er in gewissem Sinne dem Gemeinwohl dient, da er die Gemeinschaft mit lebensnotwendigen Gütern versorgt, die sie nicht selbst erzeugen kann. So betont Xenophon die besondere Bedeutung des Fernhandels nicht nur für den Wohlstand der Athener, sondern auch zur Sicherung ihrer militärischen Vormachtstellung, da die Stadt zum Bau ihrer Flotte auf den Import von Bauholz, Erzen und Flachs angewiesen ist:

> Den Überfluss aber der Griechen und der Nichtgriechen sind sie allein imstande an sich zu ziehen. Denn wenn irgendeine Stadt Überfluss hat an Schiffbauholz, wo wird sie es absetzen, wenn sie nicht die Herren des Meeres dafür gewinnt? Ja noch mehr: wenn eine Stadt an Eisen, Kupfer oder Flachs Überfluss hat, wo wird sie das absetzen, wenn sie nicht den Herrn des Meeres dafür gewinnt? Gerade aus diesen Stoffen bekomme ich auch schon meine Schiffe (...) Und so habe ich, ohne einen Finger zu rühren, alles das vom Lande vermittels des Meeres... (Pseudo-Xenophon 1913: 75 [II,11f.])

Diese Einstellung gegenüber unterschiedlichen Gewerben bleibt bis in römische Zeit hinein erhalten. So fasst Marcus Tullius Cicero die Auffassung seiner Zeitgenossen hinsichtlich standesgemäßer und nicht standesgemäßer Betätigung zusammen:

> Was ferner die handwerklichen Berufe und Erwerbszweige angeht, welche als eines Freien würdig, welche für schmutzig zu gelten haben, so haben wir etwa folgendes mitgeteilt bekommen. Zunächst werden die Erwerbszweige missbilligt, die sich der Ablehnung der Menschen aussetzen, wie die der Zöllner, der Geldverleiher. Eines Freien unwürdig und schmutzig sind die Erwerbsformen aller Tagelöhner, deren Arbeitsleistung, nicht handwerkliche Geschicklichkeiten erkauft werden. Denn es ist bei ihnen gerade der Lohn ein Handgeld für ihre Dienstleistung. Für schmutzig muss man auch diejenigen halten, die von den Großhändlern Waren erhandeln, um sie sogleich weiter zu verkaufen. Denn sie dürften nichts voranbringen, ohne gründlich zu lügen. (...) Alle Handwerker befassen sich mit einer schmutzigen Tätigkeit, denn eine Werkstätte kann nichts Edles an sich haben. Am wenigsten kann man die Fertigkeiten gutheißen, die Dienerinnen von Genüssen sind: 'Fischhändler, Metzger, Köche, Geflügelhändler und Fischer' (...). Diejenigen Fertigkeiten aber, bei denen entweder größere Klugheit beteiligt ist oder durch die ein nicht mittelmäßiger Nutzen gesucht wird wie bei der Medizin, bei der Architektur und dem Unterricht

in ehrenvollen Gegenständen, sind für die, deren Stand sie zukommen, ehrenvoll. Wenn der Handel im kleinen Rahmen erfolgt, so muss man das für schmutzig erachten; wenn dagegen im großen und umfangreichen Geschäft, indem er vieles von überallher beibringt und es vielen ohne Betrug zur Verfügung stellt, dann darf man ihn durchaus nicht tadeln. (…) Von allen den Erwerbszweigen aber, aus denen irgendein Gewinn gezogen wird, ist nichts besser als der Ackerbau, nichts einträglicher, nichts angenehmer, nichts eines Menschen, nichts eines Freien würdiger. (Cicero 1995: 131f. [I,150f.])

Diese herausragende Stellung der Landwirtschaft als die „Mutter aller Dinge", die es dem einzelnen ermöglicht, in Behaglichkeit von den Früchten seiner eigenen Arbeit ohne Lug und Trug zu leben, beherrscht das Wirtschaftsideal der gesamten Antike, auch wenn die soziale Wirklichkeit dem mitunter zu widersprechen scheint. Wie sehr selbst noch in römischer Zeit die Vorstellung des selbstgenügsamen Bauern das Wirtschaftsdenken als Ideal beherrscht, mag eine von Cicero kolportierte Anekdote über Cato den Älteren belegen:

Als man ihn fragte, was am meisten beim Vermögen vorteilhaft ist, antwortete er ‚tüchtig Viehzucht zu treiben', was das zweitbeste sei, ‚genügend tüchtig Viehzucht zu treiben', was das drittbeste, ‚schlecht Viehzucht zu treiben', was das viertbeste, ‚zu pflügen'. Und als jener, der ihn fragte, sagte: ‚Wie steht es mit dem Geldverleihen?', da erwiderte Cato: ‚Wie steht es mit Mord an einem Menschen?' (Cicero 1995: 223 [II,9])

Zugegebenermaßen handelt es sich hier um die Meinung eines der konservativsten Politiker des römischen Reiches. Dennoch scheint es Cicero der Mühe wert, diese Einstellung seinem in Athen studierenden Sohn als gutes Beispiel mit auf den Weg zu geben. Für alle Betätigungen außerhalb der Landwirtschaft gilt: Je „staatstragender" eine Beschäftigung, je mehr Mut sie erfordert oder je „selbstloser" sie ist, desto besser ihr Ruf, auch wenn sie mit Erwerb verbunden sein sollte. Im Zweifel steht dabei der „ehrliche Dieb", der sich stets „mutig" der Gefahr aussetzt, entdeckt und bestraft zu werden, in höherem Ansehen als der Wucherer. So berichtet Cato (1963: 31), dass es in Rom zu früheren Zeiten üblich gewesen sei, Geldverleiher mit einem doppelt so hohen Strafmaß zu belegen wie Diebe. Gelderwerb als reiner Selbstzweck und Reichtum, der nicht auf die Wahrung des eigenen Hausstandes zielt, bleibt die gesamte Antike hindurch verpönt. Mindestens als Ideal stellt systematischer Gelderwerb für den antiken Menschen somit keinen primären Zweck des Wirtschaftens dar, denn: „Geld zu erwerben ist nicht unnützlich, auf ungerechte Weise aber ist es schlechter als alles" (Demokrit 1972: 160 [77-78]).

2.2 Ökonomie als Lehre von der Hauswirtschaft

Innerhalb der antiken Ökonomie kommt der landwirtschaftlichen Produktion ein besonderer Stellenwert zu. Dies nicht nur deshalb, weil die Nahrungsmittelproduktion de facto die Grundlage der Versorgung der Polis bildet und die landwirtschaftliche Rohstofferzeugung Voraussetzung für das weiterverarbeitende Gewerbe ist. Vielmehr ist es die bereits beschriebene idealisierte Sichtweise der bäuerlichen Lebensweise, in der grundlegende Werthaltungen, wie Freiheit, Unabhängigkeit und Selbständigkeit zum Ausdruck kommen, die eine besondere Wertschätzung der Landwirtschaft bedingt.

Entsprechend zentral ist somit auch der Stellenwert, den die Verwaltung der landwirtschaftlichen Güter innerhalb der „ökonomischen" Literatur der Antike einnimmt. Nahezu alle antiken Textstellen, die sich mit „Oikonomie" befassen, beziehen sich in erster Linie auf die Verwaltung des eigenen Vermögens, d.h. des landwirtschaftlichen Anwesens. Allerdings gilt es zu beachten, dass die Oikonomik sich in ihrem Geltungsbereich zwar vor allem auf die Verwaltung des eigenen Hauses bezieht, dabei aber wesentlich mehr als nur die rein „betriebswirtschaftlichen" Aspekte der ordnungsgemäßen Betriebsführung beinhaltet.

> Das Haus ist in der Antike eher Herrschafts- als Wirtschaftsverband, sein Prinzip gerechte Herrschaft und Verwaltung und nicht effiziente Produktion. Die aristotelische Ökonomik im Rahmen der Praktischen Philosophie ist keine Wirtschaftstheorie im Sinne einer Theorie optimaler Produktion nach dem ökonomischen Prinzip. Als Teil der Praktischen Philosophie zielt sie auf eine Theorie der vernünftigen Praxis der Mitglieder des Hauses und nicht auf Herstellung (Poiesis). (Koslowski 1993: 50)

Entsprechend unterscheidet sich die „Oikonomie" in zweierlei Hinsicht von unserem heutigen wissenschaftlichen Wirtschaftsverständnis. Zum einen schließt sie Fragen der Moral, der gerechten hausväterlichen Ordnung und der Pädagogik mit ein. So etwa raten Hesiod (vgl. 1996: 53 [694f.]) und Xenophon (vgl. 1956a: 258f. [7,5]), sich eine junge Frau zur Gemahlin zu wählen, die sich entsprechend erziehen lasse. Aufgabe des Haushaltsvorstandes ist es, die Rechte und Pflichten der Hausgenossen zu regeln, gerecht zu urteilen, für Pflege und Unterhalt der Kranken und Schwachen zu sorgen und alle übrigen Haushaltsmitglieder zu unterweisen und anzuleiten. So gesehen gehen die Themen der Oikonomik über die innerhalb der modernen Betriebswissenschaften behandelten Themen hinaus. Andererseits sind es zentrale Themen des Wirtschaftens, die innerhalb der Oikonomik keinerlei Berücksichtigung finden. So stellen Effizienz, Kostenrechnung oder Rentabilität keine Kriterien dar, an denen sich eine erfolgreiche Wirtschaftsführung zu orientieren hätte. Zwar behandeln die oikonomischen Schriften der Antike durchaus Themen wie die Aufbewahrung, Ordnung und

Instandhaltung der landwirtschaftlichen Gerätschaften oder die Auswahl der zur Produktion benötigten Arbeitskräfte, den richtigen Zeitpunkt für Säen und Ernten oder den Verkauf überschüssiger Produktion und den Zukauf benötigter Waren auf den benachbarten Märkten. Dabei steht jedoch nicht die Gewinnerzielung, sondern der Erhalt des eigenen Hausstandes im Vordergrund.

Mittel für eine standesgemäße Haushaltsführung aufzuwenden, erscheint dabei nicht nur mit den Grundsätzen einer tugendhaften Lebensführung vereinbar sondern besitzt im Sinne der von Aristoteles so bezeichneten „Hochherzigkeit" selbst den Rang einer Tugend. So schreibt er in seiner Nikomachischen Ethik:

> Der Hochherzige muss aber auch sein Haus entsprechend seinem Reichtum bauen, da auch dies eine Ehre ist, und er muss für dauerhaftere Werke einen höheren Aufwand machen, da diese ihrem Stoff nach am schönsten sind. Auch muss er in allem das Geziemende beobachten. (Aristoteles 1995b: 82 [1123a 6-10])

In gewissem Sinne ist es so die „Ästhetik" des wohlgeordneten Hausstands, die „Eunomia", die die Bewunderung der Zeitgenossen erweckt, nicht seine ökonomische Leistungsfähigkeit. Aus heutiger Sicht zentrale Themen der Ökonomie, wie Rentabilität oder Effizienz, werden so aus den oikonomischen Betrachtungen der Antike zu Gunsten herrschaftlicher, ethischer und ästhetischer Überlegungen ausgeklammert (vgl. Koslowski 1993: 60).

Auch wenn dieses Wirtschaftsverständnis nach heutigen Maßstäben eher naiv erscheinen mag, hat es seine Wurzeln doch in praktischen Erfahrungen. So handelte es sich insbesondere bei der landwirtschaftlichen Produktion der frühen Antike in der Regel nicht um Überschussproduktion. Vielmehr war die Bevölkerung stets von Missernten und damit einhergehenden Hungersnöten bedroht, was das auffällige Streben nach ökonomischer Unabhängigkeit im Sinne landwirtschaftlicher Selbstversorgung verständlich machen mag. So gibt bereits Hesiod in seiner Schrift „Werke und Tage" seinem offensichtlich nicht sonderlich umsichtig wirtschaftenden Bruder Perses die Mahnung mit auf den Weg:

> Nichts verschiebe auf morgen und übermorgen, denn nur, wer tüchtig anpackt und nicht alles verschiebt, füllt seine Scheuer. Zupacken fördert das Werk, und stets ringt ein säumiger Mann mit Unheil. (Hesiod 1996: 33 [409-413])

Mindestens in den vorsokratischen Schriften zur Ökonomie entspringt das Ideal der Selbstversorgung so weit weniger dem philosophischen Ideal des „freien Mannes" als vielmehr den sozialen und ökonomischen Gegebenheiten einer Gesellschaft, die es sich aufgrund nur mäßiger Bodenerträge kaum leisten kann, Müßiggänger mit „durchzufüttern" (vgl. u.a. Albrecht 1979: 491, 30f.; Finley 1993: 118-126). So kennt auch Hesiod das entbehrungsreiche und von Hunger bedrohte

Leben der Landbevölkerung aus eigener Erfahrung (vgl. Latacz 1996: 25ff.) und warnt seinen Bruder eindringlich vor dem Schicksal des gemeinsamen Vaters, den die Not zur Seefahrt trieb (vgl. Hesiod 1996: 49 [630-639]). Nur umsichtiges Wirtschaften und eigener Fleiß bewahren den Einzelnen vor Hunger und Elend. Das auf Hesiod zurückgehende Sprichwort: „Vor das Gedeihen jedoch haben die ewigen Götter den Schweiß gesetzt" (Hesiod 1996: 25 [288]) ist bis heute stehende Redensart. Wer müßig geht und sich von anderen aushalten lässt, gefährdet den Bestand der ganzen Gemeinschaft. Nur der „unschuldig" in Not Geratene und derjenige, der sich der Solidargemeinschaft als würdig erweist, darf langfristig auf die Hilfe der anderen zählen:

> Lass Dir vom Nachbarn gut zumessen und erstatte ihm reichlich mit gleichem Maß, ja reichlicher noch, wenn du es vermagst, damit du auch später in der Not einen verlässlichen Freund an ihm findest. (...) Freund sei dem Freund und stehe dem bei, der dir beisteht. Gib auch dem, der dir gibt, und gib dem nicht, der dir nicht gibt. (Hesiod 1996: 29 [349-354])

So preist nicht nur Hesiod die eigenen Mühen als Voraussetzung eines gedeihlichen Lebens. Auch Xenophon lässt Sokrates in seinen „Memorabilien" der in Not geratenen Familie des Aristarch den Rat mit auf den Weg geben, durch gemeinsame Arbeit ihre Armut zu überwinden und nicht aufgrund ihres Standesdünkels im Nichtstun zu verharren (vgl. Xenophon 1956b: 107 [II,7]).

Wirtschaften, verstanden als die umsichtige Verwaltung des eigenen Besitzes, ist somit nicht nur ein Gebot der Klugheit (Phronesis), sondern darf durchaus auch den Anspruch erheben, Teil des tugendhaften Lebens zu sein, da so verhindert wird, dass der Einzelne der Gemeinschaft zur Last fällt. Problematisch erscheint die wirtschaftliche Betätigung jedoch dann, wenn sie diesen Bereich gesellschaftlich notwendiger Selbstversorgung verlässt und zum „Selbstzweck" entartet. In diesem Sinne steht der Oikonomik, verstanden als tugendhafte Haushaltskunst, die Chrematistik als rein auf Geldvermehrung zielende Erwerbskunst gegenüber. Beispielhaft für diese Sichtweise ist die systematische Eineilung der Erwerbskünste, die Platon in seinem Dialog „Sophistes" vornimmt. Im Gespräch mit einem Fremden lässt er Sokrates das Wesen der Produktion und des Handels ergründen. Dabei unterscheidet Platon zwischen „hervorbringenden Künsten" und „erwerbenden Künsten" (vgl. Platon 1994d: 260f. [219a-c]). Während erstere durch „Zusammenfügen und Gestalten" definiert werden und sich so auf jede Art von Produktion beziehen, beziehen sich letztere auf den Umgang mit „fertigen" Produkten, was sich nach Meinung Platons nicht nur auf Kauf und Verkauf von Waren bezieht, sondern auch alle Arten des Erlernens sowie Jagen und Rauben (als Art des „unfreiwilligen" Geschäftsverkehrs) mit einschließt (vgl. Platon 1994d: 261 [219c]).

Im Gegensatz zu Platon entwirft Aristoteles seine Systematik der „wirtschaftlichen Disziplinen" nicht als Handlungstheorie, sondern aus teleologischer Perspektive. Zentral für ihn ist die Frage, welchem Zweck die einzelnen Formen des Erwerbs dienen und in welchem Verhältnis sie zum Ideal des (sich selbst genügenden) Hausstandes stehen. Dabei unterscheidet Aristoteles (vgl. 1995a: 14-26 [1256a 1-1259a 35]) drei unterschiedliche „Wirtschaftskünste": die Haushaltskunst (Oikonomik), die natürliche Erwerbskunst (Beschaffungskunst oder Ktetik) und die künstliche oder besser widernatürliche Erwerbskunst (Chrematistik). Gegenstand der Haushaltskunst (Oikonomik) ist die Verwendung der Dinge. Im Einzelnen zählen hierzu: zu erwerben, zu bewahren, in Ordnung zu halten, zu gebrauchen wissen (vgl. Pseudo-Aristoteles 2006: 19 [1344b 22-27]). Ziel der Haushaltskunst ist die Schaffung „natürlichen" Reichtums. Diesen unterscheidet Aristoteles ausdrücklich vom reinen Gelderwerb, der sich um den reinen „Vermögensumsatz" als Selbstzweck dreht und nicht auf das finale Ziel einer standesgemäßen Haushaltsführung gerichtet ist:

> Daher postuliert man denn einen Unterschied zwischen Reichtum und Gelderwerb und zwar mit Recht, Gelderwerb und naturgemäßer Reichtum ist zweierlei. Dieser letztere gehört zur Hauswirtschaft, jener dagegen beruht auf dem Handel und schafft Vermögen rein nur durch Vermögensumsatz. Und dieser Umsatz scheint sich um das Geld zu drehen. Denn das Geld ist des Umsatzes Anfang und Ende. (Aristoteles 1995a: 20 [1257b 17-23])

Zur Haushaltskunst gehören: die Viehzucht, der Ackerbau, die Obstkultur, die Holzwirtschaft und der Bergbau (vgl. Aristoteles 1995a: 23 [1258b 8-19] u. 24 [1258b 30-32]).

Die Beschaffungskunst oder natürliche Erwerbskunst (Ktetik) dient dem Erwerb jener Dinge, derer der Haushalt bedarf, die er jedoch nicht selbst verfertigen kann. Sie steht zwischen reiner Erwerbskunst und Haushaltungskunst, insofern sie zwar einerseits den Erwerb zum Gegenstand hat, dieser Erwerb jedoch andererseits kein Selbstzweck ist und nicht von Gewinninteressen bestimmt wird:

> So ist denn eine Art der Erwerbskunst naturgemäß ein Teil der Haushaltungskunst. Sie müssen diejenigen verstehen oder doch sich anzueignen wissen, deren Aufgabe es ist, all jene Dinge zu beschaffen und zu bewahren, die für die Gemeinschaft in Haus und Staat zum Leben nützlich und notwendig sind. In diesen Dingen besteht ja auch wohl einzig der wahre Reichtum. (Aristoteles 1995a: 17 [1256b 27-30])

Zur natürlichen Erwerbskunst zählen nach Aristoteles die Berufe der Hirten, der Jäger (zur Jagdkunst zählt auch der Krieg und der Erwerb von Sklaven), der Fischer, der Bauern und der Räuber.

Ziel der künstlichen oder widernatürlichen Erwerbskunst (Chrematistik) ist der Erwerb rein um des Erwerbens willen. Im Gegensatz zur Beschaffungskunst

geht es hier nicht mehr um den Erwerb zum Zwecke einer begrenzten Bedürfnisbefriedigung, sondern um den Erwerb um des Erwerbs willen: „Daher hat
denn auch dieser Reichtum, der aus dieser Art Erwerbskunst fließt, kein Ende
und keine Schranke" (Aristoteles 1995a: 20 [1257b 24]). Beim widernatürlichen
Erwerb findet der Tauschakt mithin nicht in der Konsumption sein Ende, sondern
wird, ganz im Marxschen Sinne, zum Selbstzweck. Das eingesetzte Vermögen
wird zum Kapital, dessen Einsatz einzig dem Zweck der stetigen Geldvermehrung
dient. Steht jedoch einzig die Mehrung des eigenen Vermögens im Vordergrund,
verführt dies zum widernatürlichen Gebrauch der Dinge und aller menschlichen
Fertigkeiten.

Diese Vorstellung eines widernatürlichen Gebrauchs der Dinge oder der
menschlichen Fertigkeiten bedarf einer näheren Erläuterung. Für Aristoteles
trägt jede Kunst ihren Zweck in sich. Ziel ist die Vervollkommnung der eigenen
Fertigkeiten oder – in unseren heutigen Worten – die Perfektion. Oberste Prinzip
bei der Herstellung einer Sache ist somit der Zweck, dem diese Sache dienen soll.
Aufgabe des Schusters ist es daher nicht primär, einen Schuh zu fertigen, um
diesen zu verkaufen, sondern einen guten Schuh zu verfertigen. Ebenso übt der
Arzt die Heilkunst nicht primär aus, um damit Geld zu verdienen, sondern um
den Patienten bestmöglich zu versorgen und wenn möglich zu heilen. Werden
diese Künste allein um des Gelderwerbs willen ausgeführt, gilt dies für Aristoteles
als untugendhaft:

> Kann man aber den Überfluss nicht durch Erwerbskunst erzielen, so versucht man es
> auf anderen Wegen und macht in diesem Bestreben von allen menschlichen Vermögen
> und Vorzügen einen widernatürlichen Gebrauch. Denn die Mannhaftigkeit z.B. soll nicht
> Schätze häufen, sondern Mut verleihen, und ebensowenig soll das die Feldherrnkunst und
> die Heilkunst, sondern die eine soll den Sieg, die andere die Gesundheit bringen. Jene Men-
> schen aber machen aus allen diesen Dingen einen Gelderwerb, als wäre das das Ziel, worauf
> alles bezogen werden müsste. (Aristoteles 1995a: 21 [1258a 7-14])

Eine solche Einstellung mag aus Sicht unserer heutigen, an Rentabilität und Effizienz orientierten wirtschaftlichen Vorstellungen merkwürdig klingen, aber mindestens bezogen auf das Beispiel des Arztes haben sich Reste dieser Einstellung
im Standesethos der Heilberufe durchaus erhalten. Chrematistik, verstanden als
die Kunst der reinen Geldvermehrung, kennt keine Grenzen und widerspricht
für Aristoteles und zahlreiche andere antike Autoren der „natürlichen" Ordnung
(vgl. u.a. Epikur 1988a: 80 [14]; 1988b: 66 [15]; Demokrit 1991: 182 [720]). Zur Chre-
matristik zählt Aristoteles Handel, Wucher, Lohnarbeit und alle Formen des „ent-
arteten", d.h. rein auf Gelderwerb gerichteten Handwerks.

Trotz der gleichermaßen negativen Sichtweise von Handel und Handwerk
unterscheidet sich die platonische von der aristotelischen Sichtweise in einem

entscheidenden Detail. So betrachtet Platon die „Erwerbskunst" als eigenständige Kunst, die zu anderen Künsten „hinzutritt". Der Handwerker, will er sein Auskommen finden, bedarf beider „Künste". Er muss zum einen sein Handwerk beherrschen und zugleich die Grundsätze der Erwerbskunst befolgen, will er mit seinem Handwerk Geld verdienen (vgl. Platon 1994c: 234 [346a-347a]); 1994e: 386 [478b]). Dabei kann er durchaus in beiden Künsten einen unterschiedlichen Grad an Vollkommenheit erreichen. Für Aristoteles hingegen stellen „Oikonomik" und „Chrematistik" gleichsam die beiden Endpunkte eines Kontinuums dar. Je stärker eine Kunstfertigkeit durch den Gelderwerb bestimmt wird, und je weniger sie als Kunst um ihrer selbst willen ausgeübt wird, desto verwerflicher ist sie (vgl. Aristoteles 1995a: 24 [1258b 20-26]; zu den „Untugenden" des Reichtums bei Aristoteles vgl. auch Hadreas 2002: 361-376). Die Vollkommenheit der jeweiligen Kunstfertigkeit bestimmt sich mithin für Aristoteles nicht nur durch die Perfektion, sondern eben auch durch die nicht primär auf Gelderwerb gerichtete Ausübung der Kunst.

2.3 Ökonomie im Dienste der Politik

Während sich die moralphilosophischen Schriften der Antike vor allem mit den individuellen Tugenden des Einzelnen auseinandersetzen – und sich in Bezug auf wirtschaftliche Fragen im Wesentlichen auf die Betonung des „Maßhaltens" beschränken – und sich die „oikonomische" Literatur vor allem mit der Führung des eigenen Hausstandes auseinandersetzt – und dabei die Autarkie und die wirtschaftliche Unabhängigkeit als Ziel des privaten Wirtschaftens betont –, sind es letztlich die zahlreichen politischen Schriften, in denen die in unserer heutigen Sichtweise elementaren Fragen der Ökonomie, wie etwa die Frage des Privateigentums, der Preisfestlegung oder der Arbeitsteilung, behandelt werden. Obwohl aus tugendethischer Perspektive als minderwertig betrachtet, werden Handel und Handwerk aus Sicht des Staates hier durchaus als bedeutsam wahrgenommen.

So stellt Platon gleich zu Beginn seiner Schrift „Politeia", in der er der Frage nach dem gerechten, bzw. wohlgeordneten Staat nachgeht, klar, dass ein Staat ohne das Vorhandensein verschiedener handwerklicher Berufe kaum gedeihen könne. Je größer dabei die Stadt ist, desto ausdifferenzierterer Berufe bedürfe sie und desto mehr „Luxusgüterproduktion" sei notwendig, um das Leben in der Gemeinschaft annehmlich zu gestalten (vgl. Platon 1994c: 259ff. [369b-370c]; vgl. auch Aristoteles 1995a: 130ff. [1290b 39-1291b 1]). Berufliche Arbeitsteilung und die Spezialisierung der Gewerbetreibenden auf jeweils ein spezifisches Gewerbe wird so aus Sicht der Politik als notwendig erachtet. Allerdings sind die Begründungen, die innerhalb der antiken Literatur für berufliche Arbeitsteilung und

Spezialisierung genannt werden, im weitesten Sinne „ethischer" bzw. „politischer" Natur und folgen so zum einen der aristotelischen Sichtweise der Vervollkommnung der Handwerkskünste und betonen zum anderen die Bedeutung der verschiedenen Berufe zum Erhalt des Gemeinwesens. Insgesamt lassen sich dabei drei Begründungsmuster finden, die zu Gunsten der gewerblichen Spezialisierung angeführt werden:

(1) Ausgehend von der Beobachtung, dass Menschen über verschiedene natürliche Anlagen und Fertigkeiten verfügen, betrachten es die meisten antiken Autoren als sinnvoll, dass sich der Einzelne mit dem beschäftigen solle, wozu er am besten geeignet sei. Entsprechend sinnvoll erscheint ihnen somit auch die Spezialisierung auf bestimmte Gewerbearten, da der Einzelne so in der Lage ist, seine Fähigkeiten bestmöglich zur Geltung zu bringen. So sieht etwa Platon die Spezialisierung des Einzelnen auf ein bestimmtes Gewerbe als am meisten „menschengemäß" (vgl. Platon 1994c: 259ff. [369b-370c]; zur Arbeitsteilung im platonischen Staat vgl. Schubert 1995: 38f.). Allerdings sieht Platon die auf den unterschiedlichen menschlichen Fertigkeiten beruhende berufliche Spezialisierung durchaus restriktiv und fordert, dass niemand – da er ja von Natur aus dazu nicht in der Lage ist – zwei verschiedene Gewerbe betreiben solle:

> Fast kein Mensch aber ist von Natur zur Genüge befähigt, zwei Berufsarten oder zwei Künste erschöpfend zu betreiben oder auch in der einen selbst das Genügende zu leisten und über eine andere, von einem andern geübte Aufsicht zu führen. Das muss also zuerst im Staate gelten: Kein Schmied sei zugleich Zimmermann, noch kümmere sich der Zimmermann mehr um andere (...); vielmehr gewinne jeder, einer im Besitz einer Kunst, durch sie auch seinen Unterhalt. (Platon 1994a: 424 [846d-847a])

(2) Ein zweites Argument für die Berufsspezialisierung bezieht sich auf die bereits erwähnte Beobachtung, dass es eines Mindestmaßes an verschiedenen Berufen bedürfe, um ein Gemeinwesen gründen und erhalten zu können. In gewissem Sinne wird Ökonomie so zum Mittel für die Gestaltung einer wohlgeordneten Gesellschaft. Jeder Bürger muss, je nach Befähigung und Möglichkeiten, seinen Beitrag zum Erhalt der Polis leisten, auch in ökonomischer Hinsicht. So sieht Cicero den Nutzen der Arbeitsteilung nicht zuletzt in der wechselseitigen Unterstützung und den daraus resultierenden Vorteilen für die gesamte Gemeinschaft (vgl. Cicero 1995a: 151f. [II,11-15]), wobei er – ähnlich wie Platon (vgl. 1994c: 259ff. [369b-370c]) und Aristoteles (vgl. 1995c: 130ff. [1290b 39-1291b 1]) – davon ausgeht, dass alle Stände, vom „Staatenlenker" bis hin zum Gewerbetreibenden hierzu ihren Beitrag zu leisten haben, wenn das Gemeinwesen gedeihen soll:

> Denn wie einem Steuermann glückliche Fahrt, einem Arzt das Heilen, einem Feldherrn die Erringung des Sieges, so ist diesem Lenker des Gemeinwesens das glückliche Leben seiner

Bürger als Aufgabe gestellt: es soll durch Macht gesichert, durch materielle Mittel wohlbestellt, durch Ruhm nach außen ansehnlich, durch Tugend sittlich gefestigt sein. (Cicero 1995b: 132 [V,6])

(3) Schließlich, so das dritte Argument, bedinge die berufliche Spezialisierung auch eine qualitative Verbesserung der produzierten Güter (vgl. u.a. Aristoteles 1995a: 32ff. [1261a 10-1261b 15]). Xenophon verdeutlicht dies in seiner „Erziehung des Kyros" (Cyropädie) am Beispiel des „arbeitsteilig" wirtschaftenden Küchenpersonals am persischen Hofe:

> Denn wie man es auch in den übrigen Künsten in den großen Städten zu einem ausgezeichneten Grade von Vollkommenheit gebracht hat, so sind in ganz gleicher Weise auch die Speisen aus der königlichen Küche höchst ausgezeichnet zubereitet. In den kleinen Städten macht ja ein und derselbe Mann Bettstellen, Türen, Pflüge, Tische; ja oft baut der nämliche Mann Häuser und ist froh, wenn er auch so nur Arbeitgeber genug findet, um sich fortzubringen. Da ist es nun unmöglich, dass ein Mann, der so vieles zu machen hat, alles gut macht. In den großen Städten dagegen genügt bei der großen Nachfrage nach allem einzelnen schon eine einzige Kunst, um ihren Mann zu nähren, ja oft [braucht's] nicht einmal eine ganze. Der eine z.B. macht Manns-, der andere Weiberschuhe: und es kommt da auch vor, dass einer sich bloß mit Flicken nährt, ein anderer mit Ausputzen der Schuhe, ein Dritter bloß mit Zuschneiden des Oberleders und endlich ein Vierter, ohne von allem etwas zu tun, bloß mit Zusammensetzen. Notwendig muss nun, wer beständig auf eine Arbeit beschränkt ist, es darin auch zur Vollkommenheit bringen. Ganz ebenso verhält es sich gleichfalls mit den Arbeiten in der Küche. (Xenophon 1920: 97f. [VIII,2,5])

Ähnlich wie Adam Smith, der Vater der modernen Ökonomie, sieht Xenophon dabei die „Ausweitung des Marktes" als Voraussetzung für die stetig weiter ausdifferenzierte Arbeitsteilung und Berufsspezialisierung. Im Gegensatz zu Smith argumentiert Xenophon jedoch nicht mit der durch die Arbeitsteilung einhergehenden Produktivitätssteigerung als zentralem Argument für die Wünschbarkeit der Arbeitsteilung, sondern lobt die mit einer Spezialisierung einhergehende Vervollkommnung und damit qualitative Verbesserung der Künste.

Auch die Frage des Eigentums wird von den meisten antiken Autoren vor allem aus staatstheoretischer Sicht erörtert. Zwar wird praktisch in den meisten antiken Staaten das Privateigentum qua „Verfassung" garantiert. Allerdings herrschen theoretisch unterschiedliche Auffassungen darüber, ob dieses aus Staatsinteresse allen Bürgern zugestanden werden solle. So entwirft Platon in seinem Idealstaat eine Ständegesellschaft, in der die einzelnen Bürger je nach Befähigung und darauf aufbauender Erziehung den einzelnen Ständen – Bauern und Handwerker, Wächter und Regenten – zugeordnet werden. Dabei zeichnen sich alle Stände durch jeweils standesspezifische Tugenden aus. Wesentliche Tugend der Regenten ist die Weisheit, die der Wächter die Tapferkeit und die der Ackerbürger und Handwerker die der Mäßigung. In diesem Idealstaat ist es Aufgabe der Weisen zu regieren, der Tapferen, den Staat gegen innere und äußere Bedrohung zu schützen, und der Übrigen, deren Leben vor allem an der Befriedigung materieller Bedürfnisse orientiert ist, für das materielle Wohlergehen aller zu sorgen. Um sich ihren Aufgabe und ihrem Dienst am Staat ohne Vorbehalte und Eigeninteressen widmen zu können, ist den Regenten und Wächtern der Besitz von Privateigentum untersagt. So fordert Platon (vgl. 1994c: 315 [416d-417a]) für die Wächter des Staates, dass sie selbst, soweit nicht unbedingt nötig, keinerlei Eigentum besitzen sollen und alles Lebensnotwendige von den Bürgern der Stadt erhalten, ohne dass sie dabei Mangel leiden noch Überschüsse erzielen. Platon begründet diese Forderung mit dem Verweis darauf, dass, wer selbst Eigentum besitzt, sich zuerst um das eigene Vermögen kümmern würde und mithin als Wächter, dem ja gerade der Schutz des Eigentums der anderen Bürger obliegt, ungeeignet sei.

Im zweiten Buch seiner „Politik" kritisiert Aristoteles diese Auffassung Platons in Bezug auf das Eigentum. Für ihn gehört Eigentum zum festen Bestandteil des menschlichen Lebens; jede Form des Gemeineigentums scheint ihm „wider die Natur des Menschen" gerichtet. Zur Verteidigung des Privateigentums führt Aristoteles dabei alle bis heute gebräuchlichen Argumente an. So gelte die besondere Fürsorge des Menschen von jeher dem „Eigenen" (vgl. Aristoteles 1995a: 37 [1262b 22-23]), und entsprechend werde Privatbesitz besser gepflegt als Gemeineigentum, für das sich niemand verantwortlich fühlt (vgl. Aristoteles 1995a: 34f. [1261b 34-36]). Auch ergeben sich durch die Zuordnung einer Sache zum Privateigentum klare Rechtsansprüche (vgl. Aristoteles 1995a: 38f. [1263a 4-14]) und Streitigkeiten werden somit vermieden. Hinsichtlich der Frage des Privateigentums kommt Aristoteles daher zu dem Schluss:

> Wenn jeder für das Seine sorgt, werden die gegenseitigen Beschwerden wegfallen, und man wird auch mehr vor sich bringen, da jeder für seinen eigenen Vorteil arbeitet. Um der Tugend willen aber muss es mit dem Gebrauche des Eigenbesitzes nach dem Sprichworte gehen ‚Freunden ist alles gemein'. (Aristoteles 1995a: 39 [1263a 25-30])

Erstaunlicherweise argumentiert Aristoteles hier in seiner Verteidigung des Privateigentums nicht nur naturrechtlich, wenn er Privateigentum deshalb als menschengemäß erachtet, weil es dem natürlichen Trieb des Menschen zur Fürsorge entspreche; er bemüht sich dezidiert auch um eine „ökonomische" Argumentation, indem er ausdrücklich auf die mit der Einführung des Privateigentums einhergehende Steigerung der Wirtschaftlichkeit verweist.

In der Praxis ist die Garantie des Privateigentums zugleich mit zahlreichen Pflichten gegenüber der Gemeinschaft verbunden. So verpflichten in Athen und anderen griechischen Stadtstaaten zahlreiche „Liturgien", die den Charakter von Ehrenämtern tragen, die reichsten Bürger der Stadt zur Ausgestaltung religiöser Feste (Choregie) oder zur Übernahme besonderer finanzieller Lasten bei der Landesverteidigung wie etwa der Ausrüstung der Flotte (Trierarchie). Persönlich finanzielle Lasten für den Staat zu übernehmen, galt dabei durchaus als „ehrenvoll" und als Verdienst, dessen man sich auch öffentlich rühmte. Nicht ganz unzutreffend schreibt Moses Finley hierzu:

> Niemand prahlt heute mit der Höhe seiner Einkommensteuer, um zu überzeugen, und ganz sicher nicht damit, dass er dreimal soviel zahlt, wie das Finanzamt verlangt. Aber vor athenischen Gerichten und manchmal auch vor der Volksversammlung war es ein übliches Verfahren, sich seiner eigenen Liturgien zu rühmen und den jeweiligen Gegner zu beschuldigen, dass er sich um seine drücke. (Finley 1993: 177f.)

Wie beim Erwerb ist es auch beim Eigentum letztendlich der Zweck, dem es dient, der über den moralischen Stellenwert des Eigentums entscheidet. Wird das Eigentum zum Wohle der Gemeinschaft gebraucht, gelten Reichtum und Besitz als ehrenwert, andernfalls als verwerflich. So werden auch in Rom Unsummen an Privatgeldern dafür aufgewendet, öffentliche Spiele auszurichten und das römische Stadtproletariat zu ernähren. Eine Zählung der Empfänger von Getreidespenden zur Zeit Julius Caesars ergab die stattliche Anzahl von 320.000 Hilfsbedürftigen, die nicht zuletzt mittels „privater Spenden" erhalten wurden (vgl. Finley 1991: 31; Bender 1893: 389). Gerade die begüterte Oberschicht Roms bemüht sich dabei um eine „stoische" Gleichgültigkeit gegenüber Gelderwerb und Besitz. Reichtum, so heißt es bei Plutarch, erfreut, weil er es erlaubt, anderen Wohltaten zu spenden, Armut beruhigt, da sie die Sorgen verringert (vgl. Plutarch 1997a: 57 [4 D]).

Allerdings sei davor gewarnt, diese stoische Grundhaltung der römischen Oberschicht als Ausdruck tatsächlicher Bescheidenheit zu nehmen. Cicero legte als Summe, die ein freier Mann benötigte, um standesgemäß und unabhängig leben zu können, zwischen 100.000 und 600.000 Sesterzen Jahreseinkommen fest, betont jedoch ausdrücklich, dass zwar Sparsamkeit die Quelle des materiellen Reichtums sei, wahrer Reichtum jedoch nur dem tugendhaften Leben entspringe (Cicero 1994: 241f. [48f.]). Er selbst „verdiente" während seiner Stadthaltertätigkeit in Kilikien 2.000.000 Sesterzen und zählt damit sicherlich nicht zu den reichsten Männern seiner Zeit (vgl. Finley 1993: 57).

Materieller Besitz gilt also durchaus als Zeichen des „Vornehmen", und zahlreiche „Standesprivilegien" sind ohne ausreichende finanzielle Mittel nicht zu erlangen. Jedoch ist es entscheidend, den Zusammenhang von „Reichtum" und „Würde" in der richtigen Reihenfolge zu betrachten: Würde ist keine Folge des Reichtums, sondern ergibt sich aus Stand und Erziehung. Der Einsatz für die *res publica* und auch die Aufbringung finanzieller Mittel zur Finanzierung staatlicher

Angelegenheiten ist nicht Ausdruck von Reichtum, sondern der bürgerlichen Gesinnung. In diesem Sinne wird eine gewisse Freizügigkeit der Oberschicht per se vorausgesetzt, jedoch bleibt der wirtschaftliche Erfolg für den sozialen Status sekundär. Der „Selfmademan", der sich aus dem Nichts durch Arbeit und Mühen zu materiellem Wohlstand emporarbeitet, gilt der antiken Welt nichts. Er wird zum Gespött, über den sich ein Petronius in seinem *Satiricon* (1997) belustigt, ein Parvenu, der sich verzweifelt darum bemüht, jene soziale Anerkennung zu gewinnen, die er seinem Reichtum angemessen glaubt.

Auch bei der Beschreibung der Geldwirtschaft heben Platon und Aristoteles vor allem die Bedeutung des Geldes für den Tausch und damit den Nutzen des Geldes für die Polis hervor. So ist für Platon die Einführung des Geldes die logische Konsequenz der Stadtgründung und der so ermöglichten arbeitsteiligen Wirtschaftsweise. In seinen Augen sind es vor allem wirtschaftliche Notwendigkeiten, die den Anlass zur Gründung von Städten gegeben haben, da erst das Zusammenleben in der Stadt eine arbeitsteilige Produktionsweise ermöglicht und so die weitgehende Autarkie des Gemeinwesens garantieren kann. Allerdings bedarf es nun eines einheitlichen Maßes, um die verschiedenen Arbeitsprodukte gegeneinander tauschen zu können (vgl. Platon 1994c: 262 [371b-c]). Aufgabe des Geldes ist es, ein wohlgeordnetes Gemeinwesen und den wirtschaftlichen Verkehr innerhalb dieses Gemeinwesens zu ermöglichen (vgl. auch Baloglou 1994: 182). Um auch einen Warentausch über die Grenzen des eigenen Gemeinwesens hinaus zu ermöglichen, plädiert Platon für die Schaffung einer gemeinsamen Außenwährung der griechischen Stadtstaaten. Diese könne, falls notwendig, beim Magistrat der jeweiligen Stadt gegen heimische Währung getauscht werden (vgl. Platon 1994a: 301 [742a-b]).

Auch Aristoteles stellt in seinen geldtheoretischen Überlegungen den Nutzen des Geldes für die Gemeinschaft in den Vordergrund. Systematischer als Platon unterscheidet er dabei jedoch zwischen verschiedenen Funktionen des Geldes: Es dient als Tausch- und Zahlungsmittel, es zeigt den Wert der Güter (Preis) an und erfüllt die Funktion der Wertaufbewahrung (vgl. Aristoteles 1995a: 19 [1257a 34-b 14]).

> Für einen späteren Austausch ist uns, wenn kein augenblickliches Bedürfnis dafür vorliegt, das Geld gleichsam Bürge, dass wir ihn im Bedürfnisfall vornehmen können. Denn wer mit Geld kommt, muss nach Bedarf erhalten können. (...) Daher muss alles seinen Preis haben; denn so wird immer Austausch und somit Verkehrsgemeinschaft sein können. (Aristoteles 1995b: 113 [1133b 10-16])

Für den einfachen Warentausch gilt dabei zunächst, dass der angenommene Warenwert in erster Linie durch seinen Gebrauchswert bestimmt wird. Geld dient als Platzhalter, der als Medium zwischen die Tauschwaren tritt, um den Warentausch zu vereinfachen, da es in der Lage ist, unterschiedliche Qualitäten und unterschiedliche Quantitäten mit einem einheitlichen Maß zu messen.

> Denn es „muss alles, was untereinander getauscht wird, gewissermaßen quantitativ vergleichbar sein, und dazu ist nun das Geld bestimmt, das sozusagen zu einer Mitte wird. Denn das Geld misst alles und demnach auch den Überschuss und den Mangel; es dient also z.B. zur Berechnung wie viel Schuhe einem Haus oder einem gewissen Maß von Lebensmitteln gleich kommt. (Aristoteles 1995b: 112 [1133a 18-25])

Ähnlich wie Platon sieht Aristoteles die Geldentstehung als Folge des Handels und des Markttausches, da Geld „einfacher zu transportieren" war und zugleich zum gemeinsam akzeptierten Maß zur Bestimmung des Warenwerts wurde (vgl. Aristoteles 1995a: 19 [1257a 30-35]). Seinen Wert erhält das Geld jedoch nicht „qua Natur", sondern durch staatliche Festlegung, „und darum trägt es den Namen Nomisma (Geld), weil es seinen Wert nicht von Natur hat, sondern durch den Nomos, das Gesetz..." (Aristoteles 1995b: 113 [1133a 30-32]). Nach Meinung Otfried Höffes legt Aristoteles damit „die erste je in Europa geschriebene Theorie des Geldes vor" und beschreibt in „erstaunlicher Klarheit (...) dessen Wesen und Funktion" (Höffe 1999: 237f.). Jedoch, so Joseph Schumpeter, unterliegt Aristoteles dabei einem grundsätzlichen Irrtum, da er annimmt, dass der Wert einer Ware gleichsam etwas „Unabhängiges" sei und losgelöst von den relativen Preisen der Ware und ihren Austauschrelationen zu anderen Waren gleichsam als „natürlicher" Warenwert existiere (vgl. Schumpeter 1993: 46, FN 2). Für Aristoteles ist Geld vor allem ein Mittel für den natürlichen Erwerb und „Platzhalter" für späteren Konsum. Ein möglicher „Wertverlust" des Geldes wird dabei systematisch aus den Betrachtungen ebenso ausgeklammert wie ein wie auch immer gearteter „Wertzuwachs". Da Geld quasi als „Bürge" für einen späteren Kaufakt steht, muss sein Wert konstant bleiben. Entsprechend lehnt Aristoteles auch Zinsgeschäfte mit dem Hinweis darauf ab, dass Geld sich nicht selbst vermehren könne:

> Das Geld ist für den Umtausch aufgekommen, der Zins aber weist ihm die Bestimmung an, sich durch sich selbst zu vermehren. Daher hat er auch bei uns den Namen 'tokos' (Junges) bekommen; denn das Geborene (tiktomenon) ist seinen Erzeugern ähnlich, der Zins aber stammt als Geld vom Gelde. Daher widerstreitet auch diese Erwerbsweise unter allen am meisten dem Naturrecht. (Aristoteles 1995a: 23 [1258b 4-8])

Bis auf wenige Ausnahmen wird Wirtschaften und die damit verbundenen Institutionen wie Privateigentum oder Geldwirtschaft von den meisten antiken Autoren aus „staatstheoretischer" Sicht erörtert und begründet. Interessanterweise wird dabei wenig Rücksicht auf die Motive der Gewerbetreibenden genommen. Im Gegenteil: Das Streben nach wirtschaftlichem Erfolg wird, wenn es das Maß der Hauswirtschaft und das hier angestrebte standesgemäße Auskommen

übersteigt, als moralisch gefährlich eingestuft und ist daher zu verbieten. Eine
der wenigen Ausnahmen innerhalb der antiken Literatur zur Ökonomie, die auch
die Motive des Wirtschaftens durchleuchtet, ist Hesiods Lehrgedicht *Werke und
Tage*. Obwohl Hesiod in den Ermahnungen an seinen Bruder Perses vor allem
die materielle Unabhängigkeit und die Vermeidung von Hunger und Not als
Grund des Wirtschaftens betont, nennt er auch ein anderes Motiv: den „Wettbewerb". So seien den Menschen von den Göttern zwei Arten des Streits gegeben
worden, der eine (Hader) sät Zwietracht, der andere (Wettstreit) spornt zu immer
höherer Leistung an, auch im Bereich des Wirtschaftens. Den durch „Wetteifer"
und „Konkurrenz" entfachten Erwerbsfleiß sieht Hesiod als zusätzlichen Motor
für wirtschaftliches Handeln (vgl. Hesiod 1996: 5 [11-26]). Damit vertritt Hesiod
eine erstaunlich modern anmutende „Wettbewerbstheorie", die letztlich Adam
Smiths Begründung, Wettbewerb und Arbeitseifer ergäben sich aus dem stetigen
Wunsch des Einzelnen, seine materielle Lage zu verbessern, vorwegnimmt. So
ist es neben dem Wunsch, materielle Not abzuwenden, auch die „Konkurrenz"
mit anderen, die den Einzelnen zur Leistung anspornt. Um für seine Zeitgenossen verständlich zu bleiben, stellt Hesiod diesen Zusammenhang zwischen Wettbewerb und Wirtschaftsleistung jedoch auf Umwegen dar. Nicht der im Wettbewerb aufgewendete Arbeitseifer führt zum materiellen Erfolg, sondern die Gnade
der Götter, die diesen Lebenswandel als gerecht und gottgefällig ansehen und
daher die Bemühungen des Untadeligen und Strebsamen mit Wohlstand beloh-
nen. Jedoch gilt es einschränkend zu bemerken, dass Hesiod bei seiner Vorstellung von „Wettbewerb" wohl weder an den Absatz systematisch erwirtschafteter
Überschussproduktion noch an die Eroberung neuer Marktanteile dachte. Sein
„Wettbewerb" bezieht sich weit eher auf die oben erwähnte „Eunomia", also den
wohlbestallten Haushalt, und entscheidet sich damit nicht zuletzt auch nach
ästhetischen und ethischen Kriterien.

2.4 Gerechtigkeit als Maßstab der Ökonomie

Wichtiges Beurteilungskriterium des Wirtschaftens, sowohl auf der „mikroöko-
nomischen" Ebene des Hausstandes wie auch in den „makroökonomischen"
Betrachtungen der Politik, bildet der Grundsatz der Gerechtigkeit. Einer der wichtigsten Gründe hierfür ist, dass innerhalb der antiken Philosophie eine eigenständige Terminologie zur Beschreibung wirtschaftlicher Tatbestände kaum entwickelt ist, ökonomische Sachverhalte mithin in „fachfremden" Termini beschrieben
werden müssen. Allerdings vermag diese Erklärung nur bedingt zu befriedigen,
da es der antiken Philosophie in anderen Bereichen ja durchaus gelungen ist, eine
entsprechende „Wissenschaftssprache" zu entwickeln. Bedeutsamer für diesen

Umstand scheint daher zu sein, dass innerhalb der antiken Sichtweise Ökonomie vor allem im Kontext von Politik und Ethik betrachtet wird, und ökonomische Institutionen und ökonomisches Handeln daher stets unter den Aspekten des „politisch Nützlichen" oder des „moralisch Richtigen" betrachtet werden. Entsprechend greifen in den ökonomischen Betrachtungen der Antike stets soziale, politische und ethische Aspekte ineinander. Im Gegensatz zu unserem heutigen Wissenschaftsverständnis ist Ökonomik im antiken Verständnis keine wertfreie, sondern eine normative „Wissenschaft", die sich an den Grundsätzen der „Billigkeit" und „Gerechtigkeit" zu orientieren hat.

Dabei wird „Gerechtigkeit" in den „vorsokratischen" Schriften, insbesondere bei Hesiod oder Demokrit, zumeist als Synonym für „das moralisch Richtige" verwendet und im Kontext der „Ökonomie" in der Regel auf individuelles Handeln bezogen. Hier ist es vor allem die umsichtige Bestellung des eigenen Landguts, die als gottgefällig und gerecht erachtet wird, da es vor Verarmung schützt und damit verhindert, dass der „Faulenzer" der Gesellschaft zur Last fällt. Im Zentrum der Betrachtungen steht somit der „gerechte Erwerb", der das eigene Auskommen auf Dauer sichern soll (vgl. u.a. Hesiod, 1996: 33 [409-413]). Allerdings findet eine tiefer gehende Reflexion des Gerechtigkeitsaspekts hier kaum statt. Erst mit der „sokratischen" Philosophie setzt eine auch im Zusammenhang mit ökonomischen Aspekten bedeutsame systematische Analyse des Gerechtigkeitsbegriffs ein.

Bezeichnend hierfür ist Platons *Politeia*. Ausgehend von den Kardinaltugenden „Gerechtigkeit" (*iustitia*), „Weisheit" (*sapientia*), „Tapferkeit" (*fortitudo*) und „Mäßigung" (*temperantia*) ordnet Platon die jeweiligen Tugenden den Ständen seines Idealstaates zu. So sollen sich die zum Herrschen bestimmten Philosophenkönige durch Weisheit, die zum Schutz des Gemeinwesens bestellten Wächter durch Tapferkeit und die für das Gemeinwohl arbeitenden Bürger durch Mäßigung auszeichnen. Die Gerechtigkeit aber bildet in Platons Augen die Grundlage dafür, dass überall das rechte Maß herrscht (vgl. Platon 1994c: 327-334 [428a-434d]). Ähnlich wie für Aristoteles kommt für Platon Gerechtigkeit dabei im Grundsatz des rechten Maßes und der Verhältnismäßigkeit aller übrigen Tugenden zum Ausdruck: Eine Gesellschaft (oder ein Mensch) gilt als „gerecht" wenn alle anderen Tugenden zueinander im rechten Verhältnis stehen. Gerechtigkeit wird damit zur wichtigsten aller Tugenden.

Während Platon in seiner *Politeia* Gerechtigkeit vor allem als verbindende Klammer einer Gesellschaft sieht, die die Aufgaben und Tugenden der unterschiedlichen Stände ins rechte Verhältnis zueinander setzt, und damit auch wirtschaftliche Betätigungen vor allem unter dem Aspekt der funktionalen Pflichterfüllung im Rahmen der durch die Gemeinschaft und den Staat vorgegebenen Aufgaben betrachtet, diskutiert er in seinen *Nomoi* den Gerechtigkeitsaspekt ökonomischer Aktivitäten weit weniger abstrakt. Vor allem drei Aspekte von Gerechtigkeit stehen in seinem „Gesetzeswerk" im Vordergrund: Lieferbedingungen und Vertragstreue, gerechter Lohn und gerechter Preis und gerechter Vermögenserwerb.

(1) So sind Leistungen zur vereinbarten Zeit und im ausbedungenen Umfang zu erbringen. Das von Platon festgelegte Strafmaß für säumige Schuldner und mangelhafte Lieferung und Leistung ist streng. Wer seine Arbeit nicht zur vereinbarten Zeit in vollem Umfang vollendet, verliert den Anspruch auf Bezahlung, bleibt jedoch weiterhin zur Lieferung der Leistung verpflichtet:

> Wenn nun etwa einer der Handwerker aus Saumseligkeit eine zu einer bestimmten Zeit zugesagte Arbeit nicht vollendet, (...) dann wird zuerst die Strafe des Gottes ihn treffen; zweitens aber bestehe ein dem Sinne desselben entsprechendes Gesetz: Er schulde den Preis der Arbeit, welche er dem Besteller nicht ablieferte, diesem und verfertige sie noch einmal unentgeltlich binnen der vorher bestimmten Zeit. (Platon 1994a: 515 [921a])

Für Platon scheint hier insbesondere der Rechtsschutz der Bürger im Vordergrund zu stehen. Jedoch geht es ihm dabei nicht alleine um den Schutz des „Konsumenten"; auch der Handwerker hat ein Recht auf pünktliche Bezahlung. So wird der säumige Schuldner, der eine erbrachte Leistung nicht zum vereinbarten Termin bezahlt, zur Zahlung des „doppelten Preises" verpflichtet, und wenn er dann den Kaufpreis noch länger als ein Jahr anstehen lässt, zusätzlich zu einer monatlichen Zinszahlung von einem Sechstel je Drachme, was per anno den stattlichen Zins von zweihundert Prozent ergibt (vgl. Platon 1994a: 516 [921c-d]).

(2) In Bezug auf Löhne und Preise orientiert sich Platon an der Vorstellung eines „gerechten Preises", der zufolge jeder Ware und Dienstleistung ein natürlicher Wert entspricht. Entsprechend verbietet es das Gesetz sowohl dem Verkäufer, Ware zu einem überhöhten Preis zu veräußern, als auch dem Käufer, weniger als den gerechten Preis hierfür zu zahlen (vgl. Platon 1994a: 515 [921-b]). Selbstredend ist auch für Platon der Preis einer Arbeit zunächst „Verhandlungssache". Aber gerade dieser Preisverhandlung ist stets der „natürliche" Wert der Ware für die Preisbestimmung zugrunde zu legen. Zwar kann eine Ware an „Wert" verlieren, indem sie beispielsweise verdirbt, den Preis jedoch „willkürlich" an die entsprechenden Marktgegebenheiten anzupassen, hält Platon für ungerecht. Er fordert daher, dass alle, die auf Märkten Ware feilbieten, diese zu dem von ihnen veranschlagten Preis verkaufen sollen und am gleichen Tage den einmal gesetzten Preis weder erhöhen noch herabsetzen dürfen. Findet sich zu diesem Preis kein Käufer, sollen sie ihre Ware wieder mit nachhause nehmen (vgl. Platon 1994a: 510 [917b-c]).

(3) Bezüglich des als gerecht erachteten Erwerbs sind es vor allem Handel, Handwerk und Darlehensgeschäfte, die Platon missbilligt. Auch in seinen Nomoi

herrscht das Idealbild der bäuerlichen, weitgehend autarken Lebensweise (vgl. Platon 1994a: 303 [743d]). Unmissverständlich fordert Platon, dass kein Grundbesitzer Handel treiben oder Dienste für andere Privatleute übernehmen dürfe. Betreibt er dennoch ein Gewerbe, das eines freien Bürgers unwürdig ist, soll er zur Unterlassung ermahnt und nötigenfalls mit einer einjährigen Gefängnisstrafe vom Betrieb eines solchen Gewerbes abgehalten werden. Im Wiederholungsfall ist die Gefängnisstrafe jeweils zu verdoppeln. Da insbesondere der Handel als gefährlich für die moralische Integrität der Polis-Bürger betrachtet wird, soll es nur Sklaven und Gastarbeitern erlaubt sein, ein Handelsgewerbe zu betreiben (vgl. Platon 1994a: 513f. [919d-920a]).

Zu beachten gilt jedoch, dass es sich bei den die Wirtschaft betreffenden Stellen in Platons Gesetzen stets um „Einzelverordnungen" handelt, die zwar in ihrer Gesamtheit eine rechtliche „Rahmenordnung" des Wirtschaftens konstituieren, jedoch keine systematische Analyse des Wirtschaftens im Sinne einer eigenen Wissenschaft darstellen. Zwar spiegeln die platonischen Vorschriften durchaus seine Vorstellungen einer „gerechten" Wirtschaftsordnung wider. Schwierig wird es jedoch, will man den hierbei zugrunde liegenden Gerechtigkeitsbegriff adäquat erfassen. Sowohl Platon als auch Aristoteles sind sich bewusst, dass auch in Bezug auf das Wirtschaften zwei unterschiedliche Vorstellungen von Gerechtigkeit ineinander greifen, die Aristoteles mit den Begriffen der „geometrischen" und der „arithmetischen" Gleichheit zu beschreiben versucht. Eine fehlerhafte, nicht situationsgerechte Anwendung des einen oder des anderen Typs führt zu Ungerechtigkeiten.

Ausgangspunkt für die Frage nach der Gerechtigkeit bildet für Aristoteles das rechte Maß, das es je nach den Umständen unterschiedlich zu bestimmen gilt. Dabei unterscheidet er zunächst die Achtung vor dem Gesetz (*justitia legalis*) und die Bewahrung der Gleichheit als Grundlage der Gerechtigkeit (*justitia particularius*). Letztere lässt sich sowohl im Sinne einer verteilenden Gerechtigkeit (*justitia distributiva*) als auch einer ausgleichenden Gerechtigkeit (*justitia commutativa*) bestimmen. Die verteilende Gerechtigkeit folgt dabei dem Grundsatz der geometrischen Verhältnismäßigkeit und bezieht sich auf „...die Zuerteilung von Ehre oder Geld oder anderen Gütern, die unter die Staatsangehörigen zur Verteilung gelangen können..." (Aristoteles 1995b: 106 [1130b 31-34]). Maßgeblicher Verteilungsgrundsatz ist hier nicht die Gleichverteilung, sondern die Zuteilung entsprechend der Würdigkeit der Person oder des Verdienstes, den sie sich um die Gemeinschaft erworben hat. Deutlich wird diese Vorstellung einer „verdienstgerechten" Zuteilung auch in Platons *Nomoi*, in denen er diese Form der „Gleichheit" als angemessene Zuteilung im Verhältnis zur jeweiligen „Natur" des Leistungsempfängers beschreibt:

Dem Überlegenen nämlich teilt sie mehr, dem Schwächeren weniger zu und gibt so jedem der beiden Angemessenes im Verhältnis zu ihrer Natur. Insbesondere erhebt sie daher auch die durch Tugend Ausgezeichneten zu höheren Ehren... (Platon 1994a: 316f. [757 b-c])

Das gerechte Maß der Zuteilung ergibt sich im Sinne einer „distributiven Gerechtigkeit" so als Verhältnis von sozialer Stellung zu empfangenen „Ehrungen". Ziel ist es, jedem in der Gemeinschaft das „Seinige" zukommen zu lassen.

Demgegenüber basiert der Grundsatz der ausgleichenden Gerechtigkeit auf dem Prinzip der arithmetischen Gleichheit und bezieht sich auf den Geschäftsverkehr der Bürger untereinander. Dabei unterscheidet Aristoteles zwei Bereiche: den freiwilligen und den unfreiwilligen Verkehr. Zu ersterem zählt Aristoteles Verkauf, Darlehen und Miete, zu letzterem Diebstahl, Betrug und Freiheitsberaubung (vgl. Aristoteles (1995b: 106 [1131a 1-9]). Im Sinnes der ausgleichenden Gerechtigkeit ist so im einen Fall das „gerechte" Tauschäquivalent zu zahlen, im anderen Fall ein „gerechter" Ausgleich für den zugefügten Schaden zu leisten. Für Platon ist das Wesen der „kommutativen Gerechtigkeit" daher auf Maß, Gewicht und Zahl gegründet (vgl. Platon 1994a: 316 [757b]). Personen werden dabei prinzipiell als Gleiche behandelt; ausschlaggebend für die Bestimmung des „gerechten Maßes" ist lediglich der Sachtatbestand als solcher, denn, wie Aristoteles betont:

Es trägt nichts aus, ob ein guter Mann einen schlechten beraubt oder ein schlechter einen guten, oder ob ein guter oder ein schlechter Mann einen Ehebruch begeht; vielmehr sieht das Gesetz nur auf den Unterschied des Schadens, und es behandelt die Personen als gleiche, wenn die ein Unrecht getan, die anderen es erlitten, die eine Schaden zugefügt hat, die andere geschädigt worden ist. Daher versucht der Richter dieses Unrecht, welches in der Ungleichheit besteht, auszugleichen. (...) [D]er Richter sucht durch die Strafe einen Ausgleich herbeizuführen, indem er dem Täter seinen Vorteil entzieht. (Aristoteles (1995b: 109 [1132 a 1-10]))

Im Sinne einer „arithmetischen Gleichheit" muss so im Falle der Schadensersatzleistung die Person A das, was sie von Person B zuviel empfangen hat respektive sich unredlich erworben hat, an Person B als Ausgleich zurückerstatten. Gleiches gilt im Warenverkehr: Denn mehr als den Wert einer Ware zu erhalten, heißt Gewinn machen, weniger heißt Verlust zu machen. Gerecht im Sinne von Aristoteles ist es, den exakten Wert der Ware zu erhalten (vgl. Aristoteles 1995b: 110f. [1132b 13-18]).

Diese Vorstellung von Gerechtigkeit als Bestimmung des rechten Maßes entweder nach Ansehen der Person oder nach Maßgabe des infrage kommenden „Schadens" oder natürlichen Preises einer Ware ist weit von unseren Vorstellungen des „Markttausches" entfernt. Nicht der sich aus Angebot und Nachfrage ergebende „objektive" Marktpreis bildet die Grundlage des Tausches, sondern

eine außerhalb des Marktes existierende Vorstellung eines natürlichen Warenwerts und einer personalen Würde. Während die „arithmetische" Gerechtigkeit
den wirtschaftlichen Austausch regelt und die maßgeblichen Vorstellungen
von Handel und gerichtlichen Sanktionen bei Missachtung von Eigentumsrech-
ten und anderen Rechtsvorstellungen bestimmt, erlaubt die „geometrische"
Vorstellung von Gerechtigkeit, die teilweise, und im ökonomischen Kontext
für die Antike bedeutsame, Außerkraftsetzung der arithmetischen Gleichheits-
vorstellung. Dabei ist es Zeichen des „rechtschaffenen" Mannes, sich stets um
Gerechtigkeit auch bei Kauf und Verkauf zu bemühen, und nicht nur den Wert
der erbrachten Leistung, sondern auch die Würde und die Fähigkeiten des Produzenten zu achten (vgl. Koslowski 1993: 65). Diese Vorstellung prägt das antike
Wirtschaftsverständnis bis in die römische Zeit. So berichtet etwa Cicero:

> Als z.B. Q. Scaevola, der Sohn des Publius, forderte, man möge ihm den Preis des Grund-
> stücks, an dessen Kauf er Interesse hatte, ein für allemal angeben, und der Verkäufer dies
> getan hatte, sagte er, er schätze das Objekt höher ein. Er legte also 100 000 Sesterzen zu. Es
> gibt niemanden, der leugnet, dass dies die Haltung eines gutgesinnten Mannes sei... (Cicero
> 1995a: 273 [III,62])

Nicht der „Markt", sondern ein allgemein als „gerecht" empfundener Warenwert
bestimmt den Tauschpreis. Entsprechend ist es in den Augen Ciceros auch nicht
statthaft, von außerordentlichen Preisschwankungen auf Märkten zu profitieren.
In einem an seinen in Athen studierenden Sohn Marcus gerichteten Lehrbrief
stellt er diesem folgende „Übungsaufgabe":

> [W]enn z.B. ein gutgesinnter Mann bei einer Hungersnot der Rhodier und einer beträchtli-
> chen Steigerung der Lebensmittelpreise eine große Ladung Getreide von Alexandreia nach
> Rhodos gebracht hat, wenn er ferner weiß, dass von Alexandreia aus mehrere Kaufleute
> in See gestochen sind, und wenn er auf der Fahrt Schiffe mit Getreide an Bord in Richtung
> auf Rhodos gesehen hat, wird er das dann den Rhodiern sagen oder stillschweigend sein
> Getreide möglichst teuer verkaufen? Wir stellen uns einen weisen und gutgesinnten Mann
> vor. (Cicero 1995a: 263 [III,50])

Für Cicero ist es nicht der tatsächliche Marktpreis des Getreides, sondern der
übliche Tauschwert in Kenntnis aller Umstände, den der Tugendhafte fordert
(vgl. Cicero 1995a: 269 [III,57]). Ein Verhalten, das, gemessen an den Kriterien
der modernen Ökonomie, schlichtweg als ökonomisch „irrational" zu bezeich-
nen wäre.

Doch trotz aller Kritik der antiken Autoren an reinen Spekulationsgeschäf-
ten und der stetigen Forderung nach moralischer Integrität bei Kauf und Verkauf
fehlt es der Antike an einem objektiven Maß zur Bestimmung des Warenwerts.
So sind es weit eher psychologische und soziale Gründe, die zur Bestimmung

des Preises herangezogen werden, als ökonomische. Weder wird der Warenwert durch ein systematisches Gewinnkalkül bestimmt noch durch einen Vergleich mit den übrigen Preisen bewertet. Eine systematisch entwickelte Antwort auf die Frage, was eigentlich der gerechte Preis ist und wie sich dieser rein rechnerisch ergibt, bleiben die antiken Autoren letztlich schuldig.

2.5 Sklaverei als Grundlage der antiken Wirtschaft

Effizienz und Rentabilität spielen in diesen vor allem an den Grundsätzen von Gerechtigkeit und Billigkeit orientierten Betrachtungen des Wirtschaftens kaum eine Rolle. Einer der Gründe hierfür ist, dass wirtschaftliche Tätigkeiten in wesentlichen Bereichen von Fremdarbeitern oder Sklaven erbracht wurden, die keine Bürgerrechte besaßen und somit außerhalb der „ökonomischen" Betrachtungen standen. Ohne Sklavenarbeit ist das weitgehend „aristokratische" Wirtschaftsverständnis der Antike kaum denkbar. Sowohl die handwerkliche als auch die landwirtschaftliche Produktion basierten im Wesentlichen auf dem Einsatz von Sklavenarbeit. Darüber hinaus lag fast die gesamte Verwaltung des römischen Staates, die medizinische Versorgung, aber auch das Bildungswesen in den Händen von Sklaven.

Zur Legitimation der Sklaverei wurden dabei in der Regel zwei mögliche Begründungen bemüht: Entweder ging man davon aus, dass derjenige, der „sklavische" Tätigkeiten ausübt, ähnlich demjenigen, der minderwertige Tätigkeiten verrichtet, allmählich einen minderwertigen Charakter entwickelt. Der Sklave wird damit durch seine Tätigkeit zwangsläufig zum schlechten Menschen und hat somit nichts anderes verdient, als in Abhängigkeit gehalten zu werden. Wer seine Freiheit einbüßt, verliert mithin auch seine Tugenden (vgl. Finley 1993: 91). Oder man folgte der Argumentation des Aristoteles, der davon ausging, dass Sklaverei von Natur aus existiere, da der „schlechtere" Mensch von Natur aus zum Sklaven bestimmt sei:

> Denn was von Natur dank seinem Verstand vorzustehen vermag, ist ein von Natur Herrschendes und von Natur Gebietendes, was dagegen mit den Kräften seines Leibes das so vorgesehene auszuführen imstande ist, das ist ein Beherrschtes und von Natur Sklavisches, weshalb sich dann die Interessen des Herren und Sklaven begegnen (Aristoteles 1995a: 2 [1252 a 26-35]). „Denn der ist von Natur ein Sklave, der eines anderen sein kann – weshalb er auch eines anderen ist – und der an der Vernunft nur insoweit teilhat, dass er sie in anderen vernimmt, sie aber nicht selbst hat (...): beide, Sklaven und Haustiere, verhelfen uns zur Befriedigung unserer leiblichen Bedürfnisse. (Aristoteles 1995a: 10 [1254b 15-25])

Aristoteles sieht im Sklaven nichts anderes als ein menschliches Werkzeug, das seinem Herren zu dienen bestimmt ist (vgl. Aristoteles 1995a: 8 [1254a 14-16]). Im Zustand „völliger Automation", so Aristoteles, wäre Sklaverei überflüssig:

> Dann freilich, wenn jedes Werkzeug auf erhaltene Weisung, oder gar die Befehle im voraus erratend, seine Verrichtung wahrnehmen könnte (...), wenn so auch das Weberschiff von selber webte und der Zitherschlägel von selber spielte, dann brauchten allerdings die Meister keine Gesellen und die Herren keine Knechte. (Aristoteles 1995a: 7 [1253b 35-1254a 1])

Allerdings bereitet die Sichtweise einer „natürlichen Minderwertigkeit" in der Praxis einige Schwierigkeiten, wie auch Aristoteles zugesteht (vgl. Aristoteles 1995a: 11f. [1255a 5-28]). Denn vor allem bei den griechischen Sklaven handelte es sich keineswegs durchgängig um nicht aus dem griechischen Kulturkreis stammende „Banausen", sondern durchaus auch um Kriegsgefangene anderer griechischer Städte, auf die das Schema der „natürlichen Minderwertigkeit" nur bedingt passte. Aristoteles empfiehlt daher in seiner Schrift „Oikonomikos", Sklaven nach einer bestimmten Zeit frei zu lassen (vgl. Pseudo-Aristoteles 2006: 18 [1344b 15]).

Allerdings entspricht die tatsächliche Stellung des Sklaven in der Antike kaum den Vorstellungen, die wir heute mit Sklaverei verbinden. So lassen sich zum einen nicht wenige Beispiele finden, in denen es Sklaven zu Wohlstand gebracht haben und damit in der Lage waren, sich selbst freizukaufen oder aufgrund ihrer Verdienste freigelassen wurden (vgl. u.a. Conolly/Dodge 1998: 46 u. 161; Finley 1993: 65-89). Zum anderen waren die Sklaven der Antike trotz ihrer „moralphilosophischen Diskreditierung" nicht völlig rechtlos. So berichtet beispielsweise Plutarch, dass Sklaven bei fortgesetzt schlechter Behandlung das Recht hatten, ihren Verkauf zu fordern (vgl. Plutarch 1997b: 67 [4 D]). Und trotz der weit verbreiteten Sichtweise, dass Sklaven lediglich „menschliche Werkzeuge" seien, war auch gegenüber den Sklaven ein Mindestmaß an „Gerechtigkeit" zu wahren. Als Richtschnur für das angemessene Verhalten gegenüber Sklaven fordert Cicero, diese nicht schlechter zu behandeln als Taglöhner (vgl. Cicero 1995a: 41 [I,13]).

Obwohl nicht im Besitz „bürgerlicher" Rechte genossen Sklaven dennoch einen gewissen Rechtsschutz und zum Teil eigene „Privilegien". So hatten Sklaven in Rom das Recht, Mitglied in den so genannten Handwerkskollegien, zunftähnlichen Zusammenschlüssen von Handwerkern einer Sparte, zu werden (vgl. u.a. Heichelheim 1979: 871, 5; Finley 1993: 90f.). Sie besaßen je nach Verfassung ein gewisses Ehe-, Vermögens- und Zeugnisrecht (vgl. Volkmann 1979b: 232, 20ff.; auch Xenophon 1956a: 268 [9,5]), waren in bedingtem Maße zu kultischen Handlungen zugelassen und an „gesetzlichen Feiertagen" von der Arbeit freizustellen. Pausanias berichtet von kultischen Wettkämpfen auf Epidauros, bei denen die Teilnahme ausschließlich entlaufenen Sklaven vorbehalten war (vgl. Pausanias 1999: 133 [II,27,4]). Körperverletzung und Tötung von Sklaven standen unter Strafe.

Auch waren es keineswegs nur „körperliche Arbeiten", zu denen Sklaven herangezogen wurden. Insbesondere in der römischen Kaiserzeit stellten Sklaven und Freigelassene einen Großteil der Beamten in der öffentlichen Verwaltung, in Erziehung und Wissenschaft. Vor allem war es die Aussicht auf Freilassung, die die Sklaven zu Loyalität und Tüchtigkeit anspornte (vgl. Volkmann 1979b: 232, 14ff.; Finley 1993: 84-88), und insbesondere im Staatsdienst konnten Sklaven mit einer Freilassung rechnen. Dies hatte für die Stadt Rom, aber vor allem für viele der kleineren Städte in den Kolonien beträchtliche soziale und wirtschaftliche Folgen, da sich die Freigelassenen oftmals als wesentlich ehrgeiziger und wirtschaftlich erfolgreicher erwiesen als das römische Proletariat. Da es den Freigelassenen zudem in nur geringem Maße möglich war, Grundbesitz zu erwerben, waren sie zu einer ständigen Kapitalakkumulation gezwungen, was ihren „ökonomischen" Aufstieg beschleunigte (vgl. Finley 1993: 85f.).

Aus heutiger Sicht bereitet die Einordnung der Sklaverei innerhalb der antiken Gesellschaft somit einige Schwierigkeiten. Für die Selbstwahrnehmung des einzelnen Sklaven scheint es wesentlich bedeutsamer gewesen zu sein, wo er Sklave war und mit was er sich beschäftigen musste, als dass er Sklave war. So wurden die berühmten Sklavenaufstände der Antike überwiegend von Landsklaven getragen, während Stadtsklaven an der Seite ihrer Herren gegen die Aufständischen antraten (Finley 1993: 92f.). Generelles Ziel der Aufständischen war es dabei niemals, die „Institution" der Sklaverei selbst in Frage zu stellen, sondern das eigene Los zu verbessern und als Individuum Freiheit zu erlangen (vgl. Finley 1981: 85). Sklaverei bleibt bis zum Ausgang der Antike selbstverständlich, sie wird weder von den herrschenden Eliten noch von den Sklaven selbst in Frage gestellt (vgl. Bender 1893: 164; Finley 1981: 132f.).

Entgegen der landläufigen Behauptung scheinen auch die Qualität und die Rentabilität der Sklavenarbeit keineswegs hinter der später von freien Lohnarbeitern durchgeführten Arbeit zurückgeblieben zu sein (vgl. u.a. Finley 1993: 93ff.; Volkmann 1979b: 232, 14). Obwohl die Gesamtproduktivität der Sklaven insbesondere in den Städten sank, da immer mehr Sklaven als Hausdiener und rein zu Repräsentationszwecken gehalten wurden (vgl. u.a. Bender 1893: 154ff.; Seneca 1999: 363ff. [V,47,5-8]), waren es in erster Linie keine ökonomischen Gründe, sondern eine Reihe sozialer Veränderungen, die zur allmählichen Aufhebung der Sklaverei geführt haben. So zwangen die fortschreitende Verarmung und der Rückgang der öffentlichen Spenden die römischen Proletarier, ihren Lebensunterhalt durch eigene Arbeit zu verdienen. Durch diese Zunahme an Erwerbssuchenden und durch die Umstellung der Bewirtschaftung der großen landwirtschaftlichen Güter auf Verpachtung an Kleinbauern wurden zunehmend weniger Sklaven benötigt (vgl. Pekáry 1979: 108). Zudem führte die immense Ausdehnung des römischen Reiches und die inflatorische Gewährung des römischen Bürgerrechts (vgl. Finley 1991: 30f. u. 114) dazu, dass Sklaven aus immer entfernter liegenden Regionen nach Rom geliefert werden mussten, was diese im Einkauf prinzipiell verteuerte. Mit Beginn der Völkerwanderung schließlich verändert sich die politische und soziale Ordnung. Zwar existierten Formen der Sklaverei auch in nachrömischer Zeit, doch spielt sie mit wenigen Ausnahmen in der Folgezeit keine wesentliche Rolle im Wirtschaftsgefüge. Ein Grund hierfür ist auch eine veränderte Rechtslage. Während der antike Sklave in gewissem Sinne eine Handelsware darstellte, die „beliebig" importiert werden konnte, ist der mittelalterliche Leibeigene an Grund und Boden gebunden und kann nur zugleich mit dem Grundbesitz erworben werden. Zwar existiert auch im Mittelalter die Institution der Sklaverei, allerdings werden Sklaven mit wenigen Ausnahmen hier eher als „Prestigeobjekt" und nicht als „Anlagegüter" erworben.

3. Ökonomie und Gottes Gebot: Das Wirtschaftsverständnis des Mittelalters

Nach dem Zusammenbruch des (west)römischen Reiches und der Auflösung der überkommenen Gesellschaftsordnung durch die Völkerwanderung sind es vor allem die mittelalterlichen Kirchenväter und Kirchenlehrer, die nun die neue soziale Ordnung im Sinne der christlichen Lehre interpretieren. Zum einen knüpfen sie dabei an die klassischen Texte der griechischen und römischen Antike an, wobei es jedoch einschränkend zu bedenken gilt, dass diese zumeist nur bruchstückhaft überliefert waren und viele der klassischen antiken Schriften erst nach und nach über den arabischen Raum erneut Eingang in die westliche Denktradition fanden. Dennoch werden Platon und Aristoteles, aber auch Cicero oder Seneca von den mittelalterlichen Theologen als unbestreitbarer Autoritäten verehrt. Zum anderen aber – und dies unterscheidet die mittelalterliche Theologie von der antiken Philosophie – existiert mit der Etablierung der christlichen Lehre als Staatsreligion nun eine einheitliche religiöse Vorstellungswelt, die nicht nur dazu beiträgt, den universalen Machtanspruch von Kaiser und Papst zu legitimieren, sondern in der christlichen Offenbarung auch den für alle Wissenschaften verbindlichen und nicht mehr zu hinterfragenden Referenzpunkt der Wahrheit sieht. Zentral ist dabei der Gedanke einer gottgewollten weltlichen Ordnung, die es vom Menschen zu erkennen und zu verwirklichen gilt.

Entsprechend ist es das wesentliche Anliegen der mittelalterlichen Philosophie, einerseits die Schriften der antiken Vorläufer zu interpretieren, diese weiterzuentwickeln und sie mit den theologischen „Wahrheiten" des christlichen Offenbarungsglaubens in Einklang zu bringen. Andererseits aber geht es ihr darum, die Philosophie als Instrument der Theologie nutzbar zu machen, um so die Inhalte der christlichen Offenbarung rational verstehen und in eine systematische Ordnung bringen zu können. Mithin sind es vor allem metaphysische, erkenntnistheoretische, logische oder sprachanalytische und weniger soziale und ökonomische Fragen, mit denen sich die Philosophen des Mittelalters auseinandersetzen. Dabei fließen in der Vorstellungswelt der mittelalterlichen Gelehrten Elemente der antiken Philosophie, Glaubenswahrheiten und christliche Offenbarung ineinander und bestimmen alle Bereiche der mittelalterlichen Wissenschaft – auch die Ökonomie (vgl. Le Goff 1987a: 121-127).

Gesellschaftstheoretisch gelingt es so den mittelalterlichen Denkern nach und nach, unterschiedliche Wertvorstellungen der griechisch-römischen Tradition, der jüdisch-christlichen Überlieferung und der heidnischen Vorstellungswelt miteinander zu verbinden. Was zunächst als Nebeneinander verschiedener Auffassungen von Gesellschaft beginnt, formen christliche Theologen zu einem eigenen Gesellschaftskonzept, mit dessen Hilfe es ihnen mindestens theoretisch gelingt, das aristokratische Erbe der Antike mit dem christlichen Ideal des Dienstes an der Gemeinschaft zu verbinden. Allerdings erfolgt dabei – ähnlich wie in der Antike, wenn auch aus anderen Gründen – keine systematische Auseinandersetzung mit dem Thema Ökonomie in unserem heutigen Verständnis. Vor allem sind es spezielle Einzelfragen des Wirtschaftens, wie etwa die Frage nach dem gerechten Preis, der gerechten Entlohnung oder der Zinsnahme, die von den mittelalterlichen Theologen behandelt und aus der Perspektive der christlichen Offenbarung erörtert werden. Dabei wird Wirtschaften stets als Teil der menschlichen Lebensordnung betrachtet und in seiner Funktion für das Fortbestehen der Gemeinschaft interpretiert. Entsprechend der christlichen Heilserwartung stellt die gesellschaftliche, mithin auch die ökonomische Ordnung nur ein vorläufiges Stadium dar, das der Mensch zu durchleben hat. Referenzpunkt des irdischen Daseins ist das Reich Gottes, wobei das irdische Leben lediglich als ein provisorisches Vorstadium der Vorbereitung und Bewährung angesehen wird (vgl. Mehring 2005: 84f.). Diese – wenn wohl auch stark idealisierte – Ablehnung alles Irdischen führt in der Praxis dazu, dass soziale Missstände erduldet und Standesschranken akzeptiert werden (müssen), da sie ja nur „vorläufigen" Charakter besitzen, und erlittenes soziales Unrecht zu ertragen ist, da es im jenseitigen Reich Gottes entlohnt wird.

Versucht man, sich dem theoretischen Ökonomieverständnis des Mittelalters zu nähern, erweist sich die Quellenlage als ausgesprochen dürftig. Dies zum einen deshalb, da abgesehen von einzelnen scholastischen Diskussionen zum Thema „gerechter Preis" oder bezüglich des kirchlichen Zinsverbotes ökonomische Themen in den Abhandlungen der mittelalterlichen Theologen kaum Berücksichtigung finden. Zwar findet insbesondere innerhalb der Spanischen Spätscholastik eine intensivere Auseinandersetzung mit ökonomischen Themen statt, dies geschieht jedoch erst zu Beginn der Neuzeit im 16. und 17. Jahrhundert (vgl. Weber 1962; Melé 1999). Zum anderen werden in der Denktradition des Mittelalters ökonomische Vorstellungen zumeist mit gesellschaftstheoretischen Vorstellungen verknüpft und verbergen sich so hinter allgemeinen Ansichten über eine „gerechte" (und gottgewollte) weltliche Ordnung (Ordo). Wenn es im Folgenden darum geht, das theoretische Wirtschaftsverständnis des Mittelalters zu erfassen, muss der Rahmen der Untersuchung daher weiter gesteckt werden, da es gilt, auch die damit stets verknüpften Vorstellungen einer wohlgeordneten Gesellschaft zu berücksichtigen. Bezug genommen wird dabei einerseits auf die wenigen theoretischen Schriften des Mittelalters, die sich mit ökonomischen und gesellschaftlichen Fragen auseinandersetzen, andererseits auf Predigten und Exempla, die diese wohlgeordnete Gesellschaft zum Gegenstand haben.

3.1 Im Schweiße deines Angesichts

Eine der zentralen Neubewertungen durch die christliche Theologie betrifft den Bereich der menschlichen Arbeit. Dabei sind die mittelalterlichen Vorstellungen von Sinn und Zweck menschlicher Arbeit eng verknüpft mit der jüdisch-christlichen Tradition. Arbeit wird als Grundtatbestand des Menschseins gesehen. Dabei ist Arbeit innerhalb der biblischen Menschheitsgeschichte zunächst positiv konnotiert. Der Mensch erhält von Gott den Auftrag, den Garten Eden zu bebauen und zu pflegen (vgl. Gen. 2,15). Arbeit – d. h. im Mittelalter vorwiegend landwirtschaftliche Arbeit – ist von Gott geschaffen. Selbst im Paradies ist der Mensch zur Arbeit bestimmt, doch erst durch den Sündenfall wird sie dem Menschen zur Qual. Als Strafe Gottes ist der Mensch nun zur Mühsal verdammt:

> ...verflucht sei der Erdboden um deinetwillen. Unter Mühsal sollst du dich von ihm ernähren alle Tage deines Lebens. Dornen und Disteln soll er dir wachsen lassen. Das Kraut des Feldes musst du essen. Im Schweiße deines Angesichtes sollst du dein Brot essen, bis du zum Erdboden zurückkehrst, von dem du genommen bist. (Gen. 3,17ff.)

Damit wird der Fluch schwerer körperlicher Arbeit zum Schicksal aller Menschen. Gott selbst erlässt das „Arbeitsgebot": „Sechs Tage sollst du arbeiten und all dein Werk tun" (Ex. 20,9).

In dieser Sichtweise wird Arbeit zur kumulativen Sühneleistung des Menschengeschlechts für den Sündenfall, die von jedem einzelnen zu tragen ist. Zwar zeigt die Realität, dass das Arbeitsleid innerhalb der mittelalterlichen Ständegesellschaft durchaus nicht gleich verteilt ist. Dennoch – und dies ist der wesentliche Unterschied zur antiken Sichtweise – kann ein Leid, das nun, mindestens prinzipiell, alle Menschen in Form des göttlichen Strafgerichts trifft, keine moralische Minderwertigkeit Einzelner begründen. Alle sind durch die Erbsünde und den göttlichen Fluch der Arbeit gleichermaßen betroffen (vgl. Finley 1993: 91).

Diese Interpretation von Arbeit als Grundtatbestand menschlicher Existenz findet ihre Fortführung im Neuen Testament und erfährt auch hier im Vergleich zur antiken Sichtweise eine gewisse Aufwertung. Die Welt der Evangelien ist die Welt der Handwerker und kleinen Leute. Landwirtschaftliche und handwerkliche Arbeit bilden mithin vielfach den Ausgangspunkt für die Erklärung christlicher Moralvorstellungen. Zahlreiche der biblischen Gleichnisse knüpfen an die Erfahrungswelt der Kleinbauern und Kleinhandwerker an, an die sich die Erzählungen richten und deren Interpretation auch den Inhalt zahlreicher mittelalterlicher Predigten und Vermahnungen bildet. Auch die Verkündigung der Evangelien selbst wird positiv im Sinne lohnenswerter „Arbeit" dargestellt: Die Jünger Jesu sind Arbeiter für die Ernte (vgl. Mt. 9,37 u. Lk. 10,2), Arbeiter im Weinberg (vgl. Mt. 20,1ff. u. Mt. 21,28ff.) und sollen für ihre Arbeit „entlohnt" werden (vgl. Lk. 10,7).

Allerdings wird ebenso die soziale Notwendigkeit der Arbeit betont. Arbeit und die damit verbundene eigene Daseinsvorsorge verhindert, dass der einzelne der Gemeinschaft zur Last fällt. So etwa ermahnt der Apostel Paulus die Gemeinde von Thessaloniki:

> Wir haben euch ja, als wir bei euch waren, diesen Grundsatz eingeschärft: wer nicht arbeiten will, soll auch nicht essen. Wir haben nämlich gehört, dass einige unter euch einen faulen Lebenswandel führen, nichts arbeiten, sondern sich unnütz machen. Denen, die es angeht, gebieten und befehlen wir im Herrn Jesus Christus, dass sie in Ruhe ihre Arbeit tun und ihr eigen Brot essen. (2. Thess. 3,10-12)

Damit werden Fleiß und Sorge um den eigenen Lebensunterhalt zu wichtigen Merkmalen der mittelalterlichen Arbeitsauffassung; Nicht-Tätigsein und Müßiggang werden mit Faulheit und Trägheit assoziiert und im Laufe der nächsten Jahrhunderte als sündhaftes Verhalten stigmatisiert. Wenngleich die „acedia" als eine der sieben Hauptsünden der Christenheit wohl eher eine allgemeine Verzagtheit und ein Verzweifeln an der Welt beschreibt, wird sie doch in der Bedeutung von Trägheit zunehmend dem Fleiß und damit der Arbeit gegenübergestellt (vgl. Pieper 2006: 278ff.).

Ihre praktische und für den mittelalterlichen Menschen wohl sichtbarste Umsetzung erfährt diese neue Sicht der Arbeit in den mönchischen Gemeinschaften, in deren Regeln Müßiggang verurteilt und das tätige Leben für die Gemeinschaft als Tugend festgeschrieben wird. So etwa beschreiben die Ordensregeln des hl. Benedikt von Nursia (Regula Benedicti) den Müßiggang als Feindin der Seele – *otiositas inimica est animae* – und legen fest, dass die Ordensbrüder zu bestimmten Zeiten mit Handarbeit, zu anderen Zeiten mit der heiligen Lesung beschäftigt sein sollen (vgl. Benedikt: Kapitel 48). Ähnlich argumentiert Thomas von Aquin, der davon ausgeht, dass Ordensleute ebenso wie „Weltleute" dazu verpflichtet seien, körperliche Arbeit zu verrichten, damit sie anderen nicht zur Last fallen. Allerdings steht er den Bettelorden aufgeschlossen gegenüber, sofern das Almosenbitten nicht dazu dient, dem Müßiggang nachzugehen, sondern dazu, sich in Demut zu üben und die so eingesparte Zeit auf gute Werke für den Nächsten zu verwenden (vgl. Aquin 1985: III, 592 [II,2 188,2]). Praktisch gesehen dient die Arbeit der Ordensbrüder damit zum einen der Aufrechterhaltung der eigenen irdischen Existenz; zum anderen aber ist Arbeit zugleich Mittel der Erziehung und Selbstbezähmung. So unterscheidet Thomas von Aquin letztlich einen vierfachen Zweck der Arbeit (vgl. Aquin 1985: III, 592 [II,2 188,2]): Erstens hilft die Arbeit dem Menschen, das Lebensnotwendige zu beschaffen; zweitens dient sie dazu, den Müßiggang als Ursache des Lasters zu vertreiben; drittens hilft sie, durch Kasteiung des Leibes die Fleischeslust zu zügeln; viertens schließlich ermöglicht sie es, Almosen zu spenden.

Das „ora et labora" der Klostergemeinschaften wird für den mittelalterlichen Menschen zum sichtbaren Zeichen der Gottgefälligkeit körperlicher Arbeit. Allerdings räumt Thomas von Aquin der „vita contemplativa", d.h. dem beschaulichen Leben, das den Menschen näher zur Heiligkeit führt, durchaus Vorrang vor der „vita activa", d.h. dem Leben in körperlicher und geistiger Arbeit ein (vgl. Aquin 1985: II, 340 [II,1 57,1]). Jedoch bleibt er Pragmatiker, wenn er schreibt: „Der Weisheit leben ist besser als dem Erwerb. Aber für den Notleidenden ist das Erwerben besser" (Aquin 1985: III, 578 [II,2 182,1]).

Wirtschaftliche Tätigkeit und körperliche Arbeit werden hier im Gegensatz zur Antike nicht mehr durchweg negativ bewertet. Allerdings wird die ökonomische Betätigung des Menschen stets als Mittel zum Zweck und nicht als Selbstzweck betrachtet. Ihr Ziel ist es nicht, Reichtümer zu sammeln, sondern sie soll dem Menschen ein Auskommen garantieren und ein Leben in Würde und in gewisser Behaglichkeit ermöglichen. Nur wer materiell abgesichert ist – so die Überzeugung Thomas von Aquins –, kann auch ein tugendhaftes Leben führen (vgl. Aquin 1990: 58 [I,15]). Daher dienen äußere Güter gleichsam als Werkzeug zur Erlangung der Glückseligkeit:

> Zur Glückseligkeit in der (ewigen) Heimat werden äußere Güter, die dem seelischen, nicht geistigen Leben dienen, in keiner Weise erheischt; zu der Seligkeit jedoch, welche sich in Werken des tätigen und des beschaulichen Lebens ausgestaltet, sind sie als Werkzeuge notwendig. (Aquin 1985: II, 37 [II,1 4,7])

Wer aber glaubt, im diesseitigen Besitz sein Glück finden zu können, ohne dabei das wahre Glück im Jenseits zu erstreben, strebt nach falschem Glück, da er die Glückseligkeit in vergänglichen Dingen sucht (vgl. Augustinus 1991: II, 565f. [XIX,20]). Wahres Glück findet der Mensch nicht in materiellen Dingen, sondern ausschließlich bei Gott (vgl. Aquin 1985: II, 20 [II,1 2,8]), denn: „Die Güter des gegenwärtigen Lebens sind (...) vergänglich (...) Deswegen ist es unmöglich, in diesem Leben wahre Glückgeborgenheit zu haben" (Aquin 1985: II, 40 [II,1 5,3]).

Entscheidendes Kriterium für die „Gottgefälligkeit" wirtschaftlicher Betätigung ist der Beitrag, den der Einzelne damit zum Wohl der Gemeinschaft (*bonum commune*) leistet. Der Mensch ist von Gott dazu bestimmt, zum Wohl seiner Mitmenschen zu wirken. Dabei folgt insbesondere die Scholastik der naturrechtlichen, aristotelischen Auffassung, dass der Mensch nur in Gemeinschaft leben könne und daher auch dazu verpflichtet sei, seinen Beitrag für das Gemeinwohl zu leisten. Entsprechend hat sich auch die wirtschaftliche Betätigung stets an den Bedürfnissen der Gemeinschaft zu orientieren und darf nicht dem individuellen Streben nach Reichtum dienen. Zudem sind die im Rahmen erfolgreicher wirtschaftlicher Betätigung erwirtschafteten Überschüsse, sofern sie nicht unmittelbar der eigenen Daseinsvorsorge dienen, mindestens teilweise in Form „mildtätiger Werke" an die Gemeinschaft zurückzuerstatten, will man sich nicht des Geizes und der Habsucht schuldig machen. In diesem Sinn wird die wirtschaftliche Betätigung vor allem als Dienst an der Gemeinschaft verstanden.

Diese theologisch geprägte Vorstellung ist weit davon entfernt, Wirtschaften als System zu begreifen, in dem Angebot und Nachfrage von Gütern oder Dienstleistungen über Produktionsmengen und Preise entscheiden. Wirtschaftliche Betätigung ist die Leistung konkreter Individuen, die in ihrem Verhalten stets Gefahr laufen, sündhaft zu handeln. Nicht Effizienz oder Rentabilität bestimmen die Beurteilung „erfolgreichen" Wirtschaftens, sondern allein der tugendhafte und gottgefällige Lebenswandel des Arbeitenden, der seine Arbeit auf das Wohl der Gemeinschaft hin auszurichten hat und sich als Diener der Gemeinschaft verstehen muss. Entsprechend der biblischen „Arbeitspflicht" gilt dies – mindestens theoretisch – für alle Stände. Je nach „Amt", Stand und Hierarchie wird menschliche Tätigkeit so stets mit konkreten Vorstellungen von „Unterordnung", „Herrschaft" und „Treue" gegenüber der Gemeinschaft verbunden (Gurjewitsch 2000: 224).

In der theologischen Interpretation wird Arbeit somit in zweifacher Weise idealisiert: Sie ist einerseits der Gemeinschaft von Nutzen und dient damit der Verherrlichung der Schöpfung; sie entspricht der göttlichen Ordnung und ist somit Teil der menschlichen Natur. Dabei ist die unterschiedliche Verteilung der gesellschaftlichen Ränge und Reichtümer nicht ein Indiz sozialer Ungerechtigkeit, sondern ein Zeichen dafür, dass die Welt gut und Gott gefällig eingerichtet ist. Andererseits kommt der wirtschaftlichen Betätigung im Allgemeinen und der körperlichen Arbeit im Besonderen ein „erzieherischer Wert" zu. Körperliche Arbeit wird auch als Spielart der Askese verstanden, die dem Laster entgegenwirkt und so zur Tugend anleitet. Zudem ist es die soziale Funktion des Dienstes an der Gemeinschaft, die die wirtschaftliche Tätigkeit aus theologischer Sicht legitimiert und im Umkehrschluss den einzelnen dazu verpflichtet, für das Gemeinwohl zu arbeiten.

3.2 Ökonomie als Teil der göttlichen Ordnung

Die mittelalterliche Gesellschaftsordnung basiert im Wesentlichen auf der Vorstellung dreier Stände, denen je unterschiedliche Rechte und Pflichten zukommen. Dabei wird die irdische Ordnung als Abbild der göttlichen Ordnung verstanden und ebenso wie diese nach dem Abbild der Dreifaltigkeit gegliedert. Entsprechend ergeben sich primär drei Stände (*ordines*) – Ritter (*bellatores*), Klerus (*oratores*) und Bauern (*aratores, laboratores*) – wobei alle Stände bestimmte Aufgaben zum Wohle des gesellschaftlichen Ganzen zu erfüllen haben. Konkret ist es dabei die Aufgabe der Ritter, für den Schutz nach innen und außen und für „Rechtssicherheit" zu sorgen, Aufgabe des Klerus ist es, für das Seelenheil der Gemeinschaft Sorge zu tragen, und Aufgabe der arbeitenden Bevölkerung, alle mit Nahrung und Kleidung zu versorgen. Mindestens in der theoretischen Ausarbeitung der Ständeordnung wird dabei kein Teil als wichtiger oder weniger wichtig erachtet als der andere. Jeder Teil der Gesellschaft muss die ihm zugewiesenen Aufgaben pflichtgetreu erfüllen, damit die soziale Ordnung zum Wohl aller aufrechterhalten werden kann. So heißt es etwa bei Thomas von Aquin:

> Der Arzt sorgt, dass das Leben des Menschen gesund bleibe, der Wirtschafter, dass aller Lebensbedarf ausreichend gedeckt wird, der Gelehrte, dass er die Wahrheit erkennt, der sittliche Führer des Volkes aber, dass es nach den richtigen Grundsätzen lebt. (Aquin 1990: 53 [I,14].

Dabei wird das mit dem jeweiligen Stand verbundene „Amt" als Dienst an der Gemeinschaft gesehen und wird als „Kriegsdienst", „Gottesdienst" oder „Frondienst" im wahren Wortsinne verstanden. Ideal der Ständeordnung ist das harmonische Zusammenwirken der unterschiedlichen Gesellschaftsschichten, wobei die jeweilige Standeszugehörigkeit von Geburt an festgelegt ist, mithin dem göttlichen Heilsplan entspricht und daher vom Einzelnen akzeptiert werden muss.

Dabei repräsentiert der Stand der „aratores" mit achtzig bis neunzig Prozent der Gesamtbevölkerung den größten Stand. Jedoch gilt es zu unterscheiden, welcher Status dem einzelnen innerhalb der Landwirtschaft Tätigen tatsächlich zukam. Vermutlich waren es ursprünglich nur die Vertreter der bäuerlichen Elite, die in der originären theoretischen Konzeption der Ständeordnung zu Beginn des 9. Jahrhunderts als Stand aufgefasst wurden, während Unfreie, Knechte und Leibeigene außerhalb der Ständeordnung standen. So umfasst die mittelalterliche Ständeordnung in ihrer ursprünglichen Konzeption vor allem jene gesellschaftlichen Gruppen, „welche würdig sind, ihre Grundwerte zu repräsentieren, d.h. ihre religiösen, ihre militärischen und – ein Novum in der mittelalterlichen Christenheit – ihre ökonomischen Wertvorstellungen" (Le Goff 1987b: 47f.).

Eine erweiterte Auslegung der Ständelehre stammt von dem Franziskanermönch Berthold von Regensburg, der in seiner Predigt von den zehn Engelschören unter Bezugnahme auf Dionysios Areopagita und seine „Hierarchie der Engel und der Kirche" den zehn Engelschören zehn irdische Stände gegenüberstellt (vgl. Bertold 1862: 140-156 [X]): Als herausragende Stände, die alle anderen überragen, benennt Berthold (1) die Geistlichen, (2) die Mönche und (3) den Adel. Ihnen zu dienen sind die anderen Stände, die Berthold entsprechend ihrer Berufe ordnet, verpflichtet. Zu ihnen zählen: (4) diejenigen, die Kleidung herstellen, (5) diejenigen, die mit eisernen Werkzeugen arbeiten, (6) diejenigen, die im Handel beschäftigt sind, (7) diejenigen, die Nahrungsmittel verkaufen, (8) diejenigen, die das Land bestellen und (9) diejenigen, die im Heilgewerbe tätig sind. Zur letzten Gruppe rechnet Berthold (10) alle diejenigen, die von Gott abgefallen sind, wie Schausteller, Spieler und Musikanten. Für jede der Gruppen führt Berthold spezifische Tugenden an, die ihrem besonderen Stand zukommen und in denen ihr Dienst an der Gemeinschaft zum Ausdruck kommt. Wichtigste Tugend aller Stände jedoch sei die gewissenhafte und ehrliche Arbeit.

Zur Begründung der Ständeordnung beruft sich die Kirche vor allem auf die alttestamentarische Überlieferung und versucht, die Ständelehre immer wieder theologisch zu untermauern. In der so genannten „Wiener Genesis" aus dem 11. Jahrhundert werden drei Stände – Ritter, Freie und Unfreie – auf den Stammbaum Noahs zurückgeführt: So stammten die Ritter von Noahs Sohn Japheth und die Freien von Noahs Sohn Sem ab, während die Unfreien und Bauern auf Noahs Sohn Ham zurückgeführt werden, der von Noah verflucht wurde, und dessen Nachfahren daher als Knechte der anderen arbeiten müssen (Gurjewitsch 2000: 36). Eine andere Variante der theologisch begründeten Genese dreier Stände bezieht sich auf die Apokryphen und die Geschichte von den „ungleichen Kindern Evas". In dieser Lesart stammen die „Herrschenden" von Evas wohlgeratenem Sohn Seth ab, während die „niederen" Stände als Nachfahren des missratenen Kains galten. Diese Darstellung bildet die Vorlage für Hans Sachs' volkstümliche Dichtungen, in denen er die „Ordnung der Stände" durch Gott immer wieder zum Thema macht (vgl. Sachs 1992a: 152-155; 1992b: 107-121; 1992c: 281-315). Hans Sachs verdeutlicht, dass das Funktionieren einer Gesellschaft vom Zusammenwirken aller Stände abhängt und dass die Standeszugehörigkeit daher nicht in das Belieben des Einzelnen gestellt werden kann.

Entsprechend werden der Gedanke einer sozialen Gleichstellung und die Vorstellung, gesellschaftliche Schranken durch eigene Mühen überwinden zu können, innerhalb der mittelalterlichen Gesellschaftstheorie als unmöglich verworfen. Im theologischen Konzept der Ständeordnung ist die Standeszugehörigkeit ein „gottgegebenes Gut", das der Mensch annehmen muss. In seiner Auslegung vom Gleichnis von den fünf Talenten, die er zum Gegenstand mehrerer seiner deutschen und lateinischen Predigten macht, versucht Berthold von Regensburg diese Sichtweise der Kirche anschaulich zu machen. Der Mensch habe von Gott fünf Talente empfangen, die er bestmöglich nutzen müsse: (1) seine Individualität, (2) seinen Stand, (3) seine Lebenszeit, (4) seinen Besitz und (5) seine Befähigung zur Nächstenliebe (vgl. u.a. Berthold 1862: 11-28 [II]; 1880:

24-32 [XXXIX]). Über die Nutzung seiner Talente muss der Mensch am Ende seiner Tage Rechenschaft ablegen. Dabei sind Stand und Beruf nicht dem Zufall überlassen, sondern durch Gottes weisen Ratschluss bestimmt. Der Mensch muss sich hier im Rahmen seiner Möglichkeiten bewähren, um der göttlichen Gnade teilhaftig zu werden, „denn es ist besser, mit einem niederen Amte in den Himmel, als mit einem hohen in die Hölle zu kommen…" (Unkel 1882: 69).

Allerdings scheint die soziale Undurchlässigkeit der gesellschaftlichen Schichten durchaus auch als gesellschaftliches Problem empfunden worden zu sein. Zahlreiche Predigten und Exempla mahnen den Menschen daher, nicht nach Höherem oder gar nach nicht standesgemäßem Reichtum zu streben. In seiner Verserzählung „Meier Helmbrecht" warnt Wernher der Gärtner (1920) vor übertriebener Hoffart und schildert am Beispiel des Bauernsohns Meier Helmbrecht, welch schlechten Ausgang das Streben nach Überwinden der Standesschranken nehmen muss. Meier Helmbrecht schwingt sich, mit seinem Stand als Bauer unzufrieden, zum Ritter auf, schließt sich einer Raubritterbande an und hält sich selbst nun seinen eigenen Eltern gegenüber für etwas Besseres. Am Ende der Geschichte wird er von der Obrigkeit für seine Untaten geblendet und, in sein Heimatdorf zurückgekehrt, von den von ihm verachteten Bauern erhängt.

In einer Gesellschaftsordnung, die auf der strikten Annahme beruht, dass nur das Zusammenwirken aller Stände das Gemeinwohl garantieren kann und es daher für die Existenz der Gemeinschaft auch der niederen Dienste bedarf, wird die Unzufriedenheit der unteren Stände als Bedrohung der etablierten Ordnung empfunden. So heißt es auch in den Predigten des Mystikers Johannes Tauler:

> …es ist ein Leib, und dieser Leib hat viele Glieder und viele Sinne, und jeder Teil der Glieder hat sein besonderes Amt und Werk, wie das Auge, das Ohr, der Mund, die Hand, der Fuß, und keines maßt sich an, das andere zu sein, oder etwas anderes, als Gott ihm bestimmt hat. (…) Kinder, der Fuß und die Hand sollen nicht das Auge sein wollen. Ein jeder soll sein Amt tun, das Gott ihm zugefügt hat, wie grob es auch sei… (Tauler 1993: 251f.)

Jedes Fehlen einer festen Ordnung und klar zugewiesener Rechte und Pflichte führt ins „Durcheinander" (vgl. Aquin 1985: III, 583 [II,2 183,2]) und stürzt die Welt ins Chaos. Hätte Gott, so Berthold von Regensburg, alle zu Herren gemacht, so wäre die Welt ungeordnet und es würde schlecht stehen im Land (vgl. Berthold 1862: 271, 17-19 [XIX]). Aus Sicht der geistigen und weltlichen Obrigkeit sind der zunehmende Unmut und die Unzufriedenheit der unteren Stände vor allem Ausdruck mangelnder Pflichterfüllung. Dies erklärt, warum sich die Vorstellung einer Ständeordnung als verbindliches Gesellschaftssystem, obwohl sie insbesondere von den unteren Ständen zunehmend als ungerecht empfunden wird, bis ins ausgehende Mittelalter hinein hält. So warnt auch Martin Luther gegen Ende des Mittelalters in seinen Hauspredigten mehrfach davor, Standesunterschiede im diesseitigen Leben beseitigen zu wollen, da dies der natürlichen (gottgewollten) Ordnung widerspräche. Mit Bezug auf die Bauernaufstände von 1524/1525 heißt es:

> Vor der Welt muss die Ungleichheit bleiben, dass der Vater mehr sei denn der Sohn; der Herr mehr denn der Knecht; dass ein König und ein Fürst mehr sei denn seine Unterthanen. Das will Gott also haben, der hat die Stände also geordnet und geschaffen. Wer da wollte eine Gleichheit machen (...), der würde ein sehr löbliches Regiment anrichten; wie man an den aufrührerischen Bauern gesehen hat. (Luther 1904: 195)

Allerdings betreffen die mit dem jeweiligen angeborenen Amt verbundenen Pflichten nicht nur die unteren Stände. So nutzt Berthold von Regensburg seine Predigten auch, um die Obrigkeit zur Mildtätigkeit und Barmherzigkeit gegenüber den unteren Ständen zu ermahnen und sie an die mit ihrem Amt zusammenhängenden Aufgaben und die hierfür notwendigen Tugenden der Gerechtigkeit und der Mäßigung zu erinnern. Und auch Luther fordert von den höheren Ständen, ihren Dienst zu tun und sich ihres Amtes als würdig zu erweisen:

> Denn Gott hat sie in solchen hohen Stand nicht gesetzt, dass sie allein ihre Pracht führen, ihre Wohllust suchen, und thun sollen, was sie gelüstet; sondern mit allen Gaben, die sie haben, sollen sie ihren Unterthanen dienen. (Luther 1904: 325)

Dieses Ideal einer wohlgeordneten Ständegesellschaft, in der jeder einzelne den ihm von Gott auf Erden bestimmten Platz einzunehmen hat, redlich sein Amt auszufüllen hat und nicht nach Höherem streben soll, zementiert eine weitgehend statische Gesellschaftsordnung. Die Überwindung von sozialen Schranken durch eigenen (wirtschaftlichen) Erfolg oder handwerkliches Können ist in einem Umfeld, das jeder Form von sozialer Mobilität zwischen den einzelnen gesellschaftlichen Hierarchien feindlich gegenübersteht, nahezu unmöglich. Damit fehlt dem mittelalterlichen Menschen ein wesentlicher Anreiz, sich mit ökonomischen Fragen praktisch wie theoretisch auseinanderzusetzen. Das von Adam Smith als „Motor" wirtschaftlicher Entwicklung benannte Streben nach Verbesserung der eigenen Lage, das den einzelnen zu Fleiß, Sparsamkeit, Arbeitseifer, aber auch zu neuen Erfindungen treibt und mithin die gesamte wirtschaftliche Entwicklung beflügelt, bleibt in einer Gesellschaft, in der sozialer Aufstieg theoretisch nicht vorgesehen ist und im Zweifel praktisch verhindert wird, bestenfalls rudimentär ausgeprägt.

3.3 Ökonomie als Grundlage des Gemeinwohls

Die sich stetig beschleunigende Stadtentwicklung ab Ende des 10. Jahrhunderts und die damit verbundene ökonomische Entwicklung macht es jedoch notwendig, sich mit den damit einhergehenden Problemen auch aus theologischer Sicht auseinanderzusetzen. Mit der Gründung zahlreicher neuer Städte, der Vergabe von Marktrechten und der allmählichen Bevölkerungszunahme entstehen neue Handelszentren und Tauschplätze. Es bildet sich ein System wechselseitigen Austauschs und arbeitsteiliger Produktion, in dem sich zahlreiche neue spezialisierte Berufe etablieren, die mit der simplen Logik der Ständegesellschaft und dem Dienst des Einzelnen zum Wohl des Nächsten nurmehr bedingt gesellschaftstheoretisch gefasst werden können. An die Stelle des mit dem jeweiligen Amt verbundenen Dienstes am Nächsten tritt so die Vorstellung der Produktion für das Gemeinwohl (*bonum commune*) als oberstes Ziel wirtschaftlicher Betätigung. Wurde beispielsweise noch von Berthold von Regensburg vor allem der Pflichtcharakter des Amtes betont und Nachlässigkeit und Faulheit als Sünde vor Gott und dem Nächsten gewertet (vgl. Unkel 1882: 70), sieht Thomas von Aquin die arbeitsteilige Produktion in den Städten und den Handel aus diesem neuen Blickwinkel:

> Anderen Geschöpfen hat die Natur die Nahrung bereitgestellt, die Bedeckung der Haare, Mittel zur Verteidigung (...) Der Mensch aber ist mit keinem dieser Geschenke der Natur gerüstet, statt ihrer aller ist ihm die Vernunft gegeben, damit er, von ihr geleitet, imstande sei, sie sich selbst durch die Arbeit seiner Hände zu verschaffen. Aber um diese Aufgabe zu erfüllen, reicht die Kraft des einzelnen nicht hin. Auf sich allein gestellt, wäre kein Mensch imstande, das Leben so zu führen, dass er seinen Zweck erreicht. So ist es also der Natur entsprechend, mit vielen gesellig zu leben. (Aquin 1990: 6 [I,1])

Ähnlich wie schon für Platon und Aristoteles ist es für Thomas von Aquin nicht zuletzt die soziale Dimension des auf die Hilfe der anderen angewiesenen Menschen, die die wirtschaftliche Betätigung legitimiert. Wirtschaften ist kein Selbstzweck, sondern der stets auf die Bedürfnisse der Gemeinschaft ausgerichtete Beitrag des Einzelnen zum *bonum commune*. Reine Profitgier und übertriebenes Gewinnstreben wird daher ebenso verurteilt wie in der Antike. Unter Bezugnahme auf Aristoteles unterscheidet Thomas von Aquin die natürliche von der widernatürlichen Begierde:

> Nun kann die natürliche Begierlichkeit nicht wirklich unendlich sein. Sie geht nämlich auf das, was die Natur erheischt: der Natur aber liegt immer etwas Endliches und Sicheres im Vorhaben. Deswegen hat der Mensch niemals die Begierde nach unendlicher Speise oder unendlichem Trank. (...) Dagegen ist die nicht naturhafte Begierlichkeit durchaus unend-

lich. Sie folgt nämlich (...) der Vernunft: der Vernunft aber kommt zu, in das Unendliche vorwärts zu gehen. Wer deswegen nach Reichtümern begierig ist, kann nach ihnen Begier haben, nicht bis zu einem gewisssicheren Haltepunkt, sondern schlechthin, so reich zu sein, als er nur kann. (Aquin 1985: II, 210 [II,1 30,4])

Gegen das Streben nach bescheidenem Wohlstand erhebt Thomas jedoch keine Bedenken. Geschäfte, die auf Gewinn zielen, sind in seinen Augen durchaus mit der christlichen Moral vereinbar, solange die Gewinne dem Ziel dienen, die eigene Familie zu versorgen, oder gar für die Unterstützung Bedürftiger eingesetzt werden (vgl. Aquin 1985: III, 353 [II,2 77,4]). Auch dem Handel räumt Thomas eine gewisse Berechtigung ein, insbesondere dann, wenn er dazu dient, das Land mit lebensnotwendigen Gütern zu versorgen, die im eigenen Lande fehlen (vgl. Aquin 1990: 69 [II,3]). Wichtig für ihn bleibt alleine die Zwecksetzung der wirtschaftlichen Betätigung (vgl. Dierksmeier/Celano 2011: 259f.). Dient sie dem Gemeinwohl und wird der Gewinn als Lohn für die eingesetzten Mühen und die eingegangenen Risiken erstrebt, ist dagegen nichts einzuwenden, da hier das Gewinnstreben nicht ins Unendliche geht, sondern sein natürliches Ende mit der Befriedigung der Bedürfnisse findet (vgl. Aquin 1985: III, 210 [II,1 30,4]).

Dabei ist die Vorstellung dessen, was als „gerechter Lohn" im Rahmen wirtschaftlicher Betätigung zu gelten hat, eng mit der Vorstellung des „gerechten Preises" (*pretium justum*) verbunden. Ähnlich wie in der antiken Vorstellung wird dabei davon ausgegangen, dass es einen natürlichen Preis der Ware gibt, der die auf ihre Herstellung verwendeten Mühen widerspiegelt. Jedoch existiert kein theoretisches Modell, das es erlauben würde, diesen Preis rechnerisch exakt zu bestimmen. Grundsätzlich orientiert sich der als gerecht erachtete Preis jedoch auf rationalen Überlegungen, in die möglichst alle Faktoren, wie etwa der soziale Status des Gewerbetreibenden, sein familiärer Stand etc. mit einfließen sollen. Interessanterweise wird diese Form der „Rationalität" der reinen Marktlogik, in der sich der Preis nach den Bedürfnissen des Käufers und der damit verbundenen Zahlungsbereitschaft ergibt, bewusst gegenübergestellt, da man davon ausgeht, dass seine Begierde oder die Not den einzelnen dazu treiben würde, einen überteuerten Kaufpreis zu entrichten. So heißt es bei Augustinus:

> Es gibt aber auch eine andere Art der Wertung, nämlich je nach dem Nutzen, den irgendein Ding stiftet. (...) Das braucht uns nicht zu wundern, da sogar, wenn sich's um die Einschätzung von Menschen handelt, deren Wesen von so hoher Würde ist, ein Pferd oft höher bewertet wird als ein Sklave, eine Perle höher als eine Magd. So ist denn, wenn frei geurteilt wird, ein erheblicher Unterschied zwischen der Schätzung prüfender Vernunft und der Schätzung, die durch den Zwang des Bedürfnisses oder die Lust des Begehrens bestimmt wird. (Augustinus 1991: II, 27f. [XI,16])

Entscheidend für den Wert einer Ware ist damit nicht der Nutzen, den sich der Käufer aus dem Kauf der Ware erhofft, sondern die vernünftige und objektive Abschätzung aller für ihre Herstellung relevanten Faktoren. Dies schließt durchaus auch Elemente wie „Seltenheit", oder „hohes Risiko" bei Transport oder Rohstoffgewinnung mit ein, beinhaltet aber auch Elemente, die sich auf den Stand der am Kauf und Verkauf beteiligten Personen beziehen. Wie für alles in einer gottgefällig geordneten Welt gibt es auch bei der Güterproduktion und im Warenverkehr eine klare Ordnung der Dinge, die der Mensch durch seine Vernunft erkennen kann und anhand derer sich der natürliche Preis bestimmen lässt. Diese Vorstellung mündet innerhalb der Spanischen Spätscholastik in eine zunehmend stärker ausdifferenzierte Preistheorie, der zufolge „gewöhnliche Preise", die sich entsprechend der allgemeinen Ansicht über den „gerechten Preis" eines Gutes ergeben, von „vertraglichen Preisen", die sich aus der Verhandlung von Käufer und Verkäufer ergeben und insbesondere bei Luxusgütern deren außerordentliche Qualität oder Seltenheit berücksichtigen sollen, unterschieden werden müssen (vgl. Melé 2011: 183).

Zugleich folgt aus dieser Vorstellung eines natürlichen Preises ein klares Verbot für Spekulation, Wucher, unlautere Vorteilnahme oder das Ausnutzen der Unwissenheit oder Notlage des Käufers. Unter Berufung auf die Goldene Regel leitet Thomas von Aquin aus der Tatsache, dass niemand gerne etwas teurer erstehen möchte, als es eigentlich wert ist, ab, dass es mithin auch verboten sei, Dinge über ihren natürlichen Wert zu verkaufen (vgl. Aquin 1985: III, 343 [II,2 77,1,3]):

> Zwar „....kann etwas erlaubterweise zu mehr verkauft werden, als es an sich wert ist, allerdings nicht zu mehr, als es Wert hat für den, der es besitzt. (...) Denn die Nützlichkeit, die dem anderen zuwächst, entstammt nicht dem Verkäufer, sondern der Lage des Käufers. Keiner aber darf dem anderen verkaufen, was nicht sein ist, mag er ihm auch den Schaden verkaufen können, den er leidet. (Aquin 1985: III, 344f. [II,2 77,1])

Nach unserem heutigen ökonomischen Verständnis bedeutet dies, dass die gesamte Produzentenrente an den Konsumenten fallen soll, da der Preis einer Ware sich ausschließlich nach der ihr beigemessenen Wertschätzung durch den Produzenten und nicht durch den Konsumenten ergeben darf. Praktisch gesehen erweist sich die Vorstellung eines gerechten Preises, der sich aus der vernünftigen Abwägung aller Umstände ergibt, dabei als durchaus tragfähiger, als dies heutige ökonomische Theorien nahelegen. Zwar bedeutet dies nicht, dass Preise auf mittelalterlichen Märkten nicht ebenso verhandelt wurden, wie dies auch heute noch der Fall ist. Aber in gewisser Weise erweist sich die Idee des *pretium justum* insbesondere im Bereich der Güter des alltäglichen Bedarfs auch als gewisses Regulativ auf den durch Zunftordnungen oligopolistisch verwalteten Märkten.

Analog zu den Vorstellungen eines gerechten Preises setzt sich auch der gerechte Lohn nach dem anerkannten Wert der geleisteten Arbeit und der Würde der Person, die diese Arbeit leistet, zusammen (vgl. Melé 2011: 183). Dies entspricht einer Arbeitswertlehre, die vor allem auf einem aristotelischen Gerechtigkeitsverständnis fußt und zugleich von einem gesellschaftlichen „common sense" über die jeweilige Würde der einzelnen Tätigkeiten ausgeht (vgl. Ubl/ Vinx 2000: 312). Im Einzelfall muss es dabei der Einsicht der einzelnen Parteien überlassen werden, welcher Lohn tatsächlich dem Wert der Arbeit entspricht. „Dennoch herrschte die Ansicht vor, dass es objektive Maßstäbe der Beurteilung gebe, die sich nach dem natürlichen Lebensunterhalt und der sozialen Stellung zu richten hat" (Ubl/Vinx 2000: 312).

Eng verknüpft mit der Theorie eines gerechten Preises und eines gerechten Lohns ist eine nach heutigen Vorstellungen weitgehend statische Geld- und Zinstheorie. Wie auch in der Antike wird Geld im Mittelalter vorwiegend als Tauschmittel gesehen. Es ist ein vom Menschen erfundenes Maß, das selbst keinen Eigenwert besitzt, sondern ausschließlich zwischen den einzelnen Waren vermittelt und so den Naturaltausch ersetzt. Geld erfüllt dabei drei wesentliche Funktionen: Es ist Tauschäquivalent, Wertmaßstab und dient der Bewahrung von Vermögen über Raum und Zeit.

Da Geld selbst keinen Warencharakter besitzt, ist es an und für sich „unverkäuflich", da sein Kaufpreis stets dem Nominalwert des „gekauften" Geldes entsprechen würde. Wer also Geld „verkauft", sprich ein Darlehen gibt, hat sich mithin am Nominalwert des Geldes zu orientieren. Zwar ist es erlaubt, den möglichen eigenen Schaden, der den Darlehensgeber durch das Fehlen liquider Mittel eventuell unvorhergesehener Maßen trifft, in Rechnung zu stellen (vgl. Aquin 1985: III, 344f. [II,2 77,1]). Dies gilt jedoch nicht für die Opportunitätskosten einer alternativen, möglicherweise gewinnbringenden eigenen Verwendung (vgl. Aquin 1985: III, 359 [II,2 78,2]). Da es zudem nicht erlaubt ist, den Nutzen, den der Käufer aus einer Ware zieht, in den Kaufpreis mit einfließen zu lassen, gilt auch für das Darlehen, dass die gewinnbringenden Nutzungsmöglichkeiten des geliehenen Geldes durch den Darlehensnehmer kein prinzipielles Recht auf Zins, d.h. einen höheren „Kaufpreis" begründen.

Ein weiteres Argument, das Thomas von Aquin für die Begründung des Zinsverbots bemüht, bezieht sich auf die theoretische Unterscheidung von Besitz und Gebrauch einer Sache. In aller Regel ist es für Thomas nicht möglich, beim Verkauf zwischen Besitz und Gebrauch (Verbrauch) einer Sache zu trennen. Wer ein Verbrauchsgut veräußert, räumt dem neuen Besitzer generell auch das Recht ein, dieses in seinem Sinne zu nutzen und zu konsumieren. Es sei daher nicht erlaubt, eine Sache zu verkaufen und dann vom Käufer ein zusätzliches Entgelt für den Gebrauch der Sache zu verlangen:

> Wollte also einer getrennt den Wein verkaufen und wollte er getrennt den Gebrauch des Weines verkaufen, so würde er dasselbe Ding zweimal verkaufen... (Aquin 1985: III, 356 [II,2 78,1])

Im Klartext: Wer ein Fass Wein verkauft, räumt dem Käufer selbstredend das Recht ein, den Wein zu trinken, und kann nicht noch ein Extrageld für das Trinken berechnen. Miete und Pacht bilden hier insofern eine Ausnahme, als hier der Gebrauch lediglich für eine bestimmte Zeit überlassen wird, kein Eigentumsübergang an der Sache stattfindet und der infrage kommende Gegenstand nicht durch Verbrauch vernichtet wird (vgl. Aquin 1985: III, 356 [II,2 78,1]). Übertragen auf das Darlehensgeschäft bedeutet dies, dass der Darlehensgeber kein Recht hat, einen Aufschlag für den (gewinnbringenden) Gebrauch des Gelds durch den Darlehensnehmer zu fordern:

> Wer ein Darlehen gibt, kann ohne Sünde mit demjenigen, der das Darlehen nimmt, ein Entgelt für den Schaden vereinbaren, durch welchen ihm etwas entzogen wird, was er haben soll: das heißt nämlich nicht den Gebrauch des Geldes verkaufen, sondern einen Schaden vermeiden. (...) Eine Vergütung hingegen des Schadens, der daraus in Betracht kommt, dass er mit dem Geld keinen Gewinn macht, kann nicht in die Vereinbarung mit einbezogen werden: denn er darf nicht verkaufen, was er noch nicht besitzt... (Aquin 1985: III, 359 [II,2 78,2,1])

Allerdings sieht Thomas durchaus die Möglichkeit, sich an den Geschäften eines Handwerkers oder Kaufmanns durch Kapitaleinlage zu beteiligen und hierfür am Gewinn des Unternehmens zu partizipieren. In diesem Fall findet kein „Eigentumsübergang" statt; das Geld wird dem Handwerker lediglich zum „Gebrauch" anvertraut. In dieser Form der „stillen Teilhaberschaft" bleibt die Gefahr beim Geldeigentümer, der sowohl das Recht hat, an den Gewinnen beteiligt zu werden, allerdings auch das Risiko des Verlustes trägt (vgl. Aquin 1985: III, 360f. [II,2 78,2,5]). Auch sieht Thomas die Möglichkeit, das Darlehensrisiko durch ein Pfand abzusichern, wobei es erlaubt ist, aus der Nutzung des Pfandes, z.B. ein Miets-haus, Gewinne zu ziehen. Bei Rückerstattung des Darlehensbetrages sind diese Einnahmen jedoch gegen die Darlehnssumme aufzurechnen (vgl. Aquin 1985: III, 361 [II,2 78,2,6]).

Wesentlich plastischer als Thomas von Aquin begründen die zahlreichen Bußprediger die Sündhaftigkeit der Zinsgeschäfte. Wer Zins nimmt, so ihre Begründung, handle mit der Zeit, diese aber gehöre Gott. Wer Zins nimmt stiehlt somit, was Gott gehört. Erschwerend kommt hinzu, dass derjenige, der Darlehen gegen Zinsen gibt, niemals von seinen Sünden ausruht. Während Mörder nicht stetig morden und Diebe nicht ständig stehlen können, ruht derjenige, der Zinsen nimmt, niemals: denn selbst wenn er schläft, arbeitet sein Kapital und lässt ihm unrechten Gewinn zufließen (vgl. Berthold 1862: 20,9-21,15 [II]). Selbst die „Sonntagsruhe" wird so von den Geldleihern missachtet. Wortgewaltig donnert Berthold von Regensburg von der Kanzel:

> Ihr Mörder, ihr mordet gerade niemanden; ihr Ehebrecher, ihr brecht gerade nicht eure Ehe; (...) ihr Vielfraße, ihr Faulpelze und ihr Spieler und ihr Tänzer, ihr treibt gerade mit niemandem euren Schindluder (...). Ihr anderen Sünder, ihr gebt dem allmächtigen Gott dann und wann Frieden. Diese Geizigen geben dem allmächtigen Gott niemals Frieden. (...) Gerade hast du, Geiziger, Wucherer und Warenspekulant, seit du heute herkamst, seitdem hast du mit Wucher und mit Warenspekulation an die vier Pfennige gewonnen. Und seitdem ich diese Rede begann, seitdem bist du wenigstens um einen halben Pfennig reicher als zuvor. (...) Und so spricht der allmächtige Gott: ‚...Die Bewohner von Samaria, Sodom und Gomorrha lassen mich dann und wann ausruhen: du lässt mich niemals ausruhen, sondern dein Pflug ist doch allzeit auf dem Weg und auf der Arbeit nach Gewinn.' (...) Ihr anderen Leute versäumt gerade sehr eurer Arbeit. Der Geizige versäumt aber nichts während dieser Predigt. Sondern sein Gewinn kommt doch immer... (Berthold 1862: 244,5-34 [XVII])

Im Jahre 1179 wurde die Zinsnahme auf dem Lateranum III durch die Kirche offiziell verboten. Zur Begründung des Zinsverbots verweist die Kirche auf die Schriften des Alten und Neuen Testaments und das Verbot, die Notlage seiner Mitmenschen auszunutzen (vgl. u.a. Ex. 22, 24; Lev. 25, 35-37; Lk. 6, 34-35). Allerdings erweist sich das kanonische Zinsverbot in der Praxis als wenig wirkungsvoll. Dies zum einen deshalb, da es vor allem auf den Schutz in Not geratener Einzelpersonen gerichtet war und die Möglichkeit des kalkuliert aufgenommenen Geschäftsdarlehens außer Acht ließ. Zum anderen erfolgte das Zinsverbot zu einem Zeitpunkt, zu dem der steigende Geldbedarf in den aufstrebenden Städten ohne Geld- und Darlehensgeschäfte längst nicht mehr gedeckt werden konnte. Entsprechend nachsichtig zeigte sich die Kirche auch gegenüber Kreditgeschäften in der Praxis. Wurde das Zinsverbot nominell beachtet und ein Darlehensgeschäft beispielsweise durch ein gewinnbringendes Pfand abgesichert, wurde dies trotz der klaren Position, die Thomas von Aquin in diesem Punkt vertreten hatte, zumeist toleriert. Schließlich wurde das Zinsverbot auf dem 5. Lateranenkonzil (1512 – 1517) wieder aufgehoben.

3.4 Handel und Wandel

Obwohl Thomas von Aquin die arbeitsteilige Produktion in den Städten und den Warenverkehr zwischen den einzelnen Handelszentren zumindest als Notwendigkeit für den Erhalt der Gemeinschaft sieht, bleibt er gegenüber dem Lebenswandel der Stadtbewohner, die sich vor allem ihren Erwerbsgeschäften widmen, weitaus skeptischer. Das insbesondere den Kaufleuten unterstellte stetige Gewinnstreben mache die Stadt anfällig für Laster und Untugenden:

> Da das Streben der Kaufleute sich vor allem auf den Gewinn richtet, wird durch den Betrieb des geschäftlichen Verkehrs die Begehrlichkeit in den Seelen der Bürger erweckt. Die nächste Folge daraus ist, dass im Staate alles käuflich wird (...) und für jeden Betrug Platz ist, dass jeder in Verachtung des Gemeinwohls nur seinem persönlichen Vorteil folgt und jedes Bemühen um die Tugenden schwindet... (Aquin 1990: 68 [II,3])

In seiner weiteren Kritik folgt Thomas von Aquin deutlich der Argumentation antiker Autoren und kritisiert den „schlaffen" Lebenswandel der Kaufleute, der sie zu militärischen Diensten untüchtig mache, und ihre mangelnden politischen Tugenden, da sie nur auf persönlichen Gewinn aus seien und sich nicht für die Gemeinschaft engagierten.

Der Kaufmann ist stets vom Laster der Habsucht (*avaritia*) – definiert als das Streben nach nicht standesgemäßem Reichtum (vgl. Aquin 1985: III, 446f. [II,2 118,1]) – bedroht, die zu den Hauptsünden der Kirche zählt und im Rufe steht, Ursache für weitere Untugenden wie Verrat, Betrug, Täuschung, Meineidigkeit, Angst, Gewalttätigkeit und Unbarmherzigkeit zu sein (vgl. Aquin 1985: III, 448 [II,2 118,8]). Nach Lehrmeinung der Kirche kann der Kaufmann daher niemals oder nur mit Mühe gottgefällig sein: *Homo mercator nunquam aut vix potest Deo placere*. Er verkennt die göttliche Ordnung und entwickelt eine widernatürliche Liebe zu Gold und Besitz (vgl. Augustinus 1991: II, 71 [XII,8]); an die Stelle der Liebe zu Gott trete die Liebe zu den von ihm geschaffenen irdischen Gütern (vgl. Augustinus 1991: II, 263 [XV,22]).

Entsprechend befindet sich der mittelalterliche Kaufmann in gewisser Weise in einer Zwickmühle. Einerseits besitzt er politischen Einfluss, Prestige und Vermögen. Andererseits sind es gerade diese Eigenschaften, die seitens der Kirche stets unter dem Vorbehalt nicht standesgemäßen Strebens nach Reichtum gesehen werden. So ist wirtschaftlicher Erfolg sein eigentliches Berufsziel und eben jener Leistungsnachweis, der sein soziales Prestige begründet. Andererseits scheint dieses Streben aber unvereinbar mit seinem christlichen Gewissen. Insbesondere Bußprediger wie Berthold von Regensburg oder Johannes Tauler verdammen den Reichtum der Kaufleute als sündhaft und mahnen zur Umkehr. Für sie ist ein wahrhaft christliches Leben nur in Armut möglich (vgl. Tauler 1993: 223f.). Reichtum, Bequemlichkeit und das Streben nach sozialem Prestige verhindern, dass Gott im Menschen wirkt. Der Mensch muss daher allem Irdischen entsagen, will er zu Gott finden (vgl. Tauler 1993: 237f.). Diesseitige Armut werde im Jenseits mit ewigem Reichtum und ewiger Freude entgolten. Es sei daher besser, in dieser Welt in Armut zu leben und auf die „soziale Gerechtigkeit" Gottes zu hoffen, als durch das Streben nach irdischem Reichtum und Macht die künftige Glückseligkeit zu gefährden (vgl. Berthold 1862: 58,22-59,6 [IV]). So heißt es bei dem deutschen Mystiker Heinrich Seuse:

Wer Zeit und Ewigkeit recht abwägen könnte, der sollte lieber hundert Jahre in einem feurigen Ofen liegen als den mindesten Lohn für das mindeste Leiden in der Ewigkeit entbehren wollen; denn jenes hat ein Ende, dies ist ohne alles Ende. (Seuse 1993: 114)

Obwohl derartige Predigten im Einzelfall ihre Wirkung sicherlich nicht verfehlten, konnten sie doch die gesellschaftlichen und ökonomischen Veränderungen, die von dem neuen „Lebensentwurf" der Kaufleute ausgingen, nicht verhindern. Voll Bewunderung schildert Marco Polo den Reichtum der Handwerker und Kaufleute von Quinsai, die so reich sind, dass sie selbst nicht mehr arbeiten müssen und eine „Lebensart wie die Könige" pflegen. Für ihn ist der durch Handwerk und Handel erlangte Reichtum durchaus gottgefällig, denn „offensichtlich sind die Götter dem tüchtigen Manne wohlgesinnt. Alles, was aber der Mensch gegen den göttlichen Willen verfügt, ist unstatthaft und ungerecht" (Polo 1983: 247).

Die mit der Stadtentwicklung und dem damit verbundenen sozialen Wandel verbundenen Veränderungen haben auch Einfluss auf die soziale und wirtschaftliche Struktur der Landwirtschaft. Da die Stadt auf Nahrungsmittelzufuhr vom Lande angewiesen ist, kann der beliefernde Bauer mit einem stetigen Absatz seiner Produkte rechnen. Entsprechend richtet sich die Nahrungsmittelproduktion auf dem Lande zunehmend nach den Bedürfnissen der Städte. Hinzu kommt die wachsende Nachfrage des städtischen Handwerkers nach landwirtschaftlichen Rohstoffen. In der Folge wird die ursprüngliche Autarkie des bäuerlichen Hofes zunehmend zu Gunsten einer Überschussproduktion, die sich an der Nachfrage in den Städten ausrichtet, aufgegeben. Da so insbesondere die stadtnahen Bauern in die wirtschaftliche Entwicklung der Städte mit eingebunden werden und aufgrund der nun verfügbaren Geldmittel selbst damit beginnen, handwerkliche Produkte in den Städten zu kaufen, wirkt sich dies auch in der Zunahme des Geldumlaufs aus. Die Geldwirtschaft ersetzt immer stärker den Naturaltausch. Insbesondere ist es dabei die Tuchherstellung, die durch die stetige Nachfrage nach Wolle und den zum Färben benötigten pflanzlichen Farbstoffen, wie Färberwaid oder Färberröte, zu teilweise folgenschweren Umstellungen in der Landwirtschaft beiträgt.

In seinem „wahrhaft goldenem Büchlein von der besten Staatsverfassung und von der neuen Insel Utopia" schildert Thomas Morus am Beispiel der so genannten „Enclosures" die Folgen der Umstellung der landwirtschaftlichen Produktion Englands auf Schafzucht, um so die steigende Nachfrage nach Wolle befriedigen zu können: Infolge der zunehmenden Wollnachfrage für die Tuchproduktion in Flandern und den damit stetig steigenden Wollpreisen hatten die englischen Großgrundbesitzer damit begonnen, ihre Kleinpächter von ihren Höfen zu verjagen und ganze Gebiete als Weideland einzuzäunen („Enclosures"). Die Folge dieser Produktionsumstellung war ein massenhaftes bäuerliches Proletariat ohne die geringste Aussicht auf irgendeine Beschäftigung. Ländliche Handwerker und Kleinhändler verloren ihre angestammte ländliche Kundschaft und sahen sich ebenso zur Geschäftsaufgabe genötigt. Zugleich bewirkte die massive Umstellung der englischen Landwirtschaft auf Schafzucht einen Rückgang der traditionellen Feldwirtschaft mit geringeren Ernteerträgen und damit einhergehend steigenden Lebensmittelpreisen als Folge. Dies wiederum führte zu weiteren Entlassungen, da insbesondere das teilweise mit Naturalien entlohnte ländliche Dienstpersonal bei steigenden Lebensmittelpreisen nicht mehr bezahlt werden konnte. Zudem bewirkte die Umstellung der englischen Landwirtschaft auf die weniger arbeitsintensive Schafzucht einen massiven Rückgang des Arbeitskräftebedarfs. Um des so entstandenen vagabundierenden bäuerlichen Proletariats Herr zu werden, reagiert die englische Regierung mit drakonischen Strafmaßnahmen gegen Bettelei und Landstreicherei, ohne dabei die sozialen Ursachen zu berücksichtigen (vgl. Morus 1995: 28ff.). Morus schildert die Situation der entrechteten Bauern mit dramatischen Worten:

> So oder so müssen die Unglücklichen auswandern, Männer, Weiber, Ehemänner mit ihren Frauen, Witwen, Waisen, Eltern mit den kleinen Kindern und einer mehr vielköpfigen als viel besitzenden Familie, wie denn die ländliche Wirtschaft zahlreicher Hände bedarf; sie müssen auswandern (...) aus der vertrauten und gewohnten Heimstätte und finden nichts, da sie ihr Haupt hinlegen könnten. Ihren ganzen Hausrat, ohnehin nicht hoch verkäuflich, auch wenn man auf den Käufer warten könnte, schlagen sie für ein Spottgeld los, denn sie müssen ihn sich vom Halse schaffen. Ist das bisschen Erlös auf der Wanderschaft verbraucht, was bleibt ihnen schließlich anderes übrig, als zu stehlen und sich hängen zu lassen (versteht sich: von rechts wegen!) oder aber Landstreicher und Bettler zu werden, nur dass sie freilich auch dann als Vagabunden, die müßig umher streichen, ins Gefängnis geworfen werden; und doch will kein Mensch ihre Dienste haben, sie mögen sie noch so eifrig anbieten! (Morus 1995: 28f.)

Im Gegensatz dazu fordert Morus „Arbeitsbeschaffungsmaßnahmen", die es zum einen den Armen ermöglichen würden, ein gerechtes Auskommen zu finden, zum anderen aber in Form von Arbeitslagern, dazu genutzt werden könnten, Straffällige sinnvoll zum Wohle der Gemeinschaft zu beschäftigen (vgl. Morus 1995: 33ff.). Allerdings erwiesen sich in der Realität die mit der städtischen Entwicklung einhergehenden Umstellungen innerhalb der Landwirtschaft ökonomisch gesehen oftmals eher als positiv denn als negativ und dürften auch in England einen weitaus weniger dramatischen Verlauf genommen haben als ihn Thomas Morus schildert (vgl. Sombart 1969: I,2 792ff.).

Zunehmend beginnen die Städte das Sozialgefüge und das Wirtschaftsleben des Mittelalters zu verändern. Zunftrecht und Stadtrecht bestimmen das Stadtleben und grenzen so die städtische Ordnung gegenüber dem Umland ab. Die Städte entwickeln ihr eigenes Selbstbewusstsein, befreien sich schrittweise von feudaler Bevormundung und erlangen eine gewisse rechtliche Autonomie (vgl. Schultz 1997: 13). Es entsteht die bürgerliche Stadtkultur, die sich in Begriffen wie *urbanité* und *civilité* manifestiert und der einfachen „bäuerlichen" Lebensweise gegenübergestellt wird. Damit ändert sich auch das moralische Empfinden einer ganzen Epoche. Reichtum und wirtschaftlicher Erfolg werden in den Städten nicht mehr als Sünde betrachtet und die Furcht, durch Reichtum sein Seelenheil zu verlieren, tritt zunehmend in den Hintergrund und bestimmt immer weniger das Lebensgefühl des spätmittelalterlichen Menschen. An die Stelle der Furcht vor der ewigen Verdammnis durch unrechtmäßigen Reichtum tritt das rationale Kalkül, sich durch planmäßige gute Werke von seinen irdischen Sünden „loskaufen" zu können. Gute Werke und Almosen für die Armen der Stadt werden zum Teil des kaufmännischen Geschäftsmodells und auf so genannten „Gotteskonten" akribisch erfasst:

> Mit Gott verkehrte man wie mit einem Mitglied der Handelsgenossenschaft, und seine Anteile hingen von der Größe des Gewinns ab, den die Genossenschaft erzielte. Auf diese Weise musste Gott selbst daran interessiert sein, dass der Unternehmer einen möglichst großen Profit erzielte! (Gurjewitsch 1997: 298)

Zwar wird diese Praxis von zahlreichen kirchlichen Vertretern mit dem Hinweis darauf, dass man mit Gott keinen Handel treiben könne, verurteilt (vgl. u.a. Meister Eckhart 1999: 9; Merswin 1994: 310). Dennoch profitiert auch die Kirche vom Ablasshandel und den Stiftungen der reichen Kaufleute und Zünfte.

Dieser „neue Geist" der Städte wirkt sich auch auf das Handwerk aus. Zwar bleibt die Handwerkskultur der Städte zünftisch geprägt und damit weitgehend reguliert. Dennoch beginnen zunehmend technische Innovationen das Handwerk zu verändern und zu Spezialisierungen beizutragen. Die Nutzung von Wasserkraft führt zu ersten „Rationalisierungen", die Einführung des Kummet-Geschirrs erhöht die Transportkapazitäten im Binnenhandel und erleichtert den Warenaustausch zwischen den Regionen. Zwar bleibt die „Technik" des Mittelalters weitgehend „Handwerkskunst"; dennoch führt neues technisches Wissen zu neuen Verfahren und Herstellungsmethoden. Allerdings reicht die Summe der technischen Innovationen nicht aus, um das Leben des Menschen nachhaltig zu verändern. So findet innerhalb der vor allem durch Werkzeugeinsatz und nicht durch maschinelle Produktionsverfahren geprägten mittelalterlichen Handwerkskultur Technikentwicklung noch weitgehend unbewusst und unsystematisch statt. Technisches Wissen wird vom Meister auf den Lehrling übertragen, und die Weitergabe dieser Kenntnisse dient der Erhaltung der Tradition, nicht der Neuerung oder dem Fortschritt (vgl. Ortega y Gasset 1996: 55-59). Dennoch beginnt sich gegen Ende des Mittelalters eine neue, systematische Sicht kaufmännischer und handwerklicher Betätigung durchzusetzen. So veröffentlicht Luca Paccioli 1494 seine „Summa de Arithmetica, Geometrica, Proportioni e Proportionalita" in der er die Grundlagen für die doppelte Buchführung festhält, und 1556 erscheinen posthum Georg Agricolas zwölf Bücher zum Berg- und Hüttenwesen, „De re metallica", die Agricola zum Begründer der wissenschaftlichen Mineralogie und Hüttenkunde machen. Am Ende des Mittelalters etabliert sich so eine neue Form der Wissenschaft, in der das technische Wissen der Handwerkskultur und die systematische Beobachtung der Natur zusammenfließen. Es entsteht die Naturwissenschaft, die anstelle der rein deskriptiv-spekulativen „Beobachtung" der Natur und ihrer Erscheinungsweisen das Experiment setzt und spätestens mit Leonardo da Vinci, Francis Bacon und René Descartes ihren Siegeszug als „moderne Wissenschaft" antritt (vgl. Mittelstraß 1992: 17ff.).

3.5 Reformation und Geist des Kapitalismus

Gegen Ende des Mittelalters erweist sich die theologische Vorstellung einer gottgewollten gesellschaftlichen Ordnung, in der jedem Stand seine besonderen Rechte und Pflichten zukommen und Dienst und Amt den Beitrag des einzelnen zum Gemeinwohl bestimmen, zunehmend als ungeeignet, um die tatsächlichen ökonomischen und sozialen Verhältnisse zu fassen. War die ständische Ordnung des frühen Mittelalters geprägt durch ein „gegenseitiges Geben und Nehmen" und stand dabei der Arbeitspflicht der niederen Stände eine Fürsorgepflicht des Adels gegenüber, vollzieht sich im Laufe des Mittelalters für die unteren Stände eine zunehmende Verschlechterung ihrer Lage, die durch immer höhere Lasten und immer stärkere Beschneidung der angestammten Rechte gekennzeichnet ist. Dieser soziale Sprengstoff führt letztlich im gesamten Europa zu Revolten und Aufständen, in denen die Obrigkeit durch die unteren Stände herausgefordert wird. Dabei ist es jedoch nicht drängende Armut, die die Bauern zum Aufstand treibt, sondern eine als ungerecht empfundene Gesellschaftsordnung, in der Pflichten und Privilegien zwischen den Ständen ungleich verteilt sind.

Der vom englischen Priester John Ball formulierte Ausspruch: „Als Adam grub und Eva spann, wer war denn da ein Edelmann?" wird zum Kampfruf nicht nur des englischen Bauernaufstands. Dabei argumentiert John Ball für gleiche, angeborenen Rechte und Freiheiten aller Menschen, da sie alle von Adam abstammten. Zudem seien es die unteren Stände, die alle durch ihre Arbeit ernährten und daher entsprechend geachtet werden müssten (vgl. Hume 1983: 289-293). Was vordergründig als Kampf der Bauern gegen einzelne grundherrliche Lasten oder als unbillig empfundenes Verhalten einzelner Adeliger gesehen werden kann, erweist sich bei näherer Betrachtung als modern anmutende Forderung nach

„bürgerlichen" Freiheits- und Mitbestimmungsrechten. In einer Ständegesellschaft, in der die oberen Stände längst aufgehört hatten, ihren Pflichten nachzukommen und sich nur mehr auf ihre Privilegien beriefen (vgl. Sachs 1992d), sahen sich die Bauern berechtigt, ihren Gehorsam gegenüber einer Obrigkeit aufzukündigen, die ihre Pflichten vernachlässigte.

In ihrem Manifest „Die grundlichen und rechten Hauptartikel aller Baurschaft und Hintersassen der geistlichen und weltlichen Oberkeiten, vön welchen sie sich beschwert vermeinen" berufen sich auch die deutschen Bauern darauf, dass alle Menschen nach der Heiligen Schrift frei und gleich an Rechten seien. Sie fordern die eigenständige Wahl ihrer Geistlichen, die Freistellung von landesherrlichen Abgaben, die Aufhebung der Leibeigenschaft, die Aufhebung der grundherrlichen Jagd- und Fischereiprivilegien, das Recht, Holz sammeln zu dürfen, sofern die Wälder nicht urkundlich in Privatbesitz sind, die Erleichterung der ihnen obliegenden Hand- und Spanndienste, die Festlegung gerechter Pachtzinsen und die Rückgabe widerrechtlich angeeigneter Allmende (vgl. Streller 1989). Insgesamt geht es den Bauern zum einen um ihre soziale und politische Emanzipation, zum anderen aber auch um die Möglichkeit, an der ökonomischen Entwicklung stärker als bisher zu partizipieren. Im Vordergrund steht dabei die Ersetzung der Naturalabgaben durch Pachtzins, die Ablösung des Frondiensts durch Lohnarbeit und die Abschaffung der für Kauf und Verkauf geltenden Beschränkungen. Mit der militärischen Niederlage der Bauern gegen das Heer des Schwäbischen Bundes endet dieser Emanzipationsdrang.

Obwohl Luther selbst in seiner Schrift „Wider die räuberischen und mörderischen Rotten der Bauern" (Luther 1989a) Partei gegen die Bauern ergreift und auf ihrem Gehorsam gegenüber der Obrigkeit besteht, waren es nicht zuletzt seine Vorstellungen von der „Freiheit eines Christenmenschen" (Luther 1996a), die den Ausgangspunkt der bäuerlichen Emanzipationsbestrebungen bildeten. Zentrales Element seiner Vorstellung eines christlichen Lebens bildet allein der Glaube, der in Verbindung mit der göttlichen Gnade allen Menschen die gleiche Chance auf Erlösung einräumt und damit die Gleichheit unter den Menschen festschreibt. Obwohl es Luther vor allem darum geht, zu zeigen, dass nicht äußerliche Werke, sondern allein der innere Glaube den Menschen frei mache, stellt er damit zugleich die etablierte Ordnung in Frage, die auf der Annahme standesgemäßer Unterschiede und damit verbundener gottgewollter Rechte und Pflichten beruht.

Zwar betont Luther mehrfach die Gehorsamspflicht gegenüber der Obrigkeit (vgl. u.a. Luther 1996a: 185; 1996b: 181; 1996c; 1996d), jedoch sieht er diese Gehorsamspflicht nicht mehr als Teil der gottgewollten Ordnung. Vielmehr entwickelt er die Drei-Stände-Lehre zu einer Lehre von unterschiedlichen Lebensbereichen fort, die er funktional begründet. Während der geistliche Stand die Funktion der Verkündigung des Wortes Gottes aber auch der christlichen Ethik erfüllt, kommt dem Stand der weltlichen Obrigkeit die Aufgabe der Aufrechterhaltung der Ordnung und des Gesetzes zu. Dem Hausstand schließlich obliegt die Pflicht, sich um das Wohlergehen der Eheleute und der Kinder, aber auch des Gesindes zu sorgen. Dabei hat der Einzelne Anteil an allen Lebensbereichen und ist Teil der Obrigkeit, wenn er als Magistrat die politische Ordnung vertritt, oder Teil der „ecclesia", wenn er die christliche Ethik vertritt. Nach diesem Verständnis ist der Mensch nicht mehr auf einen Stand und einen Dienst festgelegt, sondern hat in gewisser Weise Anteil an allen drei „Ständen" – *status ecclesiasticus, status politicus* und *status oeconomicus* –, insofern er seine Aufgaben in den verschiedenen Lebensbereichen erfüllen muss (vgl. Prien 1992: 165ff.).

Deutlich wird hier eine positive Neubewertung wirtschaftlicher Betätigung. So kommt dem Hausstand (*status oeconomicus*) zum einen deshalb eine wichtige Bedeutung zu, da er durch seine Arbeit und seinen Dienst an der Gemeinschaft den notwendigen Lebensunterhalt aller besorgt. Arbeit wird hier weiterhin als Dienst an der Gemeinschaft verstanden. Andererseits aber wird der Dienstcharakter auf alle Stände ausgeweitet, da jeder in allen Lebensbereichen seine Aufgaben zu erfüllen hat. Wer als Adeliger oder Mitglied des Klerus keine Aufgaben in der staatlichen Verwaltung oder in der Gemeinde wahrnimmt und nicht durch wirtschaftliche Tätigkeit zum Erhalt der Gemeinschaft beiträgt, führt einen parasitären Lebenswandel. Damit werden durch Faulheit verschuldete Armut und der Unwille, sich zum Wohle aller zu betätigen und so an der göttlichen Schöpfung mitzuwirken, zur Sünde.

In seiner Auslegung des siebten Gebots im *Großen Katechismus* setzt Luther diese Form der Faulheit mit Diebstahl gleich. Arbeitsunwilligkeit und Nachlässigkeit in den Pflichten schädigen den Dienstherrn oder die Gemeinschaft und bringen diese um ihr rechtmäßiges Eigentum:

> Angenommen, ein Knecht oder eine Magd dient im Hause nicht treu und richtet Schaden an oder lässt einen solchen geschehen, obwohl sie ihn verhindern könnte; oder sie verwahrlost und vernachlässigt sonst ihr Gut aus Faulheit, Unfleiß oder Bosheit (...). Da kannst du in einem Jahr dreißig oder vierzig Gulden und mehr entwenden. (...). Das gleiche sage ich auch von Handwerksleuten, Arbeitern, Tagelöhnern, wenn sie nach ihrer Willkür verfahren (...) und untreu in der Arbeit sind. (vgl. Luther 1996e: 66f.)

Damit wird auch die Armut nicht mehr als gottgewolltes Schicksal gesehen, sondern als Resultat von Faulheit und mithin selbstverschuldetes Unglück. An die Stelle der bemitleidenswerten Kreatur, der durch gute Werke zu helfen verdienstvolle Pflicht des Christenmenschen ist, tritt nun der sündhafte Schmarotzer, der durch seine Faulheit die Gemeinschaft schädigt und sich weigert, durch seine Arbeit zur Vollendung der Schöpfung beizutragen. Als Gegenmaßnahme fordert Luther eine „landesherrliche Arbeitsordnung", die alle Faulen zur Arbeit zwingt (vgl. Luther 1996c: 198f.). Seine Forderung ist dabei unmissverständlich:

> Wenn du aber gesünder bist als ich und willst auf dem Stroh liegen und sagen, du habest Kinder, die essen wollen, so arbeite entweder, oder stirb Hungers! Es steht nirgends, dass man die faulen Tagediebe ernähren soll. (...) Wenn ich einen wüsste, der Kinder hätte, die er nicht arbeiten ließe, ich würde den Bürgermeister bitten, ihn ins Gefängnis zu werfen und Hungers sterben zu lassen. Denn sie wollen unsern Schweiß missbrauchen und sich von uns verhalten lassen. Wenn du arbeiten und dein Brot verdienen kannst (...): ‚Geh und verdien dein Brot'. (Luther 1996f: 95)

Allerdings sieht Luther nicht nur die Arbeitspflicht der niederen Stände. Ebenso machten sich auch die Reichen des Diebstahls schuldig, wenn sie vermittels einer ungerechten Sozialordnung den (arbeitswilligen) Armen ein gerechtes Auskommen vorenthalten. Eigentum steht dabei stets unter einem gewissen Vorbehalt der Sozialverpflichtung und soll auch dem Wohl des Nächsten und der Gemeinschaft dienen (vgl. Luther 1996g: 168-172). So werden von Luther einerseits Zins und Wucher und übertriebene Gier nach Reichtum als sündhaft gebrandmarkt (vgl. Luther 1989b: 186), andererseits aber auch die Unterstützung der unverschuldet in Not geratenen innerhalb der Gemeinschaft aus den gemeinsamen Mitteln gefordert (vgl. Luther 1996b: 213f.). Allerdings, und dies ist das Novum, trennt Luther nun zwischen den Pflichten des Standes und den Pflichten des Christenmenschen. So soll sich der Einzelne zunächst um das Wohlergehen des eigenen Hausstandes kümmern; erst wenn dieser ausreichend versorgt ist, ist der Einzelne als Christenmensch zu Mildtätigkeit aufgerufen.

Gegenüber reinen Zinsgeschäften und Spekulation vertritt Luther eine ebenso harte Linie wie seine Vorgänger: Einen automatischen, von vorneherein festgelegten Zins, ohne Gewinn- und Verlustwagnis lehnt Luther ab. Der Gläubiger kann und darf seinen Zins dann und nur dann in vollem Umfang fordern, wenn der Schuldner seiner Arbeit frei und gesund und ohne Einschränkungen nachgehen kann. Alles andere heißt die menschliche Kreatur verachten. Konsequent sind Gläubiger an den Risiken und Verlusten des Schuldners zu beteiligen (vgl. Luther 1989b: 238f.). Wer sein Auskommen in reinen Geldgeschäften sucht, arbeitet nicht und macht sich daher des Diebstahls an der Gemeinschaft schuldig. Derjenige, der nur nach Gewinn strebt, stellt die Liebe zum Geld über die Liebe zu Gott und verstößt so gegen das erste Gebot. So gesteht Luther den Kaufleuten zwar den gerechten Lohn für ihre Mühen zu, einen darüber hinausgehenden Spekulationsgewinn lehnt er jedoch ab (vgl. Luther 1989b: 187-190). Die eigene Arbeitskraft ist für Luther eine Gabe, die Gott dem Menschen gegeben hat, damit er sie zum Wohle der Gemeinschaft nutze, und nicht, damit er sich zu Lasten anderer bereichere: „Wie der Vogel zum Fliegen, so ist der Mensch zur

Arbeit geboren.' Nun fliegen die Vögel ohne Sorge und Geiz; ebenso sollen wir auch arbeiten ohne Sorge und Geiz" (Luther 1996b: 212).

In Folge der Reformation beginnt sich das soziale und ökonomische Verständnis der Gesellschaft zu ändern. Dabei ist es vor allem die Verurteilung der Armut als durch Faulheit selbst verschuldetes Unglück, die zu einer Neubewertung wirtschaftlicher Betätigung beiträgt. Jenseits der Frage, ob sich hieraus tatsächlich bereits jene „protestantische" Pflicht zur rastlosen Berufsarbeit ableiten lässt, die Max Weber in seinem berühmten Buch „Die protestantische Ethik und der Geist des Kapitalismus" als wesentliche Essenz der protestantischen Ethik ausmachen zu können glaubt (vgl. Weber 1988b: 84-163), trägt diese neue Sicht der Armut wesentlich zu einem neuen, „bürgerlichen" Gesellschaftsverständnis und zur Aufwertung der individuellen Berufsarbeit bei. Der arbeitsunwillige Bettler muss nun zur Arbeit und zum Erwerbsfleiß erzogen werden, um so seinen ökonomischen Beitrag zur Gesellschaft zu leisten. Die Einrichtung von Arbeitshäusern wird damit zum Mittel der Erziehung und als Instrument zur Bekämpfung der Armut verstanden. Erst über diesen Zwischenschritt „Kampf gegen gesellschaftlich nicht notwendige Armut" kommt es allmählich zur Herausbildung jenes „protestantischen Arbeitsethos", das Max Weber im „Geist des Kapitalismus" aufgespürt zu haben vermeint. Mit der Aufwertung der Arbeit und dem Versuch, das Bettelwesen einzudämmen, schafft Luther – und hier ist Max Weber Recht zu geben – eine der Voraussetzungen einer neuen, positiven Sicht von beruflicher Erwerbsarbeit und wirtschaftlicher Betätigung.

4. Ökonomie als Wissenschaft: Das Wirtschaftsverständnis der Neuzeit

Gegen Ende des Mittelalters hat sich die Einstellung der Gesellschaft gegenüber ökonomischen Fragen verändert. Dies zum einen deshalb, da der mit der Stadtentwicklung und der so genannten „kommerziellen Revolution" verbundene ökonomische Aufschwung letztlich auch eine positivere Einstellung gegenüber der Wirtschaft bewirkte. Zum anderen wurde die Suprematie des kirchlichen Ordnungsdenkens über Wirtschaft und Gesellschaft zunehmend in Frage gestellt und verlor infolge der Bauernaufstände und Glaubenskriege des 15., 16. und 17. Jahrhunderts endgültig an Bedeutung. Mit dem Zerfall der Ständeordnung und im Gefolge der philosophischen Aufklärung entsteht die bürgerliche Gesellschaft, deren Einstellung zu Staat, Gesellschaft, Wissenschaft und Wirtschaft sich erheblich vom mittelalterlichen Ordnungsdenken unterscheidet. Zwar spiegelt sich die Idee der antiken Oikonomik noch in der zu Beginn der Neuzeit entstehenden, so genannten „Hausväterliteratur" wider, die – ganz im Sinne der antiken Oikonomik – die gerechte und gedeihliche Ordnung des Hausstandes thematisiert (vgl. u.a. Florinus 1988; von Rohr 1726; Germershausen 1783-1786). Doch tritt Ökonomie nun auch im Sinne einer systematisch betriebenen Wissenschaft vom „wirtschaftlichen Handeln" in den Fokus gesellschaftstheoretischer Betrachtungen.

Voraussetzung hierfür bildet zum einen ein neues Wissenschaftsverständnis, das sich zunehmend von der syllogistischen, deduktiven Vorgehensweise der mittelalterlichen Schultradition trennt und an ihrer Stelle die induktive Vorgehensweise und damit die systematische Beobachtung und das naturwissenschaftliche Experiment zum wissenschaftlichen Ideal erhebt. Zum anderen ist es ein kontraktualistisches Gesellschaftsverständnis, demzufolge Gesellschaft als Ergebnis eines Gesellschaftsvertrags zwischen prinzipiell gleichen und freien Menschen gedacht wird, das die Vorstellung einer gottgewollten Ordnung ablöst und es nun erlaubt, Gesellschaft als prinzipiell gestaltbar und veränderbar zu begreifen. Aufbauend auf der Idee der Vernunft als alleinigem „Gerichtshof" für richtig und falsch (vgl. Kant 1991a: 13 [A XIf.]) ist es das Anliegen der philosophischen Aufklärung, nicht nur die Wissenschaft von Aberglauben und Irrlehren zu befreien, sondern auch die Ordnung der Gesellschaft vernünftig zu gestalten und den Menschen zum mündigen Bürger dieser Gesellschaft zu erziehen (vgl. Gay 1999: 58f.; 2000: 172).

> Denn je gebildeter die Bürger sind, desto weniger sind sie Täuschungen, Schwärmerei und Aberglauben ausgesetzt, die in rückständigen Ländern häufig zu den schrecklichsten Wirren führen. Außerdem ist ein aufgeklärtes und kluges Volk stets zurückhaltender, ordentlicher und zuverlässiger als ein unwissendes und ungebildetes. (Smith 1990: 667)

Politik, Wirtschaft und Gesellschaft werden nun als je eigene Handlungssphären des Menschen betrachtet, die es nach Maßgabe der Vernunft zu erforschen und zu gestalten gilt. Je nach Handlungssphäre, innerhalb derer er agiert, kann der Mensch nun im Kontext der jeweils zugehörigen Wissenschaft hinsichtlich seiner Motivlagen und Handlungsmuster analysiert und wenn möglich „verbessert" werden. „Die Menschen der Aufklärung wollten das menschliche Verhalten sowohl beurteilen als auch untersuchen; ihr Endziel waren nicht einfach nur gute Menschen, sondern gute Menschen in einer guten Gesellschaft" (Gay 1967: 86). Damit rückt auch die (gute) ökonomische Ordnung der Gesellschaft in den Blickpunkt der Betrachtungen. Ökonomie wird nun im Sinne gesellschaftlich relevanter Prozesse verstanden, die es systematisch zu untersuchen (und zu verbessern) gilt. Dabei werden Handel, Handwerk und Industrie nicht mehr als selbständige Bereiche individuellen, je losgelöst voneinander existierenden Handelns betrachtet, sondern in ihren Austauschbeziehungen als eigenständiges System – das des Wirtschaftens – begriffen. Ab dem 17. Jahrhundert beginnt sich die „Ökonomik" als eigenständige Wissenschaft des Wirtschaftens allmählich als Disziplin von der Rechts-, Staats- und Moralphilosophie zu lösen, wenngleich sie auch weiterhin noch als Teildisziplin der praktischen Philosophie verstanden und gelehrt wird. Jedoch erfolgen ökonomische Untersuchungen nun nicht mehr im Rahmen politischer, ethischer oder religiöser Erörterungen, sondern werden zum eigenständigen Forschungsgegenstand mit eigenen Untersuchungsmethoden. Im Zentrum dieser frühen ökonomischen Untersuchungen stehen dabei vor allem wohlfahrtsstaatliche Überlegungen, Fragen der Verteilungsgerechtigkeit, die Suche nach einer operablen Preistheorie, Binnen- und Außenhandel, Maßnahmen zur Geldwertstabilität, die Frage nach der Zielsetzungen einer staatlichen Wirtschaftspolitik und die Diskussion um die Vor- und Nachteile individueller und gewerblicher Freiheitsrechte.

4.1 Die Aufklärung als Wegbereiter der ökonomischen Wissenschaft

Von zentraler Bedeutung für das wachsende Interesse an sozialen, politischen und ökonomischen Fragen ist das mit dem Zusammenbruch der Ständeordnung einhergehende gewachsene Selbstbewusstsein des Bürgertums als neuer gesellschaftlicher Klasse. Markiert durch die Idee allgemeiner Menschen- und Bürgerrechte tritt an die Stelle der gottgewollten Ordnung die Vorstellung, die Gesellschaftsordnung durch eigenes Zutun nach den Kriterien der Vernunft gestalten zu können. In diesem Sinn interpretiert die Aufklärung Gesellschaft als einen freiwilligen, vertraglichen Zusammenschluss politisch und gesellschaftlich prinzipiell gleichberechtigter Bürger (vgl. u.a. Hobbes 1980: 118-129; Locke 1999: 73-95; Rousseau 1998a: 16-19). Durch Zustimmung zu einem (hypothetischen) Vertrag errichten die Bürger eine Regierung und verpflichten sich, ihre Autorität anzuerkennen. Die Unterordnung unter für alle in gleicher Weise gültiges Recht garantiert Rechtssicherheit und Rechtsgleichheit und konstituiert die Sphäre des „bürgerlichen" Rechts (vgl. Fichte 1979: 14). In Analogie zu privaten Rechtskörperschaften wird der Staat nun als eigenständige „Rechtsperson" betrachtet, die für ihr Handeln selbst verantwortlich gemacht werden kann (vgl. Pufendorf 2009: 39-42). Im Sinne einer „dualen Vertragstheorie" (Höffe 2007: 29) werden sodann die jeweiligen Verpflichtungen von Regierung und Regierten in einem weiteren Vertrag bestimmt, ähnlich dem Geschäftsführungsvertrag einer Publikumsgesellschaft (vgl. Pufendorf 2003: 195f.; Carmichael 2002: 147-150). Aufgabe des Gesellschaftsvertrags als Rechtsgrundlage bürgerlicher Rechte und Pflichten ist es, dem Einzelnen größtmögliche Freiheits- und Persönlichkeitsrechte zu garantieren (vgl. u.a. Kant 1991b: 204f. [BA 20-23]); 1991c: 39 [A 394f.]; Smith 1990: 106 u. 451). Die Vorstellungen von Liberalismus und Individualismus finden so Eingang in die gesellschaftspolitischen Vorstellungen der Neuzeit und werden zum festen Bestandteil des politischen und des ökonomischen Denkens der Aufklärung.

Infolge der gedanklichen Trennung von Staat und Gesellschaft ist es nun möglich, auch die soziale Welt gedanklich in verschiedene Handlungssphären zu untergliedern und zum Gegenstand eigenständiger wissenschaftlicher Betrachtungen zu machen (vgl. Gay 1967: 103). Entsprechend wird Wirtschaft zunehmend als gesellschaftliches Subsystem mit eigenen Regeln und Wirkungsweisen begriffen, das einer eigenen, wissenschaftlichen Betrachtung zugänglich gemacht werden kann.

Dabei ist – ähnlich wie in der Politik – zunächst die Frage nach den individuellen Freiheitsrechten auch für die frühen Ökonomen ein zentrales Thema. Ziel der vernünftigen Ordnung muss es sein, das Maß der individuellen Freiheiten so zu beschränken, dass diese Freiheiten mit den gleichen Freiheitsrechten aller Übrigen vereinbar sind. Als Minimalforderung gilt, dass niemand unternehmen darf, was er als für sich selbst schädlich ablehnt (vgl. Hobbes 1980: 118). Der Verzicht auf seine vollkommene (natürliche) Freiheit folgt der vernünftigen Einsicht des Menschen in die Vorteilhaftigkeit der freiwilligen, wechselseitigen Beschränkung natürlicher Freiheitsrechte, denn nur so entsteht Rechtssicherheit und kann Eigentum garantiert werden. Mindestens für die frühen Vertragstheoretiker gilt dabei der Staat als Garant der bürgerlichen Ordnung und der bürgerlichen Freiheit.

Diese Vorstellung durch staatliche Macht garantierter bürgerlicher Freiheitsrechte wird von den klassischen Ökonomen bei der Bestimmung wirtschaftlicher Freiheitsrechte übernommen. Aufgabe des Staates ist es, ein Set größtmöglicher

Freiheiten auch im Wirtschaftsverkehr zu garantieren, aber dort einzugreifen, wo diese Freiheitsrechte, sei es durch Einzelne oder durch die Gemeinschaft, bedroht sind. Eingebettet ist diese Forderung nach größtmöglichen Freiheitsrechten in eine harmonische Weltsicht, der zufolge die freie Betätigung des Einzelnen in Politik, Wirtschaft und Gesellschaft prinzipiell zum Wohl aller wirksam werde. Ähnlich wie Montesquieu in Bezug auf die politische Handlungssphäre davon ausgeht, „...dass jeder zum Gemeinwohl beiträgt, auch wenn er glaubt, nur seine Sonderinteressen zu verfolgen" (Montesquieu 1992: 41), garantiert für Adam Smith die prästabilierte Harmonie der „unsichtbaren Hand" zugleich die Sozialverträglichkeit und die Effektivität des ökonomischen Systems. In einem System größtmöglicher wirtschaftlicher Freiheit führe die harmonische Ordnung der Welt ganz von selbst dazu, dass das Streben des Einzelnen nach individueller Kapitalmehrung auch das Vermögen der gesamten Volkswirtschaft vergrößert und sein individuelles Gewinnstreben so zum Wohl aller wirksam wird:

> Wenn daher jeder Einzelne soviel wie nur möglich danach trachtet, sein Kapital zur Unterstützung der einheimischen Erwerbstätigkeit einzusetzen und dadurch diese so lenkt, dass ihr Ertrag den höchsten Wertzuwachs erwarten lässt, dann bemüht sich auch jeder Einzelne ganz zwangsläufig, dass das Volkseinkommen im Jahr so groß wie möglich werden wird. Tatsächlich fördert er in der Regel nicht bewusst das Allgemeinwohl, noch weiß er, wie hoch der eigene Beitrag ist. Wenn er es vorzieht, die nationale Wirtschaft (...) zu unterstützen, (...) strebt er lediglich nach eigenem Gewinn. Und er wird in diesem wie auch in vielen anderen Fällen von einer unsichtbaren Hand geleitet, um einen Zweck zu fördern, den zu erfüllen er in keiner Weise beabsichtigt hat. (Smith 1990: 370f.)

Die „unsichtbare Hand" ist für Smith dabei keineswegs nur ein ökonomisches Funktionsprinzip, sondern wirkt generell auch als Mechanismus des sozialen Ausgleichs, da der Reiche stets auf die Arbeit der Armen angewiesen ist und so gezwungen wird, ihnen von seinem Reichtum abzugeben, um ihre Dienste zu entlohnen:

> Es ist vergebens, dass der stolze und gefühllose Grundherr seinen Blick über seine ausgedehnten Felder schweifen lässt und ohne einen Gedanken an die Bedürfnisse seiner Brüder in seiner Phantasie die ganze Ernte, die auf diesen Feldern wächst, selbst verzehrt. (...) Das Fassungsvermögen seines Magens steht in keinem Verhältnis zu der maßlosen Größe seiner Begierden (...). Den Rest muss er unter diejenigen verteilen, die auf das sorgsamste das Wenige zubereiten, das er braucht, unter diejenigen, die den Palast einrichten und instand halten, (...); sie alle beziehen so von seinem Luxus und seiner Launenhaftigkeit einen Teil an lebensnotwendigen Gütern, den sie sonst vergebens von seiner Menschlichkeit oder von seiner Gerechtigkeit erwartet hätten. (...) Von einer unsichtbaren Hand werden sie (die Reichen; *Anm. d. Verf.*) dahin geführt, beinahe die gleiche Verteilung der zum Leben notwendigen Güter zu verwirklichen, die zustande gekommen wäre, wenn die Erde zu gleichen Teilen unter alle ihre Bewohner verteilt worden wäre; und so fördern sie, ohne es zu beab-

sichtigen (...) das Interesse der Gesellschaft und gewähren die Mittel zur Vermehrung der Gattung. (Smith 1985: 315ff.)

Auf der Folie dieses harmonischen Weltverständnisses und der Annahme, „dass indem jeder für sich erwirbt, produziert und genießt, er eben damit für den Genuss der Übrigen produziert und erwirbt"(Hegel 1999: 174 [§ 199]), entwerfen die Ökonomen der Aufklärung das Konzept einer freiheitlichen Wirtschaftsordnung, die durch weitgehenden Verzicht auf staatliche Steuerung im Wirtschaftsbereich gekennzeichnet ist. Pflicht des Souveräns ist es, den Schutz seiner Bürger nach innen und nach außen zu garantieren und Rechtssicherheit zu gewähren. Zudem ist es seine Aufgabe, jene Anstalten und Einrichtungen zu gründen und zu unterhalten, die, obwohl für die Gemeinschaft nützlich, aus privaten Mitteln nicht finanziert werden können, da die Kosten der Einrichtung und des Unterhalts die realisierbaren Gewinne übersteigen würden (vgl. Smith 1990: 582).

Da der einzelne selbst am besten in der Lage sei, seine materielle Situation und seine individuellen Fähigkeiten einzuschätzen, muss es ihm, so Adam Smith, freigestellt werden, seine Kräfte beliebig zum eigenen Wohle zu gebrauchen (vgl. Smith 1990: 106). Smith vergleicht das Recht auf freie ökonomische Betätigung mit dem Recht auf freie Religionsausübung:

Alles was die Existenz in diesem Leben und die Glückseligkeit im Jenseits angeht, liegt im ureigensten Interesse des Menschen, so dass eine Regierung seinen Wunschzielen (...) Rechnung tragen (...) muss... (Smith 1990: 451)

Konsequent tritt Adam Smith daher für den Abbau merkantiler Handelsbeschränkungen (vgl. Smith 1990: 382f. u. 531), Freizügigkeit und freie Berufswahl (vgl. Smith 1990: 117f. u. 385f.), Abbau des Zunftwesens (vgl. Smith 1990: 118) und ein System möglichst freier Preisbildung (vgl. Smith 1996: 149f. u. 193f.) ein. Dennoch sieht Smith Freiheit nicht als Selbstzweck, sondern argumentiert vor allem mit dem gesellschaftlichen Nutzen derartiger Freiheitsrechte. In diesem Sinn dient die freie wirtschaftliche Betätigung vor allem der Verwirklichung gesellschaftlicher Anliegen, indem sie Armut beseitigen und möglichst allen gesellschaftlichen Gruppen ihr Auskommen sichern soll. Konkurrenz und Wettbewerb sind stets durch die Regeln der Moral und des Anstands zu begrenzen:

In dem Wettlauf nach Reichtum, Ehre und Avancement, da mag er rennen, so schnell er kann und jeden Nerv und jeden Muskel anspannen, um all seine Mitbewerber zu überholen. Sollte er aber einen von ihnen niederrennen oder zu Boden werfen, dann wäre es mit der Nachsicht der Zuschauer ganz und gar zu Ende. Das wäre eine Verletzung der ehrlichen Spielregeln, die sie nicht zulassen können. (Smith 1985: 124)

Diese Vorstellung einer auf das Prinzip der natürlichen Freiheit gegründeten Wirtschaftsordnung wird prägend für das Wirtschaftsverständnis der gesamten ökonomischen Klassik. So argumentiert auch David Ricardo, dass in einem System der wirtschaftlichen Freiheit die „Verfolgung des individuellen Vorteils (...) bewundernswert mit dem allgemeinen Wohle des Ganzen verbunden" sei (Ricardo 1994: 114) und fordert ein System der freien Preisbildung (vgl. Ricardo 1994: 90), die Liberalisierung der Armengesetzgebung (vgl. Ricardo 1994: 91f.) und den Freihandel (vgl. Ricardo 1994: 155ff.). Ebenso fordert John Stuart Mill die Gewährung größtmöglicher Freiheiten insbesondere in privaten Belangen, denn „...weder ein Einzelner noch mehrere Personen haben das Recht, einem erwachsenen Menschen zu verbieten, dass er mit seinem Leben anfange, was er selbst für das Beste hält" (Mill 1991a: 104).

Für Mill ist der Mensch „Alleinherrscher über sich selbst, über seinen Körper und seinen Geist" (Mill 1991a: 18). Ein Eingriff in die individuelle Freiheit des Einzelnen sei daher nur zulässig, wenn der Einzelne nicht in der Lage ist, als mündiger Bürger seine eigenen Rechte zu vertreten (vgl. Mill 1991a: 18) oder er durch die Ausübung seiner Freiheitsrechte die Freiheit oder das Glück anderer gefährdet (vgl. Mill 1991a: 76f. u. 110f.). Zudem kann die Gemeinschaft den Einzelnen zwingen, eine ihr geschuldete Leistung zu erbringen, ohne dass der Einzelne sich hierbei auf seine Freiheitsrechte berufen kann (vgl. Mill 1991a: 19f. u. 102f.). Jedoch ist Mill der Meinung, dass derartige Formen staatlichen Eingreifens in einer freiheitlichen Gesellschaftsordnung eher die Ausnahme als die Regel darstellen sollen. Ebenso radikal wie in politischer Hinsicht vertritt Mill seine freiheitliche Grundauffassung auch innerhalb seiner Wirtschaftstheorie: „‚Laissez-faire' sollte die allgemeine Übung sein, jede Abweichung hiervon ist, wenn sie nicht durch einen großen Vorteil geboten ist, ein sicheres Übel" (Mill 1921: 692).

Dabei geht auch Mill davon aus, dass der verantwortungsbewusste Gebrauch der individuellen Freiheit eine Frage der Moral sei. Reiche die Moral hier im Einzelfalle nicht aus, habe der Staat das Recht und die Pflicht einzugreifen und der mangelnden Moral der Wirtschaftsakteure durch staatliche Sanktionen „auf die Sprünge" zu helfen. So schreibt er etwa in Bezug auf die Beschäftigungsfrage:

> Allgemeine Gefühle sehen es als eine Pflicht der Reichen oder des Staates an, für alle Armen Arbeit zu finden. Wenn der moralische Einfluss der öffentlichen Meinung die Reichen nicht veranlassen kann, (...) allen Armen zu einem gerechten Lohn Arbeit zu verschaffen, gilt es als Pflicht des Staates, entweder durch lokale Abgaben oder durch Bewilligung öffentlicher Geldsummen Steuern zu diesem Zweck zu erheben. (Mill 1924: 534f.)

Allerdings geht es Mill mit dieser Forderung vor allem darum, die Moral der Wirtschaftsakteure sicherzustellen, und weniger darum, Fehlentwicklungen auf sich selbst überlassenen Märkten durch eine Art staatliche Ordnungspolitik gegenzusteuern. Soziale Fehlentwicklungen sind für ihn ein Ergebnis mangelnder Moral der Wirtschaftsakteure und des unverantwortlichen Gebrauchs von Freiheitsrechten; dies rechtfertigt es in seinen Augen jedoch nicht, die Gewährung wirtschaftlicher Freiheitsrechte per se in Frage zu stellen.

Trotz vereinzelter Kritik am liberalen Wirtschaftsverständnis durch die „romantische Wirtschaftslehre" (Fichte, Hegel) und die „nationale politische Ökonomie" (List) entwickelt sich so die liberale Auffassung größtmöglicher individueller ökonomischer Freiheitsrechte im Laufe des 19. Jahrhunderts zu einem der wesentlichen Paradigmen der Schulökonomie.

Mit der Aufklärung ändert sich auch das Selbstverständnis des Einzelnen; der Mensch der Aufklärung betrachtet sich nicht mehr als „zoon politikon" oder „imago dei", sondern begreift sich als Vernunftwesen, das in der Lage ist, die Naturgesetze zu erkennen und die Natur zu beherrschen. Ziel der Aufklärung ist es, den Menschen aus seiner selbstverschuldeten Unmündigkeit zu führen (vgl. Kant 1991d: 53 [A 481]). Das Erziehungsprogramm der Aufklärung zielt auf die Ausbildung einer spezifischen Vernunft, deren Grundlage die Einsicht in das „aufgeklärte Eigeninteresse" des Menschen ist. An die Stelle des antiken und mittelalterlichen Ideals der „Glückseligkeit" und der „gelungenen Lebensführung" tritt nun der „pursuit of happiness" als der durch eigene Leistung erwirtschaftete (materielle) Erfolg. Aufbauend auf diese Sicht erheben die klassischen Ökonomen das Streben nach Verbesserung der eigenen Lage und das fortgesetzte individuelle Streben des Einzelnen nach Wohlstand zum Grundmotiv des Wirtschaftens. David Hume (vgl. 1989: 162), Adam Smith (vgl. 1985: 509f.), aber vor allem Jeremy Bentham (vgl. 1992: 55f.) und John Stuart Mill (vgl. 1991b: 13ff.) sehen im individuellen Nutzenstreben die wesentliche Triebfeder menschlichen Handelns, die nicht nur dem Einzelnen zum Vorteil gereicht, sondern letztlich dem Fortschritt und dem Wohlergehen aller dient:

> Das gleichmäßige, fortwährende und ununterbrochene Streben des Menschen nach besseren Lebensbedingungen, Ursache und Quelle des öffentlichen und des nationalen wie des privaten Wohlstandes, ist durchweg mächtig genug, trotz Unmäßigkeit der Regierung und größter Fehlentscheidungen in der Verwaltung den natürlichen Fortschritt zum Besseren hin aufrecht zu erhalten. (Smith 1990: 283)

Obwohl dabei das Streben nach eigenem Glück stets unter dem sittlichen Vorbehalt der Nichtschädigung anderer steht (vgl. Smith 1985: 122), wird so das rationale Nutzenkalkül zum Kennzeichen des wirtschaftenden Menschen. „Nutzen" wird dabei innerhalb der ökonomischen Theorie ausschließlich im Sinne materiellen Nutzens verstanden. Zwar gesteht beispielsweise Thomas Robert Malthus zu, dass uns auch Gesundheit, Glück und Seelenheil als nützlich und erstrebenswert erscheinen; da es sich dabei jedoch um keine materiellen Güter handelt, stehen diese Werte außerhalb der ökonomischen Betrachtungen (vgl. Malthus 1986a: 298f.). In Anlehnung an Adam Smith (1990: 272) ist es für Malthus daher vor allem die produktive, d.h. die auf die Hervorbringung materieller Dinge gerichtete Tätigkeit, mit der sich die ökonomische Wissenschaft auseinanderzusetzen hat (vgl. u.a. Malthus 1986a: 299ff.; 1986b: 29-41; 1986c: 317ff.). Nur vereinzelt wird diese strikte Ausrichtung der Ökonomie auf die Erzeugung materiellen Wohlstands kritisiert. So etwa entwirft der deutsche Nationalökonom Friedrich List eine Theorie der „produktiven Kräfte", der zufolge es für den ökonomischen Fortschritt einer Gesellschaft weitaus wichtiger sei, die geistigen und kulturellen Voraussetzungen für künftige Produktion zu schaffen als rein die materielle Produkterzeugung zu fördern (vgl. List 1927: 193; 1930: 173-183). Allerdings bleibt diese Kritik an der materiellen Ausrichtung des ökonomischen Gegenstandsbereichs theoriegeschichtlich weitgehend bedeutungslos.

Während für Adam Smith das natürliche Nutzenstreben des Menschen durch seine Fähigkeit zu sozialer Reflexion begrenzt war, ist das Menschenbild der nachfolgenden Ökonomen weit stärker am Bild des rational nach eigenem (materiellen) Vorteil strebenden Individuums orientiert. Es entsteht das Bild des „economic man", der stets nach der Maximierung seines individuellen Nutzens strebt, diesen möglichst unmittelbar realisieren will und dafür den geringstmöglichen Aufwand betreiben möchte. Die Ökonomie, so John Stuart Mill,

> ...beschäftigt sich mit dem Menschen lediglich in seiner Eigenschaft als ein Wesen, das Reichtum besitzen möchte und das die relative Effizienz der Mittel zum Erreichen dieses Zieles beurteilen kann. (...) Sie abstrahiert völlig von allen andern Leidenschaften und Motiven des Menschen mit Ausnahme solcher, die als dem Streben nach Reichtum beständig entgegengesetzte Grundsätze angesehen werden können, nämlich Abneigung gegen Arbeit und der Wunsch nach sofortiger Befriedigung kostspieliger Bedürfnisse. (Mill 1976: 161)

Zwar ist sich Mill darüber im Klaren, dass es sich bei diesen Annahmen über die menschliche Natur um theoretische Setzungen handelt, die nicht mit der tatsächlichen Natur des Menschen in Einklang stehen müssen. Er glaubt jedoch, dass diese zum Zwecke der Erklärung wirtschaftlichen Verhaltens erlaubt seien (vgl. 1976: 168). So gesehen ist der stets rational den eigenen Nutzen kalkulierende „homo oeconomicus" zunächst eine „Worst case"-Annahme, an der wirtschaftspolitische Empfehlungen geprüft werden können. So wie ein gutes Gesetz dazu in der Lage sein muss, selbst einen Staat von Teufeln zu regieren (Kant 1991e: 223f. [B 60f.]), muss eine gute wirtschaftspolitische Maßnahme dazu geeignet sein, auch in einer Welt nur den Eigennutz kalkulierender Nutzenmaximierer die gewünschten sozialen und gesamtwirtschaftlichen Effekte hervorzubringen und darf sich nicht auf das „Wohlwollen" der einzelnen Wirtschaftsakteure verlassen.

Durch das Postulat eines auf Eigennutzmaximierung fixierten *homo oeconomicus* gelingt es Mill, das Ideal des aufgeklärten *homo rationalis* mit den Grund-
annahmen des Utilitarismus im Bereich der ökonomischen Theorie in Einklang
zu bringen. Als aufgeklärter rationaler (Wirtschafts)bürger kalkuliert der Einzelne
seine individuellen Vorteile und ist im Sinne des Utilitarismus darum bemüht,
seinen (materiellen) Nutzen zu optimieren. Dieses Idealbild ökonomisch-rational
handelnder Wirtschaftssubjekte wird im weiteren Verlauf der theoriegeschicht-
lichen Entwicklung der Ökonomie zunehmend weniger hinterfragt und verliert
allmählich seinen Status als reine Modellannahme. Der „economic man" wird
zum Standardfall menschlichen Verhaltens innerhalb der Ökonomie. Stand am
Anfang der ökonomischen Theoriebildung die Frage, was den Einzelnen zu wirtschaftlicher Betätigung antreibe, und lautete die Antwort hier, das Streben nach
Verbesserung der eigenen materiellen Lage, steht am Ende dieses Prozesses das
Bild des aller moralischen Rücksichten entkleideten Individuums, das seine individuellen Präferenzen und Handlungsmöglichkeiten selbst am besten einschät-
zen kann, und im Rahmen seiner Möglichkeiten stets bestrebt ist, seinen Nutzen
zu maximieren.

Wie kaum innerhalb einer anderen Wissenschaft – vielleicht mit Ausnahme
der Politik – spiegeln sich so innerhalb der Ökonomie die Ideale der Aufklärung
wider: bürgerliche Freiheit, rationale Nutzenabwägung, Streben nach Autonomie
und Selbstverwirklichung. Allerdings werden diese Ideale im Sinne der Ökonomie umgedeutet und werden als (ökonomischer) Liberalismus, als (ökonomische) Rationalität und als (methodologischer) Individualismus zu Grundpfeilern
des ökonomischen Theoriegebäudes.

4.2 Ökonomie als Grundlage solider Staatsfinanzen

Innerhalb des aufkommenden Absolutismus des 17. Und 18. Jahrhunderts versteht sich die ökonomische „Wissenschaft" jedoch zunächst vor allem als Theorie
einer Finanzpolitik, deren Aufgabe darin besteht, zum einen die Staatskasse des
Souveräns zu mehren, zum anderen aber die wirtschaftliche Leistungsfähigkeit
des eigenen Landes zu stärken. Merkantilismus und Kameralismus, die vorherr-
schenden Strömungen innerhalb der frühen ökonomischen Wissenschaft, befassen sich daher vor allem mit der Frage des „nationalen" Wohlstands. Ziel ist es,
den monetären Reichtum des Landes zu mehren und so für ausreichende Einnahmen der fürstlichen Schatz- und Rentkammern zu sorgen. Durch die Förderung der heimischen Industrie und durch eine entsprechende Zollpolitik sollten
die Exporte gefördert und die Handelsbilanz verbessert werden. Zudem war es
das Ziel, mit Hilfe einer expansiven Kolonialpolitik den Markt für preiswerte

Rohstoffe einerseits und für heimische Exportwaren andererseits zu vergrößern. Zu den wichtigsten Maßnahmen merkantilistischer Politik zählen Importbeschränkungen für ausländische Waren – mit Ausnahme der für die eigene Industrie benötigten Rohstoffe –, Förderung des Exports heimischer Produkte und Beschränkungen des Devisenhandels, insbesondere ein Ausfuhrverbot für Gold und Silber. Im Rahmen bilateraler Handelsverträge werden Ein- und Ausfuhr einzelner Waren zwischen ausgewählten Handelspartnern reguliert und auch deren Transport geregelt. So lässt etwa die so genannte „Navigationsakte" von 1651 die englische Wareneinfuhr aus Übersee nur auf englischen Schiffen zu.

Wenngleich Jean Baptiste Colbert nicht der eigentliche „Erfinder" des Merkantilismus war, so brachte er ihn doch im Frankreich Ludwigs XIV. zu seiner höchsten Blüte. Die besondere Spielart seiner merkantilistischen Politik ging als „Colbertismus" in die Geschichte der Ökonomie ein. Als „Contrôleur général des finances" unterstanden ihm alle wichtigen Ämter, die mit den Staatsfinanzen in Verbindung standen. Erklärtes Ziel Colberts war es, den Reichtum Frankreichs zu steigern und Frankreich zur führenden Handels- und Industrienation Europas zu machen. Ausgehend von der Annahme, dass Reichtum vor allem eine Frage inländischer Währungsreserven sei und der Weltbedarf an produzierten Gütern relativ konstant bleibe, da er nur mit wachsender Bevölkerung zunehme, betrachtet Colbert die Mehrung der nationalen Wohlfahrt als eine Art „Nullsummenspiel" und schlussfolgert, dass der Wohlstandsgewinn der einen Nation stets zu Lasten des Wohlstands einer anderen Nation gehen müsse.

Um Frankreichs nationalen Wohlstand zu stärken, versucht Colbert zunächst die wirtschaftliche Leistungsfähigkeit zu erhöhen, indem er sich bemüht, die Arbeitsleistung zu steigern und vor allem „produktive" Arbeit zu fördern. An Ludwig XIV. schreibt er in dieser Angelegenheit:

> Um dahin zu gelangen, muss man die Berufe Ihrer Untertanen, soweit es sich machen lässt, auf jene reduzieren, die diesen großen Zwecken nützlich sein können. Das sind die Landwirtschaft, der Handel und die gewerbliche Produktion, der Kriegsdienst zu Wasser und zu Lande. (Born 1989: 105)

Aus der Pflicht der französischen Untertanen, Steuern zu zahlen, ergibt sich für Colbert zwangsläufig auch die Pflicht der Untertanen zu arbeiten, damit sie diese bezahlen können. Insbesondere ist ihm daran gelegen, durch den Ausbau einer international konkurrenzfähigen Luxusgüterindustrie die Exportchancen Frankreichs für qualitativ hochwertige Produkte zu verbessern. Colberts Rechnung ist einfach: Je höher die Exporte und je besser bezahlt die Arbeiter der exportorientierten Manufakturen, desto höher ist das französische Steueraufkommen. Um die Zahl der Arbeitskräfte und damit der Steuerpflichtigen im Lande zu erhöhen, strebt Colbert mit seiner Politik der „Peuplierung" ein stetiges Bevölkerungs-wachstum an. Per Gesetz werden Frühehen erlaubt und Mitgiftforderungen bei der Heirat beschränkt. Zudem bemüht sich Colbert um den Zustrom qualifizierter ausländischer Arbeitskräfte. Seine Bestrebung ist es dabei, vor allem Arbeiter aus jenen Industriezweigen in Frankreich anzusiedeln, die in Frankreich bisher noch nicht heimisch sind, um so zugleich die Anzahl der benötigten Importwaren zu verringern und die Handelsbilanz zu verbessern. Auch vor direkten Eingriffen in das Wirtschaftsgeschehen schreckt Colbert zum Wohl Frankreichs nicht zurück und begründet dies mit dem Umstand, dass die französischen Unternehmen noch nicht bereit seien, das benötigte hohe Produktionsniveau der inländischen Ferti-gung ohne staatliche Unterstützung aufrechtzuerhalten. Für den Merkantilismus ist Ökonomie nicht primär eine Frage individueller wirtschaftlicher Betätigung, sondern Gegenstand planvoller staatlicher Wirtschaftspolitik (vgl. Born 1989: 102). Durch Steuervergünstigungen, Subventionen, die Gewährung von Staats-krediten oder die Bereitstellung verbilligter Bauplätze und Rohstoffe versucht Colbert daher, insbesondere die Exportindustrie zu fördern. Selbst Ludwig XIV. empfiehlt er, aus Reklamegründen und zur Förderung des Absatzes heimischer Produkte nur noch französisches Tuch zu tragen. Um der führenden Handels-nation Holland den Überseehandel streitig zu machen und Frankreich weitere Erwerbsquellen zu erschließen, gründet Colbert zahlreiche Handelskompanien nach dem Vorbild der East India Company.

Allerdings haben sich auch die anderen Nationen einer merkantilistischen Politik verschrieben. Auf die faktische Marktschließung Frankreichs für Import-waren durch extrem hohe Importzölle antwortet Holland mit einem generellen Einfuhrverbot französischer Ware. Zudem führt Colberts aggressive Kolonialpoli-tik zu zahlreichen „Handelskriegen" um die Vormachtstellung im europäischen Binnen- und Seehandel. Dies ist wenig überraschend. So ist für Colbert der Auf-schwung Frankreichs zu Lasten anderer Nationen ohne die Gefahr militärischer Konflikte nicht möglich. Es bedarf daher auch des Ausbaus der Streitkräfte und insbesondere der Kriegsflotte, um Frankreichs Vormachtstellung zu sichern. Da eine Nation seiner Meinung nach nur zu Lasten der anderen Nationen an Reich-tum gewinnen kann, wird für ihn der Außenhandel zum „guerre d'argent".

Während die Merkantilisten noch auf punktuelle staatliche Maßnahmen zur Erhöhung der inländischen „Geldmenge" setzen, in der sie die Quelle des nati-onalen Reichtums sehen, sind es wenig später die Physiokraten, die versuchen, die Gesamtwirtschaft einer Nation als „Wirtschaftskreislauf" zu interpretieren und Ratschläge für eine systematische staatliche Wirtschaftspolitik zu geben. In direkter Auseinandersetzung mit den Merkantilisten leugnen sie eine wie auch immer geartete produktive Kraft von Handwerk und Handel und betrachten die Landwirtschaft als alleinige Quelle des nationalen Reichtums. Obwohl sich die

Physiokraten stets auf ihren Begründer François Quesnay berufen, stammt die physiokratische Lehre von verschiedenen Autoren und aus unterschiedlichen Quellen, so dass trotz der einheitlichen Schulenbezeichnung keine wirkliche Zusammenfassung der physiokratischen Lehre existiert und durchaus auch widersprüchliche Positionen unter dem gemeinsamen Dach der physiokratischen Lehre vertreten werden. Zu den bekanntesten Physiokraten zählen neben François Quesnay (Leibarzt am Hof Ludwig XV.), Anne Robert Turgot (Finanzminister unter Ludwig XVI.) und Victor de Mirabeau. Zudem standen die Physiokraten in engem Kontakt mit den Enzyklopädisten Jean-Baptiste le Ronde d'Alembert und Denis Diderot.

Entsprechend dem Geist der Aufklärung glaubten die Physiokraten, Wirtschaft als mechanisches System abbilden zu können. Je genauer die Kenntnisse über dieses System sind, desto präziser lasse sich die Wirtschaft in ihrer Funktionsweise darstellen und in ihren Ergebnissen beeinflussen. Dabei befürworten die Physiokraten grundsätzlich eine freiheitliche Wirtschaftspolitik, da sie davon ausgehen, dass sich die freie Entfaltung des natürlichen Gewinnstrebens der Wirtschaftssubjekte positiv auf den Wirtschaftskreislauf auswirke und zum allgemeinen Wohlstand beitrage. Zudem bewirke der Handel mit dem Ausland eine gleichmäßige Versorgung des Inlands mit lebensnotwendigen Gütern (vgl. Quesnay 1965: 64). Jedoch sehen auch die Physiokraten den Staat als Garanten einer funktionierenden Wirtschaft, der mittels Steuer- und Wirtschaftspolitik für einen reibungslosen Waren- und Geldverkehr innerhalb des Landes zu sorgen habe.

Der Legende nach konstruiert François Quesnay den Wirtschaftskreislauf in seinem „Tableau Économique" (1965) in Analogie zum menschlichen Blutkreislauf. Entsprechend steht im Zentrum des Wirtschaftskreislaufs der Staat, der als „Herz" des Wirtschaftskreislaufs die Ströme von Waren und Geld innerhalb der Volkswirtschaft pulsieren lässt (vgl. Gilibert 1989: 119). Ziel der graphischen Darstellung des Wirtschaftskreislaufs – der in der Originaldarstellung weniger einem Kreislauf als vielmehr einem Billardtisch ähnelt, auf dem Produktion und Konsumtion als gekreuzte Linien dargestellt werden (vgl. Quesnay 1965) – ist es, die Wirkung wirtschaftspolitischer Maßnahmen oder wirtschaftlich relevanter Ereignisse, wie beispielsweise Konsumschwankungen in verschiedenen Wirtschaftssektoren, auf das Gesamtgefüge der Wirtschaft zu veranschaulichen. Zentral für Quesnays Vorstellung ist dabei, dass nur im Warentausch, d.h. durch die Waren- und Geldzirkulation, der Wert einer Ware sichtbar gemacht werden und so der „Reichtum" einer Nation bestimmt werden kann. Im Unterschied zum reinen Gebrauchswert der Ware, der allein durch den Nutzen der Ware bestimmt ist, ohne dass dieser Wert dabei quantifizierbar wäre, ergibt sich der Tauschwert aus der Relation einer Ware zu anderen Waren und wird sichtbar, sobald Handel betrieben wird. Quesnay verdeutlicht dies am Beispiel des Kolonialhandels:

> Die Wilden von Luisiana, zum Beispiel, befanden sich im Genusse vieler Güter, als da sind Wasser, Holz, Wild, die Früchte des Bodens usw., welche keine Reichtümer waren, weil sie keinen Tauschwert hatten. Aber seitdem sich zwischen ihnen und den Franzosen, Engländern und Spaniern usw. einige Handelszweige herausgebildet haben, hat ein Teil dieser Güter einen Tauschwert bekommen und ist Reichtum geworden. (Quesnay 1965: 65)

Allerdings ist es in den Augen der Physiokraten nicht der Handel, sondern die landwirtschaftliche Produktion, die über den Reichtum einer Nation entscheidet. Da nur der Boden Neues wachsen lässt, können ausschließlich die landwirtschaftlichen Produzenten als produktive Klasse (*classe productive*) im eigentlichen Sinne gesehen werden. Nur sie schaffen neuen Wert während alle anderen Erwerbszweige, so die Klasse der Grundeigentümer (*classe des propriétaires*) und die Klasse der Gewerbetreibenden und Händler (*classe stérile*) letztlich von der landwirtschaftlichen Produktion leben, sei es durch die Aneignung von Pachteinnahmen oder sei es durch die Umformung landwirtschaftlicher Rohstoffe (vgl. Quesnay 1965: 45-55; 1888: 305-309; Turgot 1950a: 51f.). Dabei definiert sich der von der *classe productive* geschaffene Wert als Reinertrag (*produit net*), der sich durch Abzug der Gesamtaufwendungen (z.B. für den Unterhalt der Handwerker und Händler) vom Gesamtertrag (*produit gros*) einer Nation ergibt. Die Wertschöpfung einer Gesellschaft ist mithin ausschließlich bestimmt durch die agrarische Produktion und die Fruchtbarkeit des Bodens (*création*).

Eigentliche Nutznießer der Landwirtschaft sind nicht die Bauern, sondern die Grundeigentümer (*classe des propriétaires*), da sie mit ihren Renten vom Reinertrag der Landwirtschaft ohne Arbeit profitieren. Die Pachtzinsen stellen dabei ein Art Entgelt für vorausgegangene Leistungen dar, da die Grundeigentümer das Land urbar gemacht und so die in ihrem Eigentum befindlichen Flächen landwirtschaftlich nutzbar gemacht haben. Demgegenüber sind die Gewerbetreibenden und Handwerker (*classe stérile*) zwar am Wertschöpfungsprozess einer Gesellschaft beteiligt, jedoch nur insoweit, als sie den landwirtschaftlichen Produkten ihre Arbeit hinzufügen, indem sie diese umformen und aufbereiten. Um diese Art der Wertschöpfung von der landwirtschaftlichen „création" abzugrenzen, spricht Quesnay hier von „addition". Nicht berücksichtigt in diesem Schema wirtschaftlicher Wertschöpfung werden die Lohnarbeiter (*dernière classe*), da sie lediglich einen Kostenfaktor innerhalb der Produktion der anderen Klassen darstellen.

Entsprechend der Annahme, dass alleine bäuerliche Arbeit produktiv sei, gilt die besondere Aufmerksamkeit der physiokratischen Lehre der Betrachtung der landwirtschaftlichen Produktionsweise. Anhand „empirischer Studien" gelangt Anne Robert Jacques Turgot, Schüler Quesnays und später Contrôleur général des finances unter Ludwig XVI., zur Formulierung des Gesetzes vom abnehmenden Grenzertrags der Bodennutzung und legt so wichtige Eckparameter der physiokratischen Lehre (vgl. Turgot 1950b: 123ff.) und der späteren Grenznutzentheorie fest: Bei extensiver Landwirtschaft werden im Verhältnis zur genutzten Fläche vergleichsweise wenig Arbeit und andere Produktionsmittel zugeführt. Wegen dieser Unterausnutzung bewirkt eine Steigerung des Produktionsmitteleinsatzes eine überproportionale Steigerung der Erträge. Ab einem bestimmten Punkt kehrt sich das Verhältnis um. Eine weitere Steigerung der Produktionsmittel bewirkt nur noch ein unterproportionales Wachstum der Erträge. Die Raten der Grenzerträge sinken. Schließlich kommt es bei einer weiteren Steigerung des Produktionsmitteleinsatzes zu einem absoluten Sinken der Erträge, d.h. die Ertragszuwächse je neu eingesetzter Einheit an Produktionsmitteln sind negativ.

Allerdings vollzieht sich mit Turgot zugleich auch eine Aufweichung der physiokratischen Lehre. So schließt Turgot zwar prinzipiell an die Vorstellungen der Physiokraten, alleine die Kraft des Bodens könne Neues entstehen lassen, an, räumt jedoch auch der menschlichen Arbeit eine „Wert schaffende" Kraft ein (vgl. Weddingen 1950: 24f.). Damit nähert sich Turgot den ökonomischen Sichtweisen des frühen Liberalismus an, der in der menschlichen Arbeit die Quelle des nationalen Wohlstands sieht.

Ausgangspunkt des frühen Liberalismus bilden vertragstheoretische Überlegungen, auf deren Grundlage gesellschaftliche Institutionen wie Recht, Eigentum oder Geld begründet werden. Eigentum, Arbeit und die Garantie individueller Freiheitsrechte bilden daher jene zentralen Themen, mit denen sich der frühe Liberalismus auseinandersetzt. So bildet für John Locke alleine menschliche Arbeit die Grundlage legitimen Erwerbs und Ausgangspunkt aller anderen Formen legitimen Eigentumsübergangs, wie etwa Schenkung, Kauf und Verkauf oder testamentarische Verfügung. Wer Natur durch seiner Hände Arbeit umformt oder bearbeitet, erwirbt hierdurch legitimerweise ein exklusives Recht an dem, was er durch seine Arbeit geschaffen hat. So schreibt Locke:

> Über seine Person hat niemand ein Recht, als nur er allein. Die Arbeit seines Körpers und das Werk seiner Hände (...) sind im eigentlichen Sinne sein. Was immer er also jenem Zustand entrückt, den die Natur vorgesehen und in dem sie es belassen hat, hat er mit seiner Arbeit gemischt und hat ihm etwas hinzugefügt, was sein eigen ist – es folglich zu seinem Eigentum gemacht. Da er es jenem Zustand des gemeinsamen Besitzes enthoben, in den es die Natur gesetzt hat, hat er ihm durch seine Arbeit etwas hinzugefügt, was das gemeinsame Recht der anderen Menschen ausschließt. Denn diese Arbeit ist das unbestreitbare Eigentum des Arbeitenden... (Locke 1999: 22)

Ähnlich argumentieren Fichte (vgl. 1973: 83) und Rousseau (vgl. 1998b: 86f.), die zugleich betonen, dass alleine die Arbeit des Einzelnen dessen Recht auf Unter-

halt gegenüber der Gemeinschaft rechtfertigt. Damit werden Arbeit und Erwerbsfleiß zum gesellschaftlichen Erziehungsprogramm. Während das Erlernen eines
Berufs oder handwerklicher Fähigkeiten den oberen Klassen als nützlich anemp-
fohlen wird (vgl. Locke 1997a: 257), gilt es, die unteren Stände systematisch zu
Fleiß und Arbeit zu erziehen (vgl. Locke 1997b: 101). Wer sich nicht durch Arbeit
am gesellschaftlichen Leistungserstellungsprozess beteiligt, betrügt die Gemeinschaft. Unmissverständlich heißt es hierzu bei Rousseau:

> Derjenige, der in Müßigkeit isst, was er nicht selbst verdient hat, stiehlt es, und in meinen
> Augen gibt es kaum einen Unterschied zwischen einem Rentier, den der Staat für sein
> Nichtstun bezahlt, und einem Straßenräuber, der auf Kosten der Vorüberreisenden lebt.
> Lebt der Mensch isoliert außerhalb der Gesellschaft, so ist er niemandem verpflichtet und
> hat das Recht zu leben, wie es ihm gefällt; innerhalb der Gesellschaft aber, wo er notwen-
> digerweise auf Kosten der anderen lebt, schuldet er ihnen durch seine Arbeit den Preis für
> seinen Unterhalt – da gibt es keine Ausnahme. (...) Ob reich oder arm, stark oder schwach –
> jeder müßig gehende Bürger ist ein Betrüger. (Rousseau 1998c: 411)

Allerdings wird Arbeit dabei auch als Chance gesehen, die es dem Einzelnen
erlaubt, am Wohlstand zu partizipieren und die „Früchte seiner Arbeit" zu genießen (vgl. Hume 1988a: 187).

Im Gegensatz zu den Physiokraten sehen die liberalen Ökonomen den Reichtum einer Nation vor allem in den produzierten Waren, die einerseits der eigenen
Bevölkerung zugute kommen, andererseits im Außenhandel gegen Importwaren
getauscht werden können. Handel reißt die Menschen aus ihrem Müßiggang und
stachelt sie zu Fleiß an. Das inländische Handwerk wird angespornt, es an Qualität und Vollkommenheit dem ausländischen Handwerk gleich zu tun (vgl. Hume
1988a: 185). Nicht staatliche Wirtschaftspolitik, sondern die Aussicht darauf, sich
„Luxusgüter" leisten zu können, motiviert die Menschen zur Arbeit. Besäßen die
Menschen keinerlei Aussicht, die Überschüsse der eigenen Produktion gegen
andere Waren tauschen zu können, würden sie auf den Stand der Subsistenzwirtschaft zurückfallen und nicht mehr produzieren, als sie für ihren Eigenbedarf
benötigen. Erst der Handel und der Warentausch treiben die Menschen zum Fleiß
(vgl. Hume 1988a: 182-186). So kommt David Hume zu dem Schluss:

> Kurz gesagt, in einem Königreich mit umfangreichen Import und Export herrscht größe-
> rer Fleiß, der auf Annehmlichkeiten und Luxus verwandt wird, als in einem Königreich,
> welches sich mit seinen einheimischen Waren begnügt. Das erstgenannte Königreich ist
> mächtiger und auch reicher und glücklicher." (Hume 1988a: 185)

Der negativen Sichtweise der Merkantilisten, dass unbeschränkter Außenhandel eine Nation schwäche, setzen die liberalen Ökonomen daher die „Vorteile"
des Freihandels entgegen. Zwar erlaubten es größerer Handwerksfleiß (Produk-

tivität), höherer Kapitaleinsatz, technologischer Vorsprung und bessere Vertriebswege Gebieten mit hoher Gewerbedichte, Waren generell zu niedrigeren Kosten zu produzieren, dies werde jedoch durch die geringeren Lohnkosten in wenig industrialisierten Regionen und Nationen wieder ausgeglichen. Da Produzenten stets danach streben, ihre Fabrikationsanlagen in Länder mit niedrigen Lohn- und geringen Lebenshaltungskosten zu verlegen, komme es durch zunehmende Produktion und Warenverkäufe allmählich auch in den vormals weniger entwickelten Regionen zu einem Preisanstieg mit einer erneuten Abwanderung der Industrie als Folge. Auf Dauer ermöglichten es Gewerbefreiheit und Handel so auch den ärmeren Ländern, mit den reicheren Ländern zu konkurrieren (vgl. Hume 1988b 206f.).

Da Reichtum im Gegensatz zum Merkantilismus vor allem in der Warenproduktion gesehen wird, wird Geld primär in seiner Tauschfunktion betrachtet:

> Geld ist, genau genommen, keine Handelsware, sondern nur das Instrument, auf das Menschen sich geeinigt haben, um den Tausch von Waren zu erleichtern. Es ist nicht eines der Räder des Handels, es ist das Öl, das die Räder leicht und glatt laufen lässt. (Hume 1988b: 204)

Dabei wird das Preisniveau eines Landes, d.h. die Austauschrelation von Geld und Ware, nicht alleine durch die absolut verfügbare Geldmenge bestimmt, sondern auch von der Umlaufgeschwindigkeit des Geldes beeinflusst. Auch erweist sich eine Geldmengenerhöhung nur als temporär wirksam, da sie nur in der Anfangsphase stimulierend auf die Wirtschaft wirkt. Hat sich die Geldmenge verteilt, werden Waren lediglich auf einem höheren Preisniveau als zuvor gehandelt. So kommt Hume zu dem Schluss:

> ...dass es in Hinsicht auf das innere Glück eines Staates völlig belanglos ist, ob die Geldmenge größer oder kleiner ist. Eine gute Politik des Magistrats bestünde nur darin, sie – wenn möglich – weiter steigen zu lassen, denn dadurch würde er den Geist des Fleißes in der Nation wachhalten und den Bestand an Arbeit vergrößern, worin alle wahre Macht und aller Reichtum bestehen. (Hume 1988b: 211)

4.3 Arbeitsteilung und Handelsfreiheit als Schlüssel zum Wohlstand

Galten für die antiken Philosophen und die mittelalterlichen Theologen „avaritia" und „pleonexia" als Untugenden und Todsünde, wird für Hume „Habsucht" zum Ansporn für Fleiß und wirtschaftliche Betätigung (vgl. Hume 1988c: 100). In dieser Sichtweise bilden das Streben nach Eigennutz und der stetige Wunsch nach Verbesserung der eigenen Lage das Hauptmotiv des Wirtschaftens. Entsprechend geht der Liberalismus davon aus, dass Arbeitsleistung durch Anreizsysteme beliebig gesteigert werden kann. Wer den Wunsch hat, mehr zu erreichen, wird bereit sein, mehr hierfür zu tun, d.h. mehr zu arbeiten. Das Motiv des Eigennutzes als Motor der Wirtschaft findet so Eingang in die klassische Ökonomie. Betrachteten Hume und andere Vorläufer der ökonomischen Klassik das Motiv des Eigennutzes dabei eher als Grundkonstante menschlichen Verhaltens, die auch Auswirkungen auf das Wirtschaftsleben hat, wird das Streben des Einzelnen nach Wohlstand in den Schriften Adam Smiths zum systematischen Ausgangspunkt einer liberalen Wirtschaftstheorie.

Mit seiner 1776 erschienen „Inquiry into the Nature and Causes of the Wealth of Nations" legt Adam Smith den Grundstein für alle weiteren wissenschaftlichen Untersuchungen wirtschaftlicher Sachverhalte. Zwar basiert sein Werk durchaus auf den Schriften seiner Vorläufer, so z.B. François Quesnay oder Bernard Mandeville, mit denen sich Smith zum Teil kritisch auseinandersetzt. Im Gegensatz zu seinen Vorläufern betrachtet Smith jedoch nicht nur einzelne Aspekte gesamtwirtschaftlicher Zusammenhänge, wie Wirtschaftskreislauf oder die Auswirkungen von Handelsbeschränkungen, sondern begreift Ökonomie als eine wissenschaftliche Disziplin, die sich systematisch – nach dem Vorbild der Naturwissenschaften – mit den Ursachen des nationalen Wohlstands auseinandersetzt. Zu Recht wird Adam Smith daher als „Ahnherr" der ökonomischen Wissenschaft betrachtet.

Für Smith sind es vor allem drei Säulen, auf denen die Wohlfahrt einer Nation ruht. Es sind dies: arbeitsteilige Produktion, Freihandel und Gewerbefreiheit sowie die Deregulierung staatlicher Beschränkungen:

(1) Ausgangspunkt für Adam Smiths ökonomische Untersuchungen bildet die Beobachtung, dass arbeitsteilige Produktion zu Produktivitätssteigerung führt. In seinem berühmt gewordenen „Stecknadelbeispiel" beschreibt Smith diesen Prozess:

> Wir wollen daher als Beispiel die Herstellung von Stecknadeln wählen (...). Ein Arbeiter, der noch niemals Stecknadeln gemacht hat und auch nicht dazu angelernt ist (...), so dass er auch mit den dazu eingesetzten Maschinen nicht vertraut ist (...), könnte, selbst wenn er sehr fleißig ist, täglich höchstens eine, sicherlich aber keine zwanzig Stecknadeln herstellen. Aber so, wie die Herstellung von Stecknadeln heute betrieben wird, ist sie nicht nur als Ganzes ein selbständiges Gewerbe. Sie zerfällt vielmehr in eine Reihe getrennter Arbeitsgänge, die zumeist zur fachlichen Spezialisierung geführt haben. Der eine Arbeiter zieht den Draht, der andere streckt ihn, ein dritter schneidet ihn, ein vierter spitzt ihn zu, ein fünfter schleift das obere Ende, damit der Kopf aufgesetzt werden kann. Auch die Herstellung des Kopfes erfordert zwei oder drei getrennte Arbeitsgänge. Das Ansetzen des Kopfes ist eine eigene Tätigkeit, ebenso das Weißglühen der Nadel, ja, selbst das Verpacken der Nadel ist eine Arbeit für sich. Um eine Stecknadel anzufertigen, sind (...) etwa 18 verschie-

dene Arbeitsgänge notwendig, die in einigen Fabriken jeweils verschiedene Arbeiter besorgen, während in anderen ein einzelner zwei oder drei davon ausführt. Ich selbst habe eine kleine Manufaktur dieser Art gesehen, in der nur 10 Leute beschäftigt waren (...). Obwohl sie nun sehr arm und nur recht und schlecht mit dem nötigen Werkzeug ausgerüstet waren, konnten sie am Tage zusammen doch etwa 12 Pfund Stecknadeln anfertigen, wenn sie sich einigermaßen anstrengten. (...) Hätten sie indes alle einzeln und unabhängig voneinander gearbeitet (...), so hätte der einzelne gewiss nicht einmal 20, vielleicht sogar keine einzige Nadel am Tag zustande gebracht. Mit anderen Worten, sie hätten mit Sicherheit nicht den zweihundertvierzigsten, vielleicht nicht einmal den vierhundertachtzigsten Teil von dem produziert, was sie nunmehr infolge einer sinnvollen Teilung und Verknüpfung der einzelnen Arbeitsgänge zu erzeugen imstande waren. (Smith 1990: 9f.)

Ursächlich für diese durch Arbeitsteilung ermöglichte Produktionssteigerung sind dabei zum ersten die größere Geschicklichkeit, die der einzelne, spezialisierte Arbeiter an seinem Arbeitsplatz entwickelt, zum zweiten die Zeitersparnis die sich aus dem Wegfall von Rüstzeiten, Wegezeiten und Eingewöhnungszeiten an die neue Tätigkeit ergibt und schließlich zum dritten die Erfindung und der Einsatz von Werkzeugen und Maschinen, die exakt auf den einzelnen Fertigungsschritt zugeschnitten sind und die Arbeit des Arbeiters erleichtern sollen (vgl. Smith 1990: 12f.). Der mit der arbeitsteiligen, industriellen Produktion ermöglichte Produktivitätszuwachs bildet für Smith die Hauptursache und Quelle der Prosperität eines Landes. Erst Arbeitsteilung erlaubt den Einsatz spezieller Maschinen und Werkzeuge und gibt so Anlass zu technischen Neuerungen und Fortschritt (vgl. Smith 1990: 9-15).

(2) Zugleich zwingt die arbeitsteilige Produktion zu Warentausch und Handel, da der Einzelne nun seine Überschüsse gegen andere Waren des täglichen Bedarfs tauschen muss. Bereits in seinen Vorlesungen über Rechts- und Staatswissenschaften schildert Smith diese Form spezialisierter Produktion zum wechselseitigen Vorteil:

Infolge dieser Veranlagung, Tauschhandel zu treiben und den Überschuss der eigenen Arbeit gegen denjenigen anderer Leute auszutauschen, wird in einem Jägervolk derjenige, der ein Geschick hat, die Bogen und Pfeile besser als seine Nachbarn anzufertigen, ihnen diese zunächst schenken und als Gegengabe Wildbret-Geschenke von ihnen erhalten. Indem er diese Tätigkeit ständig weiterführt, wird er besser als zuvor leben und wird keinen Anlass haben, es sich selbst zu beschaffen, weil es ja der Überschuss seiner eigenen Arbeit wirksamer tut. (Smith 1996: 185f.)

In arbeitsteilig wirtschaftenden Gesellschaften ist es dem Einzelnen nur noch möglich, für seinen Unterhalt zu sorgen, wenn er die Produkte seiner Arbeit gegen die Produkte der Arbeit anderer eintauscht (vgl. Smith 1990: 227). Je höher dabei der Grad an Arbeitsteilung und je freizügiger der Handel ist, desto besser ist die Gesamtversorgung der Wirtschaft. Da der in einer Gesellschaft mögliche Grad gewerblicher Spezialisierung jedoch durch die Nachfrage und damit letztlich durch die Größe des Absatzgebiets bestimmt wird, tritt Smith konsequent für eine Liberalisierung des Außenhandels ein. Angesichts der Vorteile arbeitsteiliger Produktion erweisen sich für ihn Handelsbeschränkungen und Zollschranken als limitierende Faktoren wirtschaftlicher Prosperität. Zudem ist Smith davon überzeugt, dass Freizügigkeit auch in ökonomischen Belangen zu den fundamentalen bürgerlichen Grundrechten in einer liberalen Gesellschaft zählt:

> Einen Landwirt daran zu hindern, seine Erzeugnisse jederzeit auf den günstigsten Markt zu bringen, heißt augenscheinlich außerdem, das allgemein gültige Gesetz der Gerechtigkeit einer Idee der Gemeinnützigkeit, einer Art Staatsräson zu opfern. Es handelt sich um einen Akt gesetzgebender Gewalt, die nur in äußersten Notfällen ausgeübt werden sollte und auch nur dann entschuldbar ist. (Smith 1990: 451)

(3) Entsprechend sieht Adam Smith in der Deregulierung merkantilistischer Verordnungen den Schlüssel für ökonomischen Fortschritt: Freihandel, der Abbau des Zunftwesens, die Gewährung von Freizügigkeit und freier Berufswahl sowie die Ermöglichung einer freien Preisbildung sind Voraussetzungen einer funktionsfähigen Wirtschaft. Da jeder einzelne für sich selbst am besten in der Lage ist, seine individuellen Fähigkeiten und seine ökonomischen Chancen zu beurteilen, sollte sich der Staat generell mit Eingriffen in die Wirtschaft zurückhalten und dem Einzelnen den weitestmöglichen Gestaltungsspielraum für die Verfolgung seiner eigenen (ökonomischen) Interessen einräumen. Staatliche Beschränkungen, etwa bei der Berufswahl, hält Smith für eine Verletzung der ursprünglichen Freiheitsrechte des Arbeiters:

> Das Erbe eines armen Mannes liegt in der Kraft und in dem Geschick seiner Hände, und ihn daran zu hindern, beides so einzusetzen, wie er es für richtig hält, ohne dabei seinen Nachbarn zu schädigen, ist eine offene Verletzung dieses heiligen Eigentums, offenkundig ein Übergriff in die wohlbegründete Freiheit des Arbeiters und aller anderen, die bereit sein mögen, ihn zu beschäftigen. (...) Das Urteil darüber, ob er für die Arbeit geeignet ist, kann ruhig der Entscheidung der Unternehmer überlassen bleiben, deren Interesse davon so stark berührt wird. Die heuchlerische Besorgnis des Gesetzgebers, diese könnten einen zumindest Ungeeigneten beschäftigen, ist offensichtlich ebenso unverschämt, wie sie bedrückend ist. (Smith 1990: 106)

Die Aufgabe des Staates liegt somit in der Aufrechterhaltung einer gesellschaftlichen Ordnung, die diesen Wünschen des Einzelnen Rechnung trägt und von ihm gutgeheißen werden kann. Die Voraussetzungen, die der Staat hierfür schaffen muss, sind: möglichst vollkommene Gerechtigkeit, uneingeschränkte Freiheit und weitestgehende Gleichheit aller. Allerdings räumt Adam Smith ein, dass das

Interesse der Einzelnen als handlungsleitendes Motiv zur Bewältigung öffentlicher Aufgaben nicht geeignet sei. Hier bleibt es weiterhin Aufgabe des Staates, jene Einrichtungen zu unterhalten, die von privaten Investoren nicht unterhalten werden können, da die Kosten die Gewinne übersteigen (vgl. Smith 1990: 582).

Smith ist der festen Überzeugung, dass die Befolgung seiner wirtschaftspolitischen Empfehlungen und die Garantie eines weitestgehend sich selbst überlassenen Wirtschaftsgeschehens dazu beitragen, den Wohlstand eines Landes zu mehren. Gestützt wird diese Überzeugung nicht zuletzt durch seinen stoischen Glauben an eine dem Kosmos innewohnende „prästabilierte Harmonie", der zufolge sich die wirtschaftliche Betätigung des Einzelnen auch dann, wenn er meint, nur seinen privaten Interessen zu dienen, stets zum Wohle der Gemeinschaft auswirkt.

Obwohl Smith davon ausgeht, dass die durch freie wirtschaftliche Betätigung erzielbaren Wohlfahrtsgewinne allen Schichten der Bevölkerung zugute kommen, sieht er doch die damit ebenso einhergehenden Verteilungsungerechtigkeiten. So erfolge die Teilung des Reichtums keineswegs nach Maßgabe der jeweils zu seiner Erzielung geleisteten Arbeit, sei der Reichtum des Kaufmanns stets größer als der seiner Angestellten, obwohl er weniger arbeitet, und erhalte auch der ungelernte Arbeiter, obwohl er sich mehr abmühen mag als der Handwerksmeister, noch weniger für seine Mühen. „So hat jener, der sozusagen die Last der Gesellschaft trägt, am wenigsten Vorteile" (Smith 1996: 180). Dennoch scheint Smith eine zivilisierte Gesellschaft auch mit ungleicher Reichtumsverteilung einer unzivilisierten Gesellschaft vorzuziehen, da diese selbst ihren ärmsten Bewohner besser zu versorgen in der Lage ist als jene ihren Reichsten. So verfüge in England auch der einfache Mann dank der arbeitsteiligen Produktion über zahlreiche materielle Güter, die Angehörigen einfacher Stammesgesellschaften versagt bleiben:

> Bei einem unzivilisierten Volke, wo keine Arbeitsteilung existiert, steht alles zur Verfügung, was die natürlichen Bedürfnisse der Menschheit erfordern; sobald ein Volk kultiviert ist und Arbeitsteilung besteht, wird ihnen eine reichlichere Versorgung zuteil, und aus diesem Grund hat ein Tagelöhner in Großbritannien mehr Wohlstand in seiner Lebensweise als ein indianischer Häuptling. (...) Wenn wir die Bedarfsgegenstände des Tagelöhners untersuchen, finden wir, dass er sogar in seiner einfachen Lebensweise nicht ohne die Mitwirkung einer großen Zahl versorgt werden kann, und doch ist dies nichts im Vergleich mit dem Luxus des Adels. Ein europäischer Fürst übergragt aber den gemeinen Mann in dieser Beziehung nicht so sehr wie dieser den Häuptling eines wilden Volkes. (...) Bei einem wilden Volk genießt zwar ein jeder die ganzen Früchte seiner eigenen Arbeit, doch ist seine Dürftigkeit größer als irgendwo sonst. Es ist die Arbeitsteilung, die den Reichtum eines Landes vermehrt." (Smith 1996: 179f.)

Mit dem „Beweis", dass ein sich selbst überlassener Markt zu moralisch vertretbaren Ergebnissen führt, legt Smith den Grundstein für ein liberales Wirtschaftsverständnis. Entgegen der heute von zahlreichen (neo)liberalen Denkern vertretenen Sicht sieht Smith diese freiheitliche Wirtschaftsordnung jedoch nicht aus sich heraus als lebensfähig an, sondern hält diese nur dann für verwirklichbar, wenn sie an eine moralische Grundordnung der Gesellschaft zurückgebunden bleibt, da nur so Grundsätze der Gerechtigkeit und der Moral innerhalb der Ökonomie sichergestellt werden können. Um funktionsfähig zu bleiben, ist jede, auch die liberalste Gesellschaft auf ein Mindestmaß an Moral angewiesen. Selbst eine Gemeinschaft von Dieben und Mördern, so Smith in Anlehnung an Cicero, muss sich zumindest untereinander des Raubens und Mordens enthalten, will sie auf Dauer Bestand haben (vgl. Smith 1985: 128). Zwar räumt Smith ein, dass innerhalb der Ökonomie vor allem eigennützige Motive und nicht altruistische Überlegungen dominieren und schreibt:

> Nicht vom Wohlwollen des Metzgers, Brauers und Bäckers erwarten wir das, was wir zum Essen brauchen, sondern davon, dass sie ihre eigenen Interessen wahrnehmen. Wir wenden uns nicht an ihre Menschen- sondern an ihre Eigenliebe, und wir erwähnen nicht die eigenen Bedürfnisse, sondern sprechen von ihrem Vorteil (Smith 1990: 17).

Jedoch ist dies keinesfalls als Rechtfertigung für rein eigennütziges Verhaltens zu verstehen. Für Smith zeichnet sich eine Nation mit zivilisierter Wirtschaft, Arbeitsteilung und Überschussproduktion vielmehr gerade dadurch aus, dass sie auch den Ärmsten ihrer Einwohner mit Kaufkraft versieht und ihm eben dadurch eine personale Würde und Unabhängigkeit verleiht. Wer aufgrund seiner eigenen Arbeitsleistung einen Überschuss an Waren besitzt, muss nicht das Wohlwollen der anderen erheischen, wie der um Futter bettelnde Hund oder der um die Gunst seines Gönners schmeichelnde Bettler, um zu bekommen, was er zum Leben benötigt, sondern er kann seinen Überschuss tauschen; er hat etwas zu bieten und tritt dem Bäcker und Brauer als zahlungskräftiger Kunde und gleichberechtigter Vertragspartner und nicht als Bittsteller gegenüber (vgl. Ballestrem 2001: 144f.).

Jeder Form eines krassen Egoismus, der sich gegen die Gemeinschaft wendet, erteilt Smith eine generelle Absage. Interessanterweise ist er der Überzeugung, dass, obwohl der Einzelne stets nach Verbesserung der eigenen Lage strebt, ihn ethische Gefühle daran hindern, dieses Streben zu Lasten der andern Gesellschaftsmitglieder auszuleben:

> Mag es darum auch wahr sein, dass jedes Individuum in seinem Herzen naturgemäß sich selbst der ganzen Menschheit vorzieht, so wird es doch nicht wagen, den anderen Menschen in die Augen zu blicken und dabei zu gestehen, dass es diesem Grundsatz gemäß

handelt. Jeder fühlt vielmehr, dass die anderen diesen seinen Hang, sich selbst den Vorzug zu geben, niemals werden nachfühlen können... (Smith 1985: 123)

Um also die Billigung der Gesellschaft für sein Verhalten zu erlangen, ist der Einzelne gezwungen, seine Selbstliebe auf jenes Maß zu dämpfen, das von den anderen nachempfunden und gebilligt werden kann. Das Gefühl für die gerechtfertigten Interessen aller übrigen gebietet es jedem Einzelnen, seinen Egoismus zu zähmen. Wer gegen die gerechtfertigten Interessen der anderen auf unlautere Weise verstößt, handelt unrecht und setzt sich dem Vergeltungsgefühl der Gemeinschaft aus.

Vehement kritisiert Smith Bernard Mandevilles Vorstellung von „Private Vices – Public Benefits" (Smith 1985: 510-523). In seiner berühmten „Fable of the Bees" (Mandeville 1980) geht dieser davon aus, dass individuelle Laster für die Gesellschaft von größerem Vorteil seien als Tugenden: Eigennutz, Verschwendungssucht, Geltungsbedürfnis usw. seien Laster, derer die Wirtschaft bedürfe, da nur so eine ausreichende Produktion und Handelstätigkeit gewährleistet werden könne. All das was dem Menschen im privaten Bereich als Tugend erscheint, z.B. Bescheidenheit, Friedfertigkeit, Wohlwollen gegenüber seinen Mitmenschen usw., sei zur Förderung von Macht, Ansehen und Reichtum einer Nation ungeeignet:

> Der vergnügungssüchtige Höfling, dessen Luxus keine Grenzen kennt, die launenhafte Kurtisane, die sich jede Woche nach einer neuen Mode kleidet, und die hochmütige Gräfin, die in Einrichtung und Bewirtung und in ihrem ganze Auftreten es einer Fürstin gleichtun möchte; der liederliche und ausschweifende Erbe, der sein Geld sinn- und zwecklos hinauswirft und alles, was er sieht, kauft, um es am nächsten Tag wieder zu vernichten oder wegzuschenken; endlich der habsüchtige und meineidige Schurke, der seine enormen Schätze den Tränen der Witwen und Waisen verdankt und sein Geld Verschwendern hinterlässt: diese sind die Leute, die (...) wir (...) nötig haben, damit all die mannigfaltigen Arbeiten zur Ausführung kommen, die der Menschengeist ersonnen hat, um einen anständigen Lebensunterhalt zu beschaffen für die große Masse der Armen, deren eine umfangreiche Gesellschaft nun einmal bedarf, wenn sie nicht bloß groß und reich, sondern gleichzeitig auch mächtig und hochkultiviert sein will. (Mandeville 1980: 386f.)

Nur durch die Verschwendungssucht wird jene Erwerbstätigkeit in Gang gehalten, der der Staat seine Blüte verdankt, wird der menschliche Erfindungsgeist angespornt und ein Heer von Armen, die sonst dem Hungertod preisgegeben wären, in Arbeit und Lohn gehalten (vgl. Mandeville 1980: 150ff.). Letztendlich, so Mandeville, basiere die ökonomische Prosperität eines Landes auf dem Egoismus und den Untugenden seiner Bürger; daher seine Schlussfolgerung: „privat vices – public benefit". Smith widerspricht dieser in seinen Augen allzu libertären und untragbaren Vorstellung aufs Heftigste und betont, „dass alle ungezügelten und mutwilligen Handlungsweisen die Tendenz haben, die Wohlfahrt der Gesellschaft zu zerstören..." (Smith 1985: 134). Trotz seines Eintretens für Freihandel und Deregulierung bleibt für Smith der Staat als soziale Ordnungsinstanz unverzichtbar.

4.4 Der Wert der Arbeit

Obwohl Adam Smith mit seinem *Wealth of Nations* den Grundstein für das moderne, wissenschaftliche Ökonomieverständnis gelegt hat, ist es David Ricardo, der mit seinen 1817 erschienenen „Principles of Political Economy and Taxation" die wesentlichen theoretischen Grundlagen des klassischen Ökonomieverständnisses festschreibt. Zu den wichtigsten Eckpfeilern seines ökonomischen Theoriegebäudes zählen dabei eine für seine ökonomischen Analysen zentrale Arbeitswerttheorie, eine ebenfalls am Arbeitsertrag orientierte Theorie der Bodenrente und eine theoretisch untermauerte Freihandelslehre.

(1) Der Wert einer Ware ist für David Ricardo ausschließlich definiert durch die Menge an Arbeit, die zu ihrer Herstellung benötigt wird, und die Seltenheit, mit der die Ware vorkommt. Dabei bestimmt sich der Tauschwert, zu dem eine Ware gehandelt wird, nach dem Nutzen, den die Ware dem Käufer zu stiften in der Lage ist. Dieser Nutzen definiert sich für Ricardo durch die Menge an Arbeit, die der Käufer durch den Erwerb der Ware spart. Ware wird daher entsprechend der Arbeitsäquivalente getauscht, die für ihre Herstellung durchschnittlich eingesetzt werden müssen. Wenn für die Herstellung einer Sache A durchschnittlich fünf Arbeitsstunden, für die Herstellung einer Sache B durchschnittlich zehn Stunden Arbeitszeit benötigt werden, dann ist B doppelt so teuer wie A. Verändert sich das Verhältnis der aufzuwendenden Arbeit, verändert sich auch das Verhältnis der Warenwerte (vgl. Ricardo 1994: 7). Dies gilt prinzipiell auch unter Berücksichtigung der für die Warenerzeugung benötigten Werkzeuge und Maschinen. Wird für deren Herstellung ein höherer Arbeitsaufwand benötigt oder verändert sich deren durchschnittliche Lebensdauer, dann erhöht dieser zusätzliche Arbeitsaufwand ebenfalls den Wert des Endprodukts. Damit bestimmt sich der Tauschwert durch den Wert aller Arbeiten, die mit der Erzeugung und Vermarktung der Ware in Zusammenhang stehen. Ricardo verdeutlicht dies an der Erzeugung von Strümpfen, deren Tauschwert sich aus der Arbeit für das Anbauen der benötigten Baumwolle, der für Fracht inklusive dem Bau der Transportfahrzeuge aufgewendeten Arbeit, der Arbeit für Spinnen und Weben, der für die Fabrikhallen und Einrichtungen aufgewendeten Arbeiten, der auf die Gewinnung der hierfür benötigten Baumaterialien und Erze aufgewendeten Arbeiten etc. zusammensetzt und kommt zu dem Schluss: „Die Gesamtsumme dieser verschie-

denen Arten von Arbeit bestimmt die Menge der anderen Gegenstände, gegen die die Strümpfe getauscht werden..." (Ricardo 1994: 18).

Entsprechend bestimmt sich auch die Lohnhöhe durch den Wert der Arbeit und die durch diese Arbeit erstellten Produkte. Dabei schwanken die Löhne, je nach Auslastung des Produktionsfaktors Arbeit, um einen natürlichen Preis, der durch die Reproduktionskosten der Arbeiterklasse bestimmt ist. Ähnlich wie Thomas Robert Malthus geht Ricardo davon aus, dass sich die Arbeiterklasse bei hohen Löhnen solange vermehrt, bis die Konkurrenz um Arbeitsplätze die Löhne wieder auf das Minimum (d.h. den natürlichen Preis) gedrückt hat (vgl. Ricardo 1994: 79f.). Nimmt die Produktivität der Arbeit in einem bestimmten Industriezweig *ceteris paribus* zu, sinkt damit automatisch auch der Wert der Arbeitsleistung. Wird also in obigem Beispiel weniger Arbeit zur Erstellung der Strümpfe benötigt, d.h. werden beispielsweise weniger Leute für den Anbau der Baumwolle benötigt, werden weniger Stunden für den Transport benötigt oder die Verarbeitung effizienter organisiert etc., sinkt der Warenwert der Strümpfe und damit ihre Tauschrelation. Damit aber sinkt auch der Wert der auf die Herstellung der Strümpfe verwendeten Arbeit, da dieser ausschließlich durch die Tauschrelation des Arbeitsprodukts zu anderen Waren bestimmt ist (vgl. Ricardo 1994: 18).

Ricardo erläutert diese Überlegungen anhand einer Miniatur-Volkswirtschaft, bestehend aus Jägern und Fischern (vgl. Ricardo 1994: 19-46): Vorausgesetzt, die zur Leistungserstellung benötigten Werkzeuge (Angeln, Pfeil und Bogen etc.) wurden mit äquivalenten Arbeitsquanten erzeugt und besitzen dieselbe Lebensdauer, dann gilt: Die Tagesproduktion des Jägers (ein Hirsch) hat denselben Wert wie die Tagesproduktion des Fischers (zwei Lachse). Fällt oder steigt die Tagesproduktion der einen oder anderen Ware, ändert sich entsprechend das Tauschverhältnis. Lohnschwankungen haben dabei keinerlei Einfluss auf den Wert der Arbeit, da sie mittelfristig in beiden „Berufen" gleichzeitig wirksam werden. Gleiches gilt für die absolut produzierte Gütermenge, da diese zwar unter Umständen zu einem kurzfristigen Überangebot an Waren führt, nicht aber den Wert der Arbeit und damit das natürliche Tauschverhältnis der Waren beeinflusst. Der äußerste Wert einer Ware, bis zu dem dieser gesteigert werden kann, ist die äußerste Menge an Arbeit, die zu ihrer Herstellung benötigt wird. Muss also für eine zusätzliche Einheit einer bestimmten Ware mehr Arbeit aufgewendet werden als für alle vorhergehenden Einheiten, bestimmt diese „Maximalmenge" an Arbeit für die Erzeugung der letzten Einheit den Preis der Ware. Mit anderen Worten, das Grenzprodukt der Arbeit bestimmt den Warenwert. Mit dieser Bestimmung des Warenwerts alleine auf Grundlage der in einer Ware enthaltenen Arbeit legt Ricardo die Basis für die marxistische Arbeitswertlehre und die damit verbundene Kritik der Aneignung des Arbeitsprodukts durch den „Kapitalisten".

(2) In ähnlicher Weise bestimmt sich für Ricardo auch die Bodenrente durch den Wert der Arbeit. Hierbei unterscheidet Ricardo zwischen dem Recht, Boden zu nutzen, und dem Recht, bestimmte Früchte zu ernten oder Bodenschätze zu fördern. Eine Bodenrente bezieht sich ausschließlich auf das erstgenannte Recht. Beinhaltet der entrichtete Preis für die Bodennutzung auch den Erwerb von Feldfrüchten oder das Recht zur Ausbeutung von Bodenschätzen, muss zwischen der Bodenrente und dem Kaufpreis für letzteres unterschieden werden.

Die Bodenrente selbst ergibt sich aus der unterschiedlichen Qualität des Bodens. Wenig ergiebiger Boden erfordert mehr Arbeitsaufwand, um den gleichen Ertrag zu erzielen. Dieser Mehraufwand an Arbeit gestattet dem Besitzer des besseren Bodens eine Rente in Höhe des auf seinem Boden entfallenden Arbeitsaufwands. Gesetzt, in einem Land existieren drei Bodenqualitäten A, B und C, die unterschiedlich hohe Mengen an Arbeit zur Kultivierung erfordern, dann gilt: Solange Boden der Qualität A ausreichend zur Verfügung steht, gibt es keine Bodenrente. Muss auch Boden der Qualität B bebaut werden, entspricht die Bodenrente auf A genau dem Preis der auf B mehr einzusetzenden Arbeit. Wird nun auch Boden der Qualität C kultiviert, erhalten die Besitzer von A eine Rente in Höhe des zusätzlichen Arbeitsaufwands auf B zuzüglich des zusätzlichen Arbeitsaufwands von C, Eigentümer von B erhalten eine Rente in Höhe des zusätzlichen Arbeitsaufwands auf C. Eigentümer von C erhalten keine Bodenrente. Leistungen, die dennoch auf C gezahlt werden, sind direkte Entlohnung, z.B. für Rodung, Umzäunung, Drainage etc. (vgl. Ricardo 1994: 57-61):

> Wenn also guter Boden in einem viel größeren Ausmaß vorhanden wäre, als die Produktion von Nahrungsmitteln für eine sich vergrößernde Bevölkerung erfordert (...), dann könnte es kein Steigen der Renten geben; denn die Rente entspringt immer der Aufwendung einer zusätzlichen Menge Arbeit mit einem verhältnismäßig geringen Ertrag. (Ricardo 1994: 61)

Der Preis der Bodenprodukte richtet sich daher immer nach den Kosten der auf dem schlechtesten Boden angebauten Produkte. Damit erklärt sich das Ansteigen des relativen Werts von Rohprodukten (z.B. Nahrungsmittel bei zunehmender Bevölkerung) nicht durch das Ansteigen der Renten „gieriger" Grundeigentümer, sondern dadurch, dass zur Erstellung der gleichen Menge an Rohprodukten auf Böden minderer Qualität mehr Arbeit aufgewendet werden muss (vgl. Ricardo 1994: 63). Tendenziell, so Ricardo, kommt es dabei innerhalb industrieller Gesellschaften so zu einer stetigen Verteuerung der Rohprodukte (es muss zunehmend mehr Arbeit aufgewendet werden) und einer stetigen Verbilligung der Industrieprodukte (es muss zunehmend weniger Arbeit aufgewendet werden). Und er prognostiziert:

> Dadurch, dass mit dem gesellschaftlichen Fortschritt Manufakturwaren ständig sinken und Rohprodukte stets steigen, wird auf die Dauer ein derartiges Missverhältnis in ihren relativen Werten geschaffen, dass in reichen Ländern ein Arbeiter durch den Verzicht auf einen nur geringfügigen Teil seiner Nahrungsmittel seinen gesamten sonstigen Bedarf ausreichend decken kann. (Ricardo 1994: 83)

Dies hat auch Auswirkungen auf den Profit des Kapitalisten. Prinzipiell bestimmt sich dieser nach den Löhnen und Renten im Verhältnis zu den Warenpreisen. Zudem gilt: Je höher die Warenpreise, desto mehr Waren werden hergestellt. Werden jedoch mehr Waren hergestellt, erhöht sich auch der dazu benötigte Arbeitsaufwand; der Lohnanteil, respektive der Rentenanteil am Verkaufserlös steigen. Da sich steigende Preise zudem auf das Lohnniveau auswirken, trägt auch dies zu einem Steigen des Lohnkostenanteils am Gesamterlös des Warenverkaufs bei. Der Kapitalist wird so auf Dauer einen immer geringeren Profit bezogen auf den Verkaufserlös der Waren erwirtschaften (vgl. Ricardo 1994: 96ff.). Selbst wenn der Produzent seine höheren Lohnkosten in Form höherer Preise an den Verbraucher weitergibt, befindet er sich nach Ricardo in keiner glücklichen Lage: Angenommen, die Produzenten der Waren A, B und C sind gezwungen, ihren Arbeitern je Produkteinheit 10 Geldeinheiten mehr Lohn zu zahlen und schlagen diese 10 Geldeinheiten dem bisherigen Verkaufspreis von 100 Geldeinheiten auf, so dass eine Wareneinheit nun zu 110 Geldeinheiten gehandelt wird. Dann beläuft sich der Profit des Produzenten auf den gleichen Betrag wie vor der Lohnerhöhung. Jedoch bekommt er selbst nun für sein Geld auf den Märkten weniger Ware, da deren Preise allesamt um 10 Prozent steigen werden, da sich alle übrigen Produzenten in der selben Lage befinden. Gleiches gilt langfristig auch für die Preise von Rohmaterial, da steigende Warenpreise auch hier langfristig steigende Lohnforderungen nach sich ziehen werden. Langfristig ist der Effekt derselbe wie ohne Preiserhöhung und Verzicht auf den entsprechenden Anteil an der Profitrate (vgl. Ricardo 1994: 109). Auf Dauer erweist sich so das Eigentum an Grund und Boden als sicherste Anlageform, da hier die Renten bei stetiger Produktionszunahme stetig steigen. Je größer das Bevölkerungswachstum und je höher der Bedarf an Boden, desto sicherer ist die Bodenrente (vgl. Ricardo 1994: 107).

(3) Bezug nehmend auf Adam Smiths Überlegungen zum Freihandel weist David Ricardo nach, dass sich Handelsbeziehungen und internationaler Warentausch selbst dann lohnen, wenn ein Land die gegeneinander zu tauschenden Waren absolut günstiger herstellen kann als sein Tauschpartner. Entscheidend ist nur, dass jene Ware, die gegen die ausländische Ware getauscht wird, im Inland vergleichsweise billiger als die importierte Ware hergestellt werden kann. Dies gilt in gleicher Weise für den Handelspartner. Um aus dem Tausch einen Vorteil zu ziehen, muss auch er die vergleichsweise kostengünstiger zu produzierende

Ware exportieren und die vergleichsweise teurer zu produzierende Ware importieren. In diesem Fall ist es wirtschaftlicher, Waren im Freihandel zu tauschen, als sie in autarken nationalen Wirtschaftssystemen zu produzieren. Jedes der beiden Länder kann sich nun auf die Produktion der vergleichsweise kostengünstigeren Produkte spezialisieren, diese mit dem Handelspartner tauschen und seine Überschüsse in anderen Produktionszweigen investieren (vgl. Ricardo 1994: 112f.). Ricardo kommt zu dem Ergebnis:

> Die Vermehrung unserer Annehmlichkeiten durch eine verbesserte Verteilung der Arbeit, indem jedes Land jene Werte produziert, für die es durch seine Lage, sein Klima sowie seine anderen natürlichen oder künstlichen Vorteile geeignet ist, und sie gegen Waren anderer Länder eintauscht, ist für das Wohl der Menschheit genauso wichtig wie ihre Vermehrung infolge des Steigens der Profitrate. (Ricardo 1994: 113)

Dabei geht Ricardo allerdings davon aus, dass sich die Kapitalmobilität der Produzenten in der Regel lediglich auf das eigene Land beschränkt. Kapitalexport zu Produktionszwecken spielt in seinen Überlegungen eine eher untergeordnete Rolle, da sich seiner Meinung nach die meisten Produzenten aus moralischen Gründen an ihren heimatlichen Produktionsstandort gebunden fühlen:

> Die Erfahrung zeigt (...), dass die eingebildete oder tatsächliche Unsicherheit eines nicht der unmittelbaren Kontrolle seines Eigentümers unterliegenden Kapitals zusammen mit der natürlichen Abneigung jedes Menschen, das Land seiner Geburt und persönliche Beziehungen zu verlassen und sich mit allen seinen eingewurzelten Gewohnheiten einer fremden Regierung und ungewohnten Gesetzen anzuvertrauen, die Abwanderung von Kapital hemmen. Diese Gefühle (...) bestimmen die meisten Menschen mit Vermögen, sich eher mit einer niedrigeren Profitrate im eigenen Land zu begnügen, als dass sie eine vorteilhaftere Anlage für ihren Reichtum bei fremden Nationen suchen. (Ricardo 1994: 117)

Diese Theorie der komparativen Kostenvorteile des freien Handels wird zur Grundlage der liberalen Freihandelsdoktrin und zum festen Bestandteil der klassischen Ökonomie. So bemerkt John Stuart Mill, dass es vor allem drei Entdeckungen gewesen seien, die die Ökonomie in den Stand einer Wissenschaft erhoben hätten: die Entdeckung des Bevölkerungsgesetzes durch Thomas Robert Malthus, die Entdeckung des Gesetzes von der Bodenrente durch David Ricardo und Ricardos Theorie des Außenhandels (vgl. Mill 1967: 30).

4.5 Liberalismus und Utilitarismus

Anknüpfend an die Ricardianische Ökonomie legt John Stuart Mill mit seinen „Principles of Political Economy" einen der vollständigsten Ansätze der Ökonomie seiner Zeit vor. Dabei ist es Mills Anspruch, Ökonomie als anerkannte Wissenschaft zu etablieren, diese Wissenschaft wissenschaftstheoretisch zu fundieren und sie gegen Angriffe anderer Wissenschaftler zu verteidigen. Das Werk, das heute zu Unrecht als unoriginell angesehen wird und als bloße Kopie Ricardianischen Gedankengutes gilt, blieb für die nächsten 25 Jahre „the undisputed bible of economists" (Nutzinger 1976: 10) und wird erst mit dem Erscheinen von Alfred Marshalls „Principles of Economics" allmählich verdrängt.

Auf Grundlage des Nutzenprinzips, das er in Anlehnung an Jeremy Benthams Utilitarismus als Motiv allen menschlichen Handelns postuliert, konstruiert Mill Ökonomie als eine Wissenschaft, die ausschließlich nach dem Prinzip der „isolierenden Abstraktion" arbeitet: Ausgehend von bestimmten Basisannahmen, die, wenn möglich, konstant gesetzt werden, wird versucht, durch sukzessive Ausgrenzung der irrelevanten Faktoren jene Kausalfaktoren zu analysieren, die für ein konkretes ökonomisches Phänomen bestimmend sind.

Mit seinen Bemühungen um die Etablierung einer dem Fach angemessenen Forschungsmethode stellt Mill entscheidende Weichen, die die Ausrichtung und das Selbstverständnis der ökonomischen Wissenschaft zum Teil bis heute prägen. Mills Bestreben ist es, Ökonomie als eine Wissenschaft zu etablieren, d.h. die Gesetze des Wirtschaftens aufzuzeigen, was für ihn jedoch nicht bedeutet, dass sich aus derartigen Gesetzen nicht auch praktische Regeln ableiten ließen. Mill sieht die Ökonomie daher zwischen Wissenschaft (*science*) und Kunstlehre (*art*) angesiedelt, die er wie folgt definiert:

> Eine Wissenschaft ist eine Ansammlung von Erkenntnissen, eine Kunstlehre dagegen ein System von Regeln oder Verhaltensvorschriften. Die Sprache der Wissenschaft lautet: dies ist, oder dies ist nicht; dies geschieht oder geschieht nicht. Die Sprache der Kunstlehre ist: Tu dies, vermeide jenes. (Mill 1976: 149)

So ist Ökonomie als Wissenschaft einerseits darum bemüht, allgemeine Gesetze des Wirtschaftens zu ergründen. Andererseits geht es ihr als Kunstlehre jedoch auch darum, dieses Wissen in der Praxis anzuwenden und Regeln für wirtschaftliches Handeln aufzustellen.

Ähnlich wie bereits für Adam Smith stellt dabei auch für Mill die Exaktheit der Naturwissenschaften das Vorbild für die Forschungsmethode der sozialen Wissenschaften dar. Allerdings scheint eine direkte Übertragung der naturwissenschaftlichen, experimentellen Vorgehensweise auf die Gesellschaftswissenschaften nicht ohne weiteres möglich:

> Die erste Schwierigkeit, die uns bei dem Beginnen entgegentritt, experimentale Methoden zur Ermittlung der Gesetze des gesellschaftlichen Lebens zu verwenden, besteht darin, dass wir keine Mittel besitzen, künstliche Versuche anzustellen. (...) Wir können nur jene [Versu-

che; *Anm. d. Verf.*] beobachten, welche die Natur hervorbringt oder die zu anderen Zwecken hervorgebracht werden (Mill 1968: 286).

Da also weder systematische Beobachtung noch planmäßig durchgeführte Versuche als geeignete Methoden für den Erkenntnisgewinn innerhalb der Gesellschaftswissenschaften in Frage kommen und auch rein historische Analysen gemessen am „Exaktheitsgrad" der Naturwissenschaften als Methode scheitern (vgl. Mill 1968: 286-293), rückt Mill die den sozialen Phänomenen zugrunde liegenden Handlungsmotive des Menschen ins Zentrum der wissenschaftlichen Betrachtung. So etwa erweist sich das stetige Streben des Einzelnen nach Verbesserung seiner materiellen Lage als Hauptantriebsfeder des Wirtschaftens und bildet damit das Grundgesetz menschlichen Handelns in ökonomischen Belangen. Ökonomie betrachtet den Menschen daher so, als würde er ausschließlich aus Gewinnmotiven handeln (vgl. Mill 1968: 310f.). Die der Politischen Ökonomie dabei angemessene Forschungsmethode bezeichnet Mill als A-priori-Methode (vgl. Mill 1976: 166f.): Ausgehend von bestimmten Annahmen schlussfolgert die Ökonomie auf die Wirklichkeit. Ähnlich wie die Naturwissenschaften bedient sie sich dabei der Hypothesenbildung, allerdings mit dem Unterschied, dass ökonomische Hypothesen im Gegensatz zu naturwissenschaftlichen Hypothesen einer experimentellen Überprüfung nur bedingt zugänglich sind. An die Stelle des Experiments tritt das „Modell", das es mindestens gedanklich erlaubt, durch Variation einer einzigen Variablen deren Auswirkung auf eine zu untersuchende Zielgröße zu bestimmen. Dergestalt hofft Mill, auch in der Ökonomie einen der Naturwissenschaft vergleichbaren Exaktheitsgrad zu erlangen.

Zu den wichtigsten Modellannahmen Mills zählt dabei die Hypothese, Menschen verhielten sich in wirtschaftlichen Belangen als rationale Nutzenmaximierer. Im Gegensatz zu vielen seiner Nachfolger ist sich Mill dabei jedoch bewusst, dass es sich hierbei keineswegs um ein normatives Postulat oder eine realistische Annahme über die Natur des wirtschaftenden Menschen handelt. Mill schreibt:

> Kein Mathematiker ist jemals auf die Idee gekommen, seine Definition einer Geraden entspräche einer wirklichen Geraden. Ebenso wenig hat jemals ein politischer Ökonom die Ansicht vertreten, die wirklichen Menschen wünschten nichts anderes als Reichtum oder sie hätten zumindest kein anderes Verlangen, das nicht sofort auch nur dem schwächsten Geldmotiv weichen würde. Doch sie haben das Recht, dies zum Zweck ihrer Argumentation anzunehmen... (Mill 1976: 168)

Basierend auf diesen theoretischen Überlegungen zur wissenschaftlichen Methodik der Ökonomie als Wissenschaft unterscheidet Mill in seinen *Principles of Political Economy* streng zwischen den Fragen der Produktion und den Fragen der Verteilung. Erstere haben naturgesetzlichen Charakter und sind somit nicht

Gegenstand der Ökonomie, während letztere den eigentlichen Gegenstand der Ökonomie bilden:

> Soweit die wirtschaftliche Entwicklung der Völker von dem Stand ihrer Kenntnisse von der Natur abhängt, ist sie Gegenstand der Naturwissenschaften und der auf sie gegründeten Fertigkeiten. Soweit jedoch die Ursachen moralischer oder psychologischer Natur sind, von den sozialen Einrichtungen und Beziehungen oder von den Prinzipien der Menschennatur abhängen, gehört ihre Untersuchung nicht in das Gebiet der Natur-, sondern der moralischen und sozialen Wissenschaft und ist Gegenstand der so genannten politischen Ökonomie. (Mill 1924: 31f.)

Wie seine Vorgänger unterscheidet Mill zwischen produktiver und unproduktiver Arbeit, wobei erstere die Produktion nützlicher Dinge, letztere die Produktion immaterieller Güter oder eine nicht bedarfsgerechte Produktion materieller Güter bezeichnet (vgl. Mill 1924: 71-77). Dabei wird die Produktionstätigkeit in einer Volkswirtschaft durch die Menge des vorhandenen Kapitals begrenzt. Dies bedeutet, dass die Menge an produktiver Arbeit ausschließlich von der Höhe des hierfür verausgabten Kapitals abhängt und nicht von der Höhe der Nachfrage nach den Produkten dieser Arbeit, wenngleich es die mit einer zunehmenden Nachfrage einhergehenden Preissteigerungen wahrscheinlicher machen, dass Kapital für die Produktion bestimmter Waren zur Verfügung gestellt wird. Die dabei in einem bestimmten Erwerbszweig möglichen Produktivitätszuwächse hängen für Mill im Wesentlichen von natürlichen Ursachen ab, wie beispielsweise Fruchtbarkeit des Bodens, Arbeitsenergie, Geschicklichkeiten und Kenntnisse innerhalb des Kulturkreises, moralische Eigenschaften der Arbeiter, Sicherheit, die die Gemeinschaft ihren Mitgliedern bietet, und den Möglichkeiten der Arbeitsteilung und Arbeitszerlegung. Ähnlich wie Ricardo sieht Mill keinen direkten Zusammenhang zwischen möglichen Produktivitätssteigerungen und einer Verbesserung der Situation der Arbeiter. So führt eine verbesserte Produktivität zwar zu einer Verbilligung der produzierten Güter, so dass den Konsumenten ein größerer Teil ihres Kapitals zu anderen Konsumzwecken zur Verfügung steht. Aber alleine aufgrund der gestiegenen Konsumnachfrage wird weder ein zusätzliches Warenangebot noch zusätzliche Arbeit geschaffen, da die Produktion ausschließlich durch das für Produktionszwecke zur Verfügung stehende Kapital bestimmt ist. Eine Verbesserung der Arbeitsmarktsituation tritt nach Mill somit nur dann auf, wenn durch die Produktivitätssteigerung mehr Kapital freigesetzt wird, als zuvor für die nun eingesparte Arbeit in diesem Produktionszweig aufgewendet wurde, und dieses Kapital zugleich im gleichen oder in anderen Produktionszweigen für zusätzliche Produktion so investiert wird, dass hiermit zusätzliche Arbeit geschaffen wird (vgl. Mill 1924: 145ff.).

Während die Produktion der Güter „naturgesetzlichen" Charakter trägt (vgl. Mill 1924: 300), bildet die Verteilung des Vermögens in Mills Augen eine rein menschliche Angelegenheit, bei der die Gesellschaft – mindestens theoretisch – nach Belieben verfahren kann:

> Selbst was jemand durch seine persönliche Arbeit ohne fremde Beihilfe hervorgebracht hat, kann er ohne die Erlaubnis der Gesellschaft nicht für sich behalten. (...) Die Vermögensverteilung hängt demnach von den Gesetzen und Gewohnheiten der Gesellschaft ab. (Mill 1924: 301f.)

Allerdings geht Mill davon aus, dass nur derjenige, der auch die Früchte seiner Arbeit wird ernten können, bereit ist, Arbeit zu leisten. Er tritt daher für die Garantie des Privateigentums ein, da nur so verhindert werden könne, dass Personen sich auf Dauer den ihnen zukommenden Arbeitsanteilen entzögen (vgl. Mill 1924: 307ff.). Grundlage des Millschen Eigentumsbegriffs ist dabei das Verfügungsrecht des Produzenten über sein Produkt (vgl. Mill 1924: 326). Da Mill Kapital als das Ergebnis vergangener Arbeit definiert, gilt die freie Verfügbarkeit auch für die Verfügungsrechte des Kapitaleigentümers über sein Kapital und beinhaltet für Mill auch die Schenkung und das Vermächtnis von Todes wegen, nicht jedoch das Intestaterbrecht. Mill schlägt vor, nicht den Betrag des Vermächtnisses, sondern den Betrag des Erbes, das der Einzelne erwerben kann, gesetzlich zu beschränken (vgl. Mill 1924: 330-337), um so der übermäßigen Kapitalansammlung in den Händen weniger vorzubeugen. Eine weitere Ausnahme hinsichtlich der freien Verfügung stellt in Mills Augen der Grundbesitz dar. Mill sieht Grund und Boden als „Erbe des ganzen Menschengeschlechts", dessen „Privatisierung" nur dann gerechtfertigt scheint, wenn sich hieraus auch ein spezifischer Nutzen für die Gemeinschaft ergibt (vgl. Mill 1924: 348). Da die Früchte von Grund und Boden aber nur mittelbar durch Arbeit hervorgebracht werden und so nicht direkt vom Kapitaleinsatz des Kapitalisten abhängig sind, ist für Mill der aus dem Privatbesitz an Grund und Boden resultierende Nutzen nicht unmittelbar einsichtig. Er plädiert daher dafür, landwirtschaftliche Nutzflächen als Staatseigentum zu führen, das für bestimmte Zeiträume einzelnen Pächtern überlassen wird (Mill 1924: 348ff.).

Hinsichtlich der Verteilung der Erwerbseinkommen konstatiert Mill eine doppelte Abhängigkeit. So sind diese zum einen an den Mechanismus von Angebot und Nachfrage gebunden. Andererseits glaubt er aus moralischen Gründen, dass die Lohnhöhe nicht alleine auf Basis des Konkurrenzmechanismus auf dem Arbeitsmarkt bestimmt werden sollte:

> Hier „sollte nicht der Stand des Arbeitsmarktes, sondern natürliche Billigkeit ausschlaggebend sein. Sie sollte dafür sorgen, dass der Arbeiter einen verständigen Lohn und der Unternehmer einen verständigen Gewinn habe (Mill 1924: 532).

Nötigenfalls ist der Staat dazu aufgerufen, durch öffentliche Maßnahmen Arbeit und damit einen gerechten Lohn für alle Bevölkerungsteile zu schaffen (vgl. (Mill 1924: 534f.). Auch in seine Vorstellung hinsichtlich der Verteilung der Kapitalgewinne fließen so letztlich moralische Überlegungen mit ein. So verteilt sich der Kapitalgewinn auf einen Zinsanteil für das eingesetzte Kapital, eine Risikovergütung für das Geschäftswagnis und einen derivativen Unternehmerlohn für die geleistete Arbeit des Kapitalisten (Mill 1924: 597ff.). Maßgeblich für die Höhe des Kapitalgewinns sind die Höhe des Arbeitsertrags und die Arbeitskosten, welche wiederum durch die Wirksamkeit der Arbeit (Produktivität) und die Höhe der Arbeitslöhne bestimmt sind. Um dem Arbeitenden aber ein gerechtes Auskommen zu sichern, sollen letztere sich am Preisniveau der Bedarfsgüter, die der Arbeiter zu seinem Unterhalt beziehen muss, orientieren (Mill 1924: 613-618).

Ähnlich wie für Ricardo ergibt sich für Mill der Wert einer Ware entsprechend der für die Herstellung benötigten Arbeitsleistung. Güter, die durch gleichen Arbeits- und Kapitalaufwand hergestellt werden können, tendieren langfristig dazu, zu gleichen Preisen getauscht zu werden, wobei sich der Tauschwert eines Gutes gemäß den Kosten für die Erzeugung des kostspieligsten Teils des Angebots (Kosten der Grenzanbieter) ergeben. Besitzt ein Gut dauerhaft einen höheren Wert als ein anderes, liegt der Grund entweder in der für seine Erzeugung mehr aufzuwendenden Arbeit, den vergleichsweise höheren Arbeitslöhnen oder dem größeren oder längerfristigen Kapitalbedarf (vgl. Mill 1924: 702f.). Wie schon Ricardo unterscheidet Mill dabei zwischen dem Gebrauchswert und dem Tauschwert einer Ware. Ersterer ist Ausdruck des Nutzens, den das Gut zu stiften in der Lage ist; letzterer ergibt sich durch die Kaufkraft dieses Gutes hinsichtlich aller übrigen Güter, d.h. dem Wert dieses Gutes ausgedrückt in Geldeinheiten. Um einen Tauschwert zu besitzen, muss ein Gut einerseits einen Nutzen stiften, da ansonsten kein Tauschäquivalent zu seiner Erlangung geboten würde, und andererseits muss seine Erstellung mit gewissen Anstrengungen verbunden sein. Aus Sicht des Käufers ergibt sich der Wert einer Ware aus dem subjektiv wahrgenommenen Nutzen der Ware und der Schwierigkeit ihrer Beschaffung. Je nach Situation wirkt dabei entweder ersteres oder letzteres in stärkerem Maße preisbestimmend (Mill 1924: 649ff.).

Ausgehend von Malthus' „ehernem Bevölkerungsgesetz", demzufolge die Produktion von Nahrungsmitteln langfristig nicht mit der Bevölkerungsvermehrung Schritt halten kann (vgl. Malthus 1999: 12f.; 1924: 13-22) sieht Mill in der Mäßigung der Bevölkerungszunahme den entscheidenden Schlüssel für die Beeinflussung der Reallohnentwicklung. Während Adam Smith bei der Bestimmung der Lohnhöhe vor allem die Lohnunterschiede einzelner Berufe in den Blick nimmt und Lohnschwankungen als eine durch ein disproportionales Angebots- und Nachfrageverhältnis bedingte temporäre Verzerrung des natürlichen

Lohnniveaus sieht (vgl. Smith 1990: 86-93), ist für Ricardo die Lohnentwicklung vor allem durch die Unterhaltskosten für den einzelnen Arbeiter und mithin das allgemeine Preisniveau bestimmt (Ricardo 1994: 79ff.). Mill stellt diesen Annahmen seine Lohnfondstheorie gegenüber und widerspricht damit den gängigen Meinungen, dass sich Lohnschwankungen in Abhängigkeit vom Grad der Unternehmensauslastung, nach Maßgabe der Absatzlage des Unternehmens oder entsprechend dem allgemeinen Preisniveau ergäben. Er geht davon aus, dass die Höhe des Lohnniveaus ausschließlich von zwei Faktoren abhängt: dem für Lohnzwecke zur Verfügung stehenden Kapital (Lohnfonds) und der Bevölkerungszahl respektive der Konkurrenz der Arbeiter um Arbeitsplätze. Entsprechend kann der Durchschnittslohn innerhalb einer Volkswirtschaft nur fallen, wenn die Anzahl der Bewerber zunimmt oder der Lohnfonds sinkt, und er kann nur steigen, wenn die Anzahl der Bewerber abnimmt oder der Lohnfonds zunimmt (vgl. Mill 1924: 506f.). Dies schließt nicht aus, dass Kapital zeitweise unausgelastet bleibt. Allerdings geht Mill davon aus, dass jede Ausdehnung des Lohnfonds langfristig auch einen Beschäftigungseffekt nach sich zieht.

Das Problem niedriger Löhne ergibt sich für Mill daher aus einem stetigen Bevölkerungswachstum bei gleich bleibendem oder in nur geringerem Maße ansteigendem Lohnfonds. Verschärft wird dieser Effekt durch die generelle Nicht-Vermehrbarkeit des Produktionsfaktors Boden und die von Ricardo konstatierte Verteuerung der Lebensmittelpreise bei intensiverer Bodennutzung. Langfristig ergeben sich nach Mill nur zwei theoretische Möglichkeiten (vgl. Mill 1924: 517f.): (1) Entweder fällt der Unternehmergewinn, da Ware bei konstanten Preisen, aber steigenden Produktionskosten – abnehmender Grenznutzen des Bodens, Bebauung schlechterer, d.h. arbeitsintensiverer Böden etc. – verkauft wird. Fällt der Unternehmergewinn, bedeutet dies eine Verlangsamung der Kapitalzunahme und eine Verlangsamung der Zunahme der Lohnfonds, was langfristig zu einem Absenken des Lohnniveaus führt. (2) Oder das Lohnniveau sinkt, entweder weil die Unternehmer bei konstanten Preisen versuchen, die Herstellungskosten (d.h. Arbeitskosten) zu senken, oder weil die verteuerte Bodennutzung zu einer Preiserhöhung und mithin zu einer Erhöhung der Lebenshaltungskosten führt, was letztlich einem Reallohnverlust gleichkommt. Mill gelangt zu dem Schluss:

> Abgesehen also von oben genannten, sehr seltenen Fällen, von denen praktische Bedeutung nur der Fall einer neuen Kolonie oder eines Landes mit entsprechenden Verhältnissen hat, kann die Bevölkerung unmöglich nach ihrer äußersten Vermehrungsfähigkeit zunehmen, ohne die Löhne herabzudrücken. (Mill 1924: 518)

Damit wird das Problem niedriger Löhne zum sozialen Problem, da es gilt, das Lohnniveau durch eine Verlangsamung des Bevölkerungswachstums auf einem

sozial verträglichen Niveau zu halten und ein Absinken auf das reine Existenz-
minimum zu verhindern. Mill teilt hier die Ansicht Thomas Robert Malthus',
dass sich ein überproportionales Bevölkerungswachstum, das sich jenseits der
ökonomischen Wachstumsfähigkeit eines Landes bewegt, nur auf zweierlei Art
und Weise begrenzen lasse: entweder durch eine Begrenzung der Geburtenzahlen oder durch eine höhere Sterblichkeit. Ersteres ist der menschlichen Vernunft
und den menschlichen Gesetzen anheim gestellt; für letzteres sorgt die Natur von
selbst (vgl. Malthus 1999: 30-45; 1924: 22-34). Mill tritt daher für ein System der
Geburtenkontrolle und der Beschränkungen des Eherechts ein und baut auf die
Aufklärung und die Einsicht der Arbeiterklasse (vgl. Mill 1924: 521). Obwohl Mill
ansonsten stets die Freiheitsrechte des Individuums betont, sieht er in solchen
Beschränkungen keinen illegitimen Eingriff in individuelle Freiheitsrechte, da
es ihm als gerechtfertigt erscheint, die individuellen Rechte zum Schutz der
Gemeinschaft zu beschneiden:

> Jeder hat das Recht zu leben. Wir wollen dies als zugegeben annehmen. Aber keiner hat das
> Recht, Wesen ins Leben zu rufen, die von anderen unterhalten werden müssen. (...) Wenn
> jemand sich nur durch die Hilfe anderer unterhalten kann, sind diese anderen zu erklären
> berechtigt, dass sie nicht auch den Unterhalt eines jeden Sprösslings auf sich zu nehmen
> haben, den er überhaupt physisch erzeugen kann" (Mill 1924: 537)

Ähnlich wie Ricardo und Malthus kritisiert Mill die englische Armengesetzgebung, da sie zur Beschränkung der Geburtenzahlen völlig ungeeignet erscheint.
Als besonders gravierend erwies sich, dass aufgrund des Speenhamland-Act-of-
Parliament von 1795 die Armenunterstützung an die Weizenpreise gekoppelt war,
so dass im Fall von unterhalb des so bestimmten Existenzminimums liegenden
Haushaltseinkünften die Armenkassen mit Ausgleichszahlungen einzuspringen
hatten. Dies veranlasste zahlreiche Unternehmen dazu, gezielt niedrigere Löhne
zu zahlen, um sich so zu Lasten der Armenkassen billige Arbeitskräfte zu ver-
schaffen. Entsprechend hatten gerade die Unternehmer ein massives Interesse
an einer armen, sich stetig vermehrenden Unterschicht. Während Malthus zur
Behebung dieser Missstände für staatliche Beschäftigungsprogramme eintritt und Ricardo auf Deregulierung der staatlichen Maßnahmen und die damit
erzwungene Eigeninitiative baut, setzt Mill vor allem auf Bildung und Aufklärung. „Arbeitsbeschaffungsmaßnahmen" hält er für ungeeignet, da hier keinerlei
Leistungsanreize für die Beschäftigten entstehen, weil die Unterhaltszahlungen
unabhängig von der tatsächlichen Arbeitsleistung gewährt werden müssten:

> Der Versuch würde natürlich gemacht werden, im Austausch gegen den gewährten Unter-
> halt Arbeit zu erhalten. Die Erfahrung hat jedoch gezeigt, was von einer Arbeit zu erwarten
> ist, welche die Empfänger öffentlicher Unterstützung leisten. Wenn die Bezahlung nicht der

Arbeit wegen gegeben wird, sondern die Arbeit erfunden wird zum Zweck der Bezahlung, ist es gewiss, dass diese nichts taugt; um wirklichen Arbeitswert aus Tagelöhnern, die man nicht entlassen kann, herauszuziehen, ist die Anwendung der Peitsche erforderlich. (Mill 1924: 536)

Wohltätigkeit oder die Festsetzung von Mindestlöhnen sind daher in Mills Augen die falschen Mittel zur Kontrolle des Bevölkerungswachstums, da sie zu keiner Verhaltensänderung seitens der Armen führen und keinen Zwang auf sie ausüben. Er setzt daher auf Bildung und eine maßvolle Familienpolitik seitens der Armen und glaubt, durch die Förderung von „Arbeitnehmerbeteiligungen" und „Genossenschaften" ein Anreizsystem hierfür gefunden zu haben.

Nach Mills Ansicht tendiert materielles Wachstum dazu, an bestimmte Wachstumsgrenzen zu stoßen, von denen an es dem Menschen nicht mehr möglich ist, trotz weiterer Anstrengungen den gesellschaftlichen Wohlstand signifikant zu vermehren. Zwar ist der technische Fortschritt immer wieder in der Lage, diese Grenzen maximaler Produktion zu verschieben, dennoch ist dieser Prozess nicht beliebig fortsetzbar. Daher bewegt sich die wirtschaftliche Entwicklung auf einen statischen Zustand zu. Entgegen der Ansicht der meisten Ökonomen sieht Mill dies jedoch nicht als Problem, da er davon ausgeht, dass eine Verbesserung der gesellschaftlichen Zustände nicht alleine durch Vermehrung der Produktion erreicht werden könne, sondern es hierzu auch einer Verbesserung des „moralischen" Zustands der Gesellschaft bedürfe. Hat eine Gesellschaft ein befriedigendes Konsumniveau erreicht, erlaube dies der Gesellschaft, sich mit „höheren Werten" zu befassen. Mill schreibt:

Ich kann daher einen stationären Zustand des Kapitals und des Vermögens nicht mit der ausgesprochenen Abneigung betrachten, die die Nationalökonomen der alten Schule ihm allgemein entgegengebracht haben. Ich möchte vielmehr glauben, dass er, im Ganzen betrachtet, eine beträchtliche Verbesserung im Vergleich mit unserer gegenwärtigen Lage bedeuten würde. (Mill 1921: 390f.)

So würde der stationäre Zustand zum einen den fortwährenden Konkurrenzkampf innerhalb der Gesellschaft beenden, den Mill nur als einen notwendigen Schritt auf dem Weg zur Vervollkommnung der Zivilisation sieht. Zum anderen könne durch eine verbesserte Erziehung der Arbeiterschaft und die Möglichkeit der Beteiligung der Arbeiter am Produktionskapital, etwa nach dem Modell der Produktionsgenossenschaften, der Klassengegensatz zwischen Arbeiterklasse und Kapitalisten überwunden werden (vgl. Mill 1921: 408ff.; 447ff.). Mill verleiht seiner Hoffnung prosaischen Ausdruck, indem er schreibt:

Unter Umständen, und vielleicht in kürzerer Zeit, als man annehmen mag, werden wir sehen, dass die menschliche Gesellschaft sich infolge des Genossenschaftsgedankens so umändert, dass Freiheit und Selbständigkeit des Einzelnen sich mit den sittlichen, geistigen und wirtschaftlichen Vorteilen der gesamten Produktion vereinigen lassen, und dass (...) wenigstens im Erwerbsleben die besten Ziele des demokratischen Geistes dadurch verwirklicht werden, dass (...) mit allen gesellschaftlichen Unterscheidungen aufgeräumt wird, die nicht durch persönliche Verdienste und Mühen ehrlich verdient sind. (Mill 1921: 449f.)

Obwohl John Stuart Mill als Ökonom heute nahezu in Vergessenheit geraten ist, legt er mit seinen wissenschaftstheoretischen Beiträgen zur Bestimmung von Gegenstand und Methode der ökonomischen Wissenschaft die wesentlichen Grundlagen für das moderne Ökonomieverständnis. Allerdings stellt Ökonomie für ihn – trotz aller Widersprüche – eine Sozialwissenschaft dar. Mindestens im Zusammenhang mit Verteilungsfragen kann sie nicht wertfrei gedacht werden, vielmehr bleibt sie stets an die Prinzipien der Moral und der Gerechtigkeit als eigentlichen Beurteilungskriterien rückgebunden. Deutlich wird dies beispielsweise an Mills Forderung nach einem gerechten und angemessenen Umgang mit der Arbeiterklasse oder einer leistungsgerechten Vermögensverteilung. Obwohl Mill wesentlichen Anteil an der Etablierung der Ökonomie als eigenständiger Wissenschaft nach dem Vorbild der Naturwissenschaften hat, ist er doch zugleich auch der letzte große Vertreter einer Ökonomietradition, in der Ökonomie als Politische Ökonomie und damit als Teil der praktischen Philosophie betrachtet wird.

5. Ökonomie als normative Theorie: Das Wirtschaftsverständnis der Moderne

Mit den Arbeiten John Stuart Mills erreicht die klassische Ökonomie ihren Höhepunkt und schafft es, sich als anerkannte Wissenschaftsdisziplin zu etablieren. Dabei sind es vor allem die englischen Nationalökonomen, die die wesentlichen Inhalte und Methoden der Ökonomie als neuer Wissenschaftsdisziplin bestimmen. Getragen wird der „mainstream" der klassischen Ökonomie daher vor allem von den Vorstellungen einer liberalen Wirtschaftsordnung, der Idee individueller Freiheitsrechte, staatlicher Zurückhaltung in wirtschaftlichen Fragen und der Überzeugung, dass sich das individuelle Nutzenstreben des Einzelnen vorteilhaft auch für die Gemeinschaft auswirke. Als Gradmesser wirtschaftlicher Leistungsfähigkeit gilt das durch heimische Produktion und freien Warenverkehr bereitgestellte materielle Güterangebot.

Allerdings sind es gerade diese Vorstellungen einer liberalen Wirtschaftsverfassung, die von den kontinentaleuropäischen Ökonomen kritisiert werden. Dies einerseits deshalb, da sich der tatsächliche Entwicklungsstand der mit England konkurrierenden Volkswirtschaften auf zum Teil sehr unterschiedlichem Niveau befindet, die für England vorteilhaften wirtschaftspolitischen Empfehlungen mithin nicht auf andere Volkswirtschaften ohne weiteres übertragen werden können. Zum anderen zeigt sich auch in England, dass die von den liberalen Ökonomen postulierten Segnungen einer freiheitlichen Wirtschaftsverfassung durchaus nicht allen Bevölkerungsschichten in gleicher Weise zugute kommen. Während die sich insbesondere in Deutschland unter Friedrich List herausbildende „Nationalökonomie" vor allem die Vorteilhaftigkeit der Ricardianischen Freihandelsdoktrin und die Annahme, die volkswirtschaftliche Leistungsfähigkeit könne mittels des tatsächlichen Warenangebots bestimmt werden, in Zweifel zieht, wenden sich die sozialistischen Kritiker wie Karl Marx oder Silvio Gesell vor allem den gesellschaftlichen Verhältnissen und den mit den ökonomischen Produktionsbedingungen einhergehenden sozialen Ungleichheiten zu.

Auch führt die starke Orientierung der englischen Nationalökonomie am Vorbild der Naturwissenschaft zu einer strikten Ablehnung durch die deutsche Nationalökonomie. In der Nachfolge Lists sehen die Vertreter der so genannten „historischen Schule" der Nationalökonomie die Wirtschaftswissenschaft vor allem als eine „soziale" Wissenschaft und nicht als eine Naturwissenschaft. Nicht vorgegebene Axiome, sondern die empirische Bestandsaufnahme der tatsächlichen sozialen und wirtschaftlichen (nationalen) Verhältnisse sollten die Basis wirtschaftspolitischer Empfehlungen bilden (vgl. Goldschmidt 2008: 292f.). Damit entspinnt sich ein Methodenstreit um die wissenschaftlich geeignete Vorgehensweise und die der Nationalökonomie angemessene Forschungsmethode zwischen der sich in Österreich um Carl Menger formierenden so genannten „österreichischen Grenznutzenschule" und der deutschen historischen Schule. Obwohl dieser als „Methodenstreit" in die Wissenschaftsgeschichte eingegangene Disput niemals abschließend entschieden wurde, beginnt sich innerhalb der wissenschaftlichen Ökonomik die grenznutzentheoretische Betrachtungsweise durchzusetzen. Damit gibt die bis dahin „politische" Ökonomie ihren Anspruch auf, als Teil der „praktischen Philosophie" wirtschaftliches Handeln nicht nur zu analysieren und zu erklären, sondern auch gestaltend auf die gesellschaftlichen und wirtschaftlichen Verhältnisse einwirken zu wollen. Es entsteht die Idee einer „wertfreien" Wirtschaftswissenschaft, der Ökonomik, die sich als „Realwissenschaft" ausschließlich mit gegebenen Zielsetzungen auseinanderzusetzen und die Angemessenheit der hierfür zur Verfügung stehenden Mittel zu beurteilen hat. Mit der so genannten „marginalistischen Revolution" (vgl. Claeys 1987: 10f.) zu Beginn des 20. Jahrhunderts „befreit" sich die Ökonomie so von ihrem moralphilosophischen Erbe und wendet sich der mathematischen Methode als einzig richtigem Weg zur Beschreibung und Analyse ihres Forschungsgegenstandes zu. Fortan werden – zumindest innerhalb der „mainstream economics" – soziale und moralische Aspekte aus dem Kanon ökonomischer Fragestellungen ausgeblendet.

5.1 Kritik der bürgerlichen Ökonomie

Obwohl sich das liberale Ökonomieverständnis basierend auf den Ideen von Freihandel, freier Preisbildung und weitestgehendem Verzicht auf staatliche Wirtschaftslenkung als führende Denkrichtung innerhalb der politischen Ökonomie allmählich durchzusetzen beginnt, und es den englischen Nationalökonomen gelingt, Ökonomie als eigene Wissenschaftsdisziplin hoffähig zu machen, bleibt deren liberale Sichtweise auf die ökonomischen Verhältnisse des 19. Jahrhunderts nicht unwidersprochen. So ist es im deutschsprachigen Raum zunächst Friedrich List, der die Freihandelsdoktrin und die Vorstellung „produktiver" Arbeit als wesentliche Grundlagen der Nationalökonomie kritisiert.

In seiner Kritik der Freihandelsdoktrin stützt sich List auf eine Stufentheorie der wirtschaftlichen Entwicklung; entsprechend sei es nur Ländern auf der höchsten Entwicklungsstufe möglich, aus dem freien Warentausch Vorteile zu ziehen. Um dorthin zu gelangen, müssten sich weniger entwickelte Volkswirtschaften zunächst durch so genannte „Erziehungszölle" vor der Überschwemmung mit ausländischen Waren schützen, sei es

...durch gänzliche Prohibition gewisser Manufakturartikel, oder durch hohe Zölle, die ganz oder doch teilweise einer Prohibition gleichkommen, oder durch mäßige Einfuhrzölle. Keine dieser Beschützungsarten ist absolut gut oder verwerflich, und es kommt auf die besonderen Verhältnisse der Nation und den Stand ihrer Industrie an, welche von ihnen die anwendbare sei. (List 1930: 323)

Ein derartiges Schutzzollsystem ist dabei umso wirkungsvoller, (1) je besser es an die natürlichen und geistigen „Hilfsquellen" und den sozialen und politischen Zustandes des jeweiligen Landes angepasst ist, (2) je mehr es dazu geeignet ist, den Interessen der Landwirtschaft und des Bergbaus zu dienen, (3) je mehr es dazu dient, den Fabriken eine fortlaufende Steigerung ihrer Entwicklung zu sichern, (4) je besser es die Landwirtschaft und die Fabriken gegen Rückschritte und Schwankungen schützt, (5) je mehr es den Wetteifer der inländischen Fabrikanten anspornt, dadurch, dass es gleichzeitig Konkurrenz zulässt und dennoch die heimische Produktion schützt, (6) je besser es darauf angelegt ist, Kapital und Talente ins Land zu ziehen, (7) je gleichmäßiger und dauerhafter der Schutz ist, den es gewährt, und (8) je weniger es durch gesetzliche Maßnahmen oder durch Änderungen in der Gesetzgebung gestört und unterbrochen wird (vgl. List 1927: 289). List geht es dabei nicht per se um eine Verhinderung des Zustroms ausländischer Waren, sondern darum, Freiräume für die Entwicklung einer konkurrenzfähigen heimischen Industrie zu schaffen. Bei der Ausgestaltung der Einfuhr- und Zollbestimmungen ist mithin stets darauf zu achten, welche Effekte sich aus der Einfuhrbeschränkung bestimmter Warengruppen für die Entwicklung der heimischen Industrie ergeben. So erwiesen sich Schutzzölle beispielsweise auf landwirtschaftliche Produkte als kontraproduktiv, da sie die Einfuhr lebensnotwendiger Güter begrenzen, ebenso würden Schutzzölle auf Roh-, Hilfs- und Betriebsstoffe eine Versorgung des Landes mit billigen Rohstoffen verhindern. Sinnvoll seien Schutzzölle jedoch im Bereich der Industriegüterproduktion, da hier die billige ausländische Konkurrenz zum Ruin der im Aufbau befindlichen heimischen Industrie führen kann. Je mehr die heimische Industrie erstarkt, desto weiter können die Schutzmaßnahmen zurückgefahren werden (vgl. List 1927: 383). Ziel der Schutzzollpolitik müsse es sein, die eigene Nation

...gegen jede willkürliche übertriebene und nutzlose Beschränkung seitens fremder Nationen zu wahren, sei es indem man sie von jeder Schädigung durch den Vorgeschmack von Repressalien abhält, sei es indem man durch die Durchführung dieser Repressalien ihr Gerechtigkeitsgefühl wieder wach ruft, sei es indem man mit ihnen Handelsverträge abschließt, die auf eine für beide Nationen allgemein vorteilhafte Weise ihr gegenseitiges Handelsverhältnis festlegt. (List 1927: 365)

Ebenso kritisiert List den traditionellen Reichtumsbegriff der ökonomischen Klassik. Für ihn ergibt sich der „Wohlstand der Nationen" nicht aus dem aktuell produzierten Güterangebot, sondern aus den Fähigkeiten einer Nation, künftig Reichtum zu schaffen (vgl. List 1930: 180ff.). Er schreibt:

> Die Ursachen des Reichtums sind etwas ganz anderes als der Reichtum selbst. Ein Individuum kann Reichtum, d.h. Tauschwert besitzen, wenn es aber nicht die Kraft besitzt, mehr wertvolle Gegenstände zu schaffen als es konsumiert, so verarmt es. Ein Individuum kann arm sein, wenn es aber die Kraft besitzt, eine größere Summe wertvoller Gegenstände zu schaffen als es konsumiert, so wird es reich. Die Kraft, Reichtümer zu schaffen, ist demnach unendlich wichtiger als der Reichtum selbst... (List 1930: 173)

Mit seiner „Theorie der produktiven Kräfte" lenkt List so den Blick auf die gesellschaftlichen Institutionen, die als Voraussetzung für eine ökonomische Entwicklung geschaffen werden müssen, und auf den Nationalstaat, dessen Aufgabe es ist, durch die Ausgestaltung der gesellschaftlichen Ordnung, die Schaffung geeigneter Bildungseinrichtungen und die Bereitstellung einer entsprechenden Infrastruktur die ökonomische Entwicklung zu befördern. Zu den wichtigsten „produktiven Kräften" eines Landes zählt List neben den Naturkräften, d.h. Rohstoffvorkommen, klimatischen Verhältnissen etc., die gesellschaftliche Ordnung und das geistige Kapital einer Nation. Dabei wird die gesellschaftliche Ordnung bestimmt durch die jeweilige Staatsverfassung und die politische Ordnung eines Landes, die Fähigkeiten und Kenntnisse der Nation und ihre gesellschaftlichen Institutionen und Einrichtungen. Unter geistigem Kapital hingegen versteht List die individuellen Fähigkeiten der Bevölkerung, produktiv tätig zu sein, und den Bildungsstand und die Geschicklichkeit der einzelnen Bürger. Um eine industrielle Entwicklung zu ermöglichen, müssen alle Kräfte zusammenwirken:

> Die Manufakturen und die Fabriken sind die Mütter und Kinder der bürgerlichen Freiheit, der Aufklärung, der Künste und Wissenschaften, des inneren und äußeren Handels, der Schifffahrt und der Transportverbesserungen, der Zivilisation und der politischen Macht. (List 1930: 180)

Fortschritt äußert sich für List daher nicht nur in der Industrialisierung einer Nation, sondern auch in der Steigerung ihrer geistigen Ressourcen, die die Wettbewerbsposition und die moralischen Kräfte des Landes stärken. Damit bricht List mit dem liberalen Postulat weitgehender staatlicher Zurückhaltung in wirtschaftlichen Belangen und fordert im Gegenteil einen „starken Staat", der sich aktiv mit seiner Politik für die ökonomische Entwicklung der heimischen Wirtschaft einsetzt.

Ausgehend von seiner Theorie der produktiven Kräfte bricht List mit der klassischen Vorstellung, dass lediglich die auf die materielle Güterproduktion gerichtete Arbeit den Reichtum einer Nation begründe:

> Wer Schweine erzieht, ist nach ihr ein produktives, wer Menschen erzieht, ein unproduktives Mitglied der Gesellschaft. Wer Dudelsäcke oder Maultrommeln zum Verkauf fertigt, produziert; die größten Virtuosen, da man das von ihnen Gespielte nicht zu Markte bringen kann, sind nicht produktiv. Der Arzt, welcher seinen Patienten rettet, gehört nicht in die produktive Klasse, wohl aber der Apothekerjunge... (List 1930: 181)

Gerade darin, dass der Lehrer, der Arzt, der Künstler „produktive Kräfte produzieren", indem sie Kenntnisse und moralische Tugenden vermitteln, indem sie Gesundheit und Arbeitsfähigkeit erhalten und indem sie für die geistige Erbauung und Erholung sorgen, liegt die produktive Kraft der geistigen Berufe. Sie sind daher ungleich wirkmächtiger als die produktive Kraft des Arbeiters.

Auch die klassische Sichtweise der Reichtumsverteilung gerät in die Kritik der Zeitgenossen. Betonten Adam Smith und John Stuart Mill vor allem die positiven Effekte der ökonomischen Entwicklung und gingen sie davon aus, dass wachsender Wohlstand – sei es aufgrund eines verbilligten Warenangebots dank industrieller Fertigung, sei es dank der Kapitalbeteiligung einer aufgeklärten Arbeiterschaft – letztlich auch den unteren Einkommensklassen der Bevölkerung zugute komme, ist es vor allem Karl Marx, der dieser optimistischen Sichtweise die tatsächlichen sozialen und politischen Verhältnisse Englands gegenüberstellt und die „bürgerliche" Ökonomie einer ausführlichen Kritik unterzieht. Bei kaum einem anderen Ökonomen sind ökonomische Analyse und politische Forderung derart eng verknüpft wie bei Karl Marx, und kaum ein anderer Ökonom hat die tatsächlichen ökonomischen und politischen Verhältnisse so nachhaltig verändert.

Bereits in seinen Frühschriften geht Marx davon aus, dass sich die ökonomischen Verhältnisse im Laufe der Industrialisierung von der ursprünglichen Wirtschaftsweise urwüchsiger Gesellschaften entfernt hätten (vgl. Marx 1971a: 378f.). So sei die naturwüchsige Wirtschaftsordnung vor allem durch den Besitz an Grund und Boden und die Unterordnung des Menschen unter die Natur gekennzeichnet. Auch sei die landwirtschaftliche Tätigkeit bestimmt durch die Abfolge der Jahreszeiten und erlaube nur einen bedingten Grad an Arbeitsteilung. Demgegenüber zeichne sich die „zivilisierte" Wirtschaftsordnung durch die Unterordnung des Menschen unter die Produkte seiner eigenen Arbeit, d.h. die Maschine, aus. Nicht mehr der Leistungsaustausch mit der Natur bestimme die zivilisierte Wirtschaftsweise, sondern der Leistungsaustausch zwischen arbeitsteilig wirtschaftenden Menschen, die sich den im Rahmen der industriellen Produktionsweise vorgegebenen Produktionsprozessen unterzuordnen haben. Auch seien die Herrschaftsverhältnisse innerhalb der zivilisierten Wirtschaftsordnung nicht mehr durch Besitz an Grund und Boden bestimmt, sondern durch Kapitalbesitz, d.h. den Besitz an Produktionsmitteln. Dies erlaube es dem Eigentümer der Produktionsmittel, sich das Produkt der Arbeit anzueignen. Der Übergang von der naturwüchsigen zur zivilisierten Wirtschaftsweise vollzieht sich für Marx historisch in mehreren Schüben. Er beginnt mit der Stadtentwicklung und Handwerkskultur im Mittelalter, erreicht mit der Kaufmannskultur und dem Verlags- und Manufakturwesen der beginnenden Neuzeit eine zweite Phase und findet seinen vorläufigen Endpunkt in der Industrialisierung, dem Freihandel und der entfremdeten Lohnarbeit des 19. Jahrhunderts (vgl. Marx 1971a: 381-395):

> Die große Industrie universalisierte (...) die Konkurrenz (...), stellte die Kommunikationsmittel und den modernen Weltmarkt her, unterwarf sich den Handel, verwandelte alles Kapital in industrielles Kapital und erzeugte damit die rasche Zirkulation (...) und Zentralisation der Kapitalien. Sie zwang durch die universelle Konkurrenz alle Individuen zur äußersten Anspannung ihrer Energie. (...) Sie erzeugte insoweit erst die Weltgeschichte, als sie jede zivilisierte Nation und jedes Individuum darin in der Befriedigung seiner Bedürfnisse von der ganzen Welt abhängig machte und die bisherige naturwüchsige Ausschließlichkeit einzelner Nationen vernichtete. (Marx 1971a: 390f.)

Ähnlich wie List sieht Marx die voll entwickelte Industrialisierung als Voraussetzung des freien Handels, da es nur eine Wirtschaftsweise mit hoch differenzierter Arbeitsteilung und einem extrem hohen Grad an Kapitalakkumulation erlaube, jenes Maß an Produktivität zu erreichen, das die Voraussetzung bildet, den „Weltmarkt" zu bedienen. Auf diesem Weg erschafft die Industrie das Proletariat, das Marx als einen Menschenschlag beschreibt, der, von keinen nationalen Interessen abhängig, alleine auf den Verkauf seiner Arbeitskraft an die Industrie angewiesen ist. Als Individuum sieht sich der einzelne Proletarier in der Industriegesellschaft einer doppelten Konkurrenz ausgesetzt: Als Mitglied seiner Klasse kämpft er gegen die Klasse der Besitzenden, die ihm seine Lebensbedingungen diktieren, sein Dasein bestimmen und ihn in ein unmenschliches Leben drängen. Auf der anderen Seite kämpft er gegen seine eigene Klasse, da ihm im täglichen Kampf um die Arbeit jedes Mitglied der eigenen Klasse als potenzieller Konkurrent im Wege steht (Marx 1971a: 394f.).

Dabei gründet die Ausbeutung des Proletariats durch die besitzende Klasse nicht auf Raub oder Betrug, sondern auf einer Eigentümlichkeit des kapitalistischen Systems, die es dem Käufer von Arbeit erlaubt, zugleich mit dem Kauf der Arbeitskraft auch das Recht auf das Produkt dieser Arbeit zu erwerben. Da der Arbeiter im Gegensatz zur naturwüchsigen Wirtschaftsordnung innerhalb der zivilisierten Wirtschaftsordnung nicht mehr Eigentümer der Produktionsmittel ist, kann er ohne die ihm zur Verfügung gestellten Produktionsmittel nicht produzieren. Dies begründet das „Recht" auf die Aneignung des Arbeitsprodukts durch den Kapitalisten.

Arbeit wird damit zur Ware, die der Kapitalist gleich anderen für die Fertigung benötigten Rohstoffen zukauft. So konstatiert Marx:

> Die Arbeitskraft ist also eine Ware, nicht mehr, nicht minder als der Zucker. Die erste misst man mit der Uhr, die andre mit der Waage. Ihre Ware, die Arbeitskraft, tauschen die Arbeiter gegen die Ware des Kapitalisten aus, gegen das Geld, und zwar geschieht dieser Austausch in einem bestimmten Verhältnis. So viel Geld für so langen Gebrauch der Arbeitskraft. Für zwölfstündiges Weben 2 Mark. Und die 2 Mark, stellen sie nicht alle andern Waren vor, die ich für 2 Mark kaufen kann? In der Tat hat der Arbeiter also seine Ware, die Arbeitskraft, gegen Waren aller Art eingetauscht, und zwar in einem bestimmten Verhältnis. (Marx 1987: 66f.)

Dabei entsteht die Fiktion, Arbeiter und Kapitalist würden einander auf dem Arbeitsmarkt als gleichberechtigte Partner gegenübertreten (vgl. Marx 1974: I, 181ff.). Jedoch befindet sich der Arbeiter *de facto* in der schlechteren Verhandlungsposition, da er, um seinen Unterhalt bestreiten zu können, auf den Verkauf seiner Arbeitskraft angewiesen ist.

Gleich seinen anderen Rohstoffen bemüht sich der Kapitalist auch die von ihm zugekaufte Arbeit so effizient wie möglich zu nutzen. Da der Arbeiter im Dienste des Kapitalisten mehr Arbeit leistet, als er zur Erhaltung seiner eigenen Lebensbedingungen eigentlich einsetzen müsste, entsteht ein Mehrwert, den der Kapitalist sich anzueignen die Macht hat. Rechnerisch ergibt sich dieser Mehrwert aus der Differenz zwischen der zum Erhalt der Arbeitsleistung benötigten Arbeit und der im Dienste des Kapitalisten tatsächlich geleisteten Arbeit. Gesetzt also den Fall, ein Arbeiter müsste eine Arbeitsleistung von sechs Stunden erbringen, um seine Existenzgrundlagen zu sichern, arbeitet jedoch zehn Stunden im Dienste des Kapitalisten, um diese Grundlagen (Lohn) tatsächlich zu erwerben, dann eignet sich der Kapitalist die Arbeitsleistung des Arbeiters von vier Stunden an. Marx bezeichnet diese „zuviel" geleistete Arbeit als Surplusarbeit. Je extensiver nun der Kapitalist die Arbeit nutzt, desto größer ist der Überschuss (Surplus) an Arbeitsleistung, den er sich anzueignen in der Lage ist. Mit anderen Worten: Je länger die Arbeitszeiten und je niedriger damit die Stundenlöhne bei gleich bleibender Produktivität, desto höher der absolute Mehrwert der geleisteten Arbeit.

Allerdings findet diese Form der Steigerung des Mehrwerts seine natürlichen Schranken in den vom Arbeiter zur Regeneration mindestens benötigten Ruhephasen und Erholungszeiten. Jedoch bleibt dem Kapitalisten die Möglichkeit, den relativen Mehrwert der Arbeitsleistung zu steigern, d.h. den Anteil der Surplusarbeit im Verhältnis zur existenznotwendigen Arbeit des Arbeiters zu erhöhen. Gelingt es dem Kapitalisten, die Produktivkraft der Arbeit zu steigern, z.B. durch den Einsatz von Maschinen, verbesserte Arbeitsorganisation etc., verändert sich auch der Anteil des durch die Arbeit geschaffenen Mehrwerts zu seinen Gunsten. Gesetzt den Fall, es gelänge dem Kapitalisten in obigem Beispiel, die Arbeitsleistung des einzelnen Arbeiters bei gleicher Arbeitszeit zu verdoppeln, könnte er sich statt wie bisher 40 Prozent der Arbeitsleistung (Arbeit von vier Stunden) 70 Prozent der Arbeitsleistung (Arbeit von sieben Stunden) aneignen. Es genügt für Marx daher keineswegs,

> ...dass das Kapital sich des Arbeitsprozesses in seiner historisch überlieferten oder vorhandenen Gestalt bemächtigt und nur seine Dauer verlängert. Es muss die technischen und gesellschaftlichen Bedingungen des Arbeitsprozesses, also die Produktionsweise selbst umwälzen, um die Produktivkraft der Arbeit zu erhöhen, durch die Erhöhung der Produktivkraft der Arbeit den Wert der Arbeitskraft zu senken und so den zur Reproduktion dieses Werts notwendigen Teil des Arbeitstags zu verkürzen. (Marx 1974: I, 333f.)

Wie zahlreiche seiner Vorgänger unterscheidet Marx zwischen dem Gebrauchswert und dem Tauschwert einer Ware. Ersterer ergibt sich aus der Nützlichkeit der Ware, letzterer beschreibt die Stellung der einzelnen Ware gegenüber allen übrigen Gütern (vgl. Marx 1974: I, 49ff.). Während die Gebrauchswerte verschiedener Waren unterschiedlich und nicht kommensurabel sind (Kartoffeln und Schuhe), existieren die Tauschwerte dieser Waren als Abstraktion von diesen Gebrauchswerten und geben an, zu welchen Proportionen die Waren gehandelt werden können (x Pfund Kartoffeln gegen y Paar Schuhe). Aufbauend auf die Ricardianische Arbeitswertlehre sieht Marx die Tauschrelation verschiedener Güter dabei durch die in ihnen enthaltene Arbeit bestimmt:

> Als Gebrauchswert sind die Waren vor allem verschiedener Qualität, als Tauschwert können sie nur verschiedener Quantität sein, enthalten also kein Atom Gebrauchswert. Sieht man nun vom Gebrauchswert der Warenkörper ab, so bleibt ihnen nur noch eine Eigenschaft, die von Arbeitsprodukten (...), sie unterscheiden sich nicht länger, sondern sind allesamt reduziert auf gleiche menschliche Arbeit, abstrakt menschliche Arbeit. (Marx 1974, I, 52)

Dabei ist es nicht die konkrete Arbeit, die den Tauschwert einer Ware bestimmt, sondern die durchschnittliche gesellschaftlich notwendige Arbeitszeit als abstrakter Wertmesser. Diese abstrakte gesellschaftliche Durchschnittsarbeit findet ihren Ausdruck im Preis einer Ware, wie wir ihn in Geldform zu entrichten bereit sind. Dabei stellt Geld für Marx eine Art „Einheitsware" dar, für die die Tauschrelation zu allen übrigen Gütern bekannt ist. Sind für eine Ware alle Tauschrelationen bekannt – Marx spricht hier von der „entfalteten Wertform" dieser Ware –, dient diese Ware als Vergleichsmaßstab für alle übrigen Waren und übernimmt die Funktion des Geldes (Marx 1974: I, 77ff.).

Im Normalfall erfüllt Geld so eine reine Vermittlungsfunktion im Warentausch: Ein Warenbesitzer tauscht Ware gegen Geld, um für dieses Geld neue Ware zu erstehen. Entscheidend für diese Form der Zirkulation ist nicht der Tauschwert der Ware, sondern ihr Gebrauchswert. Der Warenbesitzer verzichtet gleichsam auf den Gebrauchswert seiner Ware, um damit den Gebrauchswert einer anderen Ware zu erstehen. Die Zirkulation von Geld und Ware findet somit mit der Konsumtion der erstandenen Ware ihr Ende. Hiervon unterscheidet Marx eine zweite Form der Geld-Waren-Zirkulation, in der Geld gleichsam als Kapital für die Schaffung eines Mehrwerts eingesetzt wird. Treibendes Motiv für den Warentausch ist hier nicht der Konsum eines bestimmten Gebrauchswerts, sondern die Hoffnung auf den Erwerb einer Ware mit einem höheren Tauschwert. Ziel ist es, durch den stetigen Einsatz von Geld eine Rendite zu erwirtschaften (vgl. Marx 1974: I, 162-167). Während die einfache Zirkulation mit der Konsumtion der Ware ihr Ende findet, findet diese Form der Zirkulation niemals ein Ende, ihr Sinn ist die Bewegung in die Unendlichkeit:

> Die einfache Warenzirkulation – der Verkauf für den Kauf – dient zum Mittel für einen außerhalb der Zirkulation liegenden Endzweck, die Aneignung von Gebrauchswerten, die Befriedigung von Bedürfnissen. Die Zirkulation des Geldes als Kapital ist dagegen Selbstzweck, denn die Verwertung der Ware existiert nur innerhalb dieser stets erneuerten Bewegung. Die Bewegung des Kapitals ist daher maßlos. (Marx 1974: I, 167)

Diese dem Kapital inhärente Verwertungslogik, bei der es stets darum geht, Geld zur Gewinnung von mehr Geld einzusetzen, bestimmt auch die Produktion und den stetigen Zwang zur Generierung stetig steigender Gewinne. Da diese innerhalb der industriellen Produktionsweise vom Anteil der Surplusarbeit an der Produktion abhängen, sieht sich der Kapitalist einem stetigen Zwang zur Produktivitätssteigerung der von ihm in der Produktion eingesetzten Arbeitsleistung ausgesetzt.

In diesem Prozess sieht Marx die Arbeiterklasse als durch die historische Akkumulation von Kapital und Produktionsmitteln benachteiligt an. Während die besitzende Klasse aus dem Besitz von Kapital stets neues Kapital zieht, bleibt der Arbeiterklasse nichts als der Verkauf der eigenen Arbeitsleistung. Marx bemerkt hierzu sarkastisch:

> Die ursprüngliche Akkumulation spielt in der politischen Ökonomie ungefähr dieselbe Rolle wie der Sündenfall in der Theologie. Adam biss in den Apfel, und damit kam über das Menschengeschlecht die Sünde. (...) In einer längst verflossenen Zeit gab es auf der einen Seite eine fleißige, intelligente und vor allem sparsame Elite und auf der andren faulenzende, ihr alles und mehr verjubelnde Lumpen. (...) So kam es, dass die ersten Reichtum akkumulierten und die letztren schließlich nichts zu verkaufen hatten als ihre eigne Haut. Und von diesem Sündenfall datiert die Armut der großen Masse, die immer noch, aller Arbeit zum

Trotz, nichts zu verkaufen hat als sich selbst, und der Reichtum der wenigen, der fortwäh-
rend wächst, obgleich sie längst aufgehört haben zu arbeiten. (Marx 1974: I, 741f.)

Die Lösung der sozialen Frage ist für Marx daher nur durch die Aufhebung des Privateigentums an Produktionsmitteln in einer klassenlosen Gesellschaft denkbar
(vgl. Marx 1971b: 317f.). Dabei erweist sich das Proletariat als treibende Kraft, da
es an der Aufhebung der bisherigen Verhältnisse interessiert ist. Marx hält die
Bourgeoisie für unfähig, „noch länger die herrschende Klasse der Gesellschaft zu
bleiben und die Lebensbedingungen ihrer Klasse der Gesellschaft als regelndes
Gesetz aufzuzwingen (...), weil sie unfähig ist, ihrem Sklaven die Existenz selbst
innerhalb seiner Sklaverei zu sichern...“ (Marx 1971c: 538). Das Scheitern aller
bisherigen Revolutionen erklärt Marx mit der Begrenztheit der Zielsetzung: Nicht
die allumfassende Befreiung hin zu einer klassenlosen Gesellschaft stand im
Vordergrund, sondern die Verbesserung der Lebensumstände einer exklusiven
Gruppe. Damit aber konnten die Gegensätze zwischen den Klassen nicht wirklich
aufgehoben werden. Erst in der Verwirklichung der klassenlosen Gesellschaft
kann die Revolution erfolgreich sein (vgl. Marx 1971b: 320).

Auch von nicht-marxistischer sozialistischer Seite wird die Aneignung des
Mehrwerts durch den „Kapitalisten“ kritisiert. So etwa fordert Silvio Gesell, dass
allen Arbeitern die Erträge ihrer Arbeit ohne Abzüge zur Verfügung stehen müsse,
wobei er unter Arbeiter schlicht jeden versteht, der von seiner Arbeit lebt (vgl.
Gesell 1998: 10). Arbeitslose Einkommen bezeichnet Gesell als Rente. Vor allem
die Macht der Grundbesitzer, aus ihrem Bodenbesitz Renten zu beziehen, schmä-
lert den Ertrag der Arbeiter. Gesell fordert daher:

Es dürfen keine Arbeitserzeugnisse an Rentner für Zinsen und Renten abgegeben werden.
Das ist die einzige Bedingung, die die Verwirklichung des Rechts auf den gemeinsamen,
vollen Arbeitsertrag stellt. (Gesell 1998: 11)

Dabei bemisst sich die Höhe der Bodenrente im Modell Gesells nicht wie bei
Ricardo nach der auf Böden schlechterer Qualität zu erbringenden Mehrarbeit,
sondern nach den Alternativkosten des Pächters, um Grund und Boden entweder
urbar zu machen oder in Länder mit hinreichenden freien landwirtschaftlichen
Flächen auszuwandern (vgl. Gesell 1998: 14ff.). Dabei unterscheidet Gesell drei
Typen so genannten „Freilands“, das als Alternative zur Verfügung steht: Bei Freiland ersten Grades handelt es sich um herrenloses Land, das sich der Einzelne
ohne Pacht aneignen kann; Freiland zweiten Grades bezeichnet Landgebiete (vor
allem in Übersee), die bisher nicht genutzt werden und die der Einzelne gegen
eine geringe Pacht nutzen kann. Mit Freiland dritten Grades bezeichnet Gesell
schließlich Flächen, die durch intensivere Nutzung freigesetzt werden können,

etwa dadurch, dass anstelle dreier einstöckiger Häuser ein dreistöckiges Haus errichtet wird (vgl. Gesell 1998: 22ff.).

Um zu gerechten Pachtzinsen zu gelangen fordert Gesell die Aufhebung des Privateigentums an Grund und Boden. Dieser ist vom Staat zurückzukaufen und meistbietend an Pächter aufzuteilen. Die bisherigen Besitzer sind mit Staatspapieren gegen Zins abzufinden, wobei der Zins der bisherigen Bodenrente entsprechen sollte.

Bedeutsamer als Gesells Überlegungen zur Bodenrente sind jedoch seine geldtheoretischen Überlegungen, mit denen er die Anschauungen der klassischen Ökonomie einer einschneidenden Kritik unterzieht. Ähnlich wie bei Marx ergibt sich für Gesell der Kapitalcharakter des Geldes aus der Fähigkeit des Geldes, in der Warenzirkulation gewinnbringend eingesetzt werden zu können, in den Worten Gesells, einen „Zinsaufschlag" nehmen zu können. Diese Fähigkeit des Geldes wirkt dann auch auf die Zinsforderung des Realkapitals nach Zinseinkünften:

> Kann das Geld von den Waren, aufs Jahr verteilt, 5 % erheben, so muss auch das Haus von den Mietern, das Schiff von den Frachtgütern, die Fabrik von den Löhnen die gleiche Abgabe erheben können, sonst bleibt das Geld einfach auf dem Markte bei den Waren, und das Haus wird nicht gebaut. Das Geld stellt also für das Zustandekommen eines Hauses, einer Fabrik usw. die selbstverständliche Bedingung, dass das Haus von den Mietern, die Fabrik von den Arbeitern, das Schiff von den Frachten denselben Zins zu erheben vermag, den es selber von den Waren jederzeit einziehen kann. (Gesell 1998: 338)

Diese natürliche Kraft des Geldes, Zinsen fordern zu können, beruht für Gesell auf dem eigentümlichen Stoffcharakter des Geldes. In aller Regel besteht Geld aus Edelmetallen, die im Gegensatz zu anderen Waren weder verrotten noch sonst im Zeitablauf Schaden nehmen können. Da in arbeitsteiligen Wirtschaften der Einzelne zum Verkauf seiner Erzeugnisse gezwungen ist, um vom Verkaufserlös seinen Lebensunterhalt bestreiten zu können, besteht eine ständige Nachfrage nach Geld (vgl. Gesell 1998: 139). Dabei unterscheidet Gesell zwischen Bedarf an Geld und Nachfrage nach Geld: Bedarf an Geld hat der Bettler ebenso wie der Kreditnehmer. Nachfrage nach Geld aber besteht dort, wo Ware verkauft werden soll. Auf den Warenmärkten befinden sich die „Geldbesitzer" aber im Vergleich zu den „Warenbesitzern" in der besseren Position. Da Geld im Gegensatz zu Waren nicht altert oder verdirbt, besteht für den Geldbesitzer stets die Möglichkeit abzuwarten, bis der Warenbesitzer zu für ihn unvorteilhaften Bedingungen verkaufen muss. Geld vermittelt den Warentausch mithin nur gegen einen Aufschlag, d.h. gegen die Hingabe eines den Nominalwert des Geldes übersteigenden Warenwerts:

> Wir können also sagen: unser heutiges Geld vermittelt der Regel nach (also kaufmännisch) den Austausch der Waren nur unter Erhebung einer Abgabe. Ist der Markt die Straße, auf der die Waren ausgetauscht werden, so ist das Geld der Schlagbaum, der nur nach Zahlung des Wegegelds erhoben wird. (Gesell: 1998: 183)

Ausdrücklich betont Gesell, dass es sich dabei nicht um Spekulations- oder Handelsgewinne handelt, sondern dass diese Art der Zinsnahme mit dem stofflichen Charakter des Geldes einhergeht (vgl. Gesell 1998: 179). Um dieser Disparität entgegenzuwirken, fordert Gesell, dass Geldbesitz denselben Risiken ausgesetzt werden müsse wie Warenbesitz. Nur wenn der „Geldanbieter" den gleichen Zwängen ausgesetzt wird wie der Warenanbieter, wird stets genügend Geld für den Warentausch auf den Märkten zur Verfügung stehen:

> Solange das Geld, als Ware betrachtet, besser als die Ware im allgemeinen ist (...), solange namentlich die Sparer das Geld den Waren (ihren eigenen Erzeugnissen) vorziehen (...), wird das Geld den Austausch der Erzeugnisse nicht ohne eine vom Handelsgewinn gesonderte Abgabe vermitteln. Und das Geld soll doch ‚ein Schlüssel und kein Riegel des Marktes' sein, es soll eine Straße und kein Schlagbaum sein; es soll den Austausch fördern, verbilligen, nicht hemmen und belasten. Und es ist doch klar, dass das Geld nicht zugleich Tausch- und Sparmittel, Peitsche und Bremse sein kann. Deshalb fordere ich neben einer nur durch die reine Papierwährung ermöglichte Beherrschung der Geldmassen durch den Staat eine vollkommene, sachliche Trennung des Tauschmittels vom Sparmittel. (...) Das Geld wurde doch nicht gemacht, damit es gespart werden könnte! Das Angebot steht unter einem unmittelbaren, den Waren anhaftenden, sachlichen Zwang; darum fordere ich einen gleichen Zwang für die Nachfrage, damit bei den Verhandlungen um den Preis das Angebot nicht der Nachfrage gegenüber im Nachteil bleibe. (Gesell 1998: 197)

In diesem Sinn muss Geld ebenso altern, verrotten, rosten, kurz an Substanz verlieren wie alle anderen Waren auch. Wird Geld „gelagert", muss es an Wert verlieren. Nur so kann verhindert werden, dass das Geld vom Markt zurückgehalten wird und so seiner eigentlichen Funktion, den Warentausch zu vermitteln, entzogen wird (vgl. Gesell 1998: 197). Um den Defiziten herkömmlicher Geldsysteme entgegenzuwirken, fordert Gesell daher die Einführung von „Freigeld" (Schwundgeld). Gemeint ist damit eine Papiergeldwährung, die stetig an Wert verliert. Um den „Geldwert" stabil zu halten, muss der Geldbesitzer stets zusätzliches Geld aufwenden. Praktisch stellt sich Gesell hier Papiergeldscheine vor, deren Nominalwert durch den monatlichen Zukauf von „Währungsmarken", die auf dem Geldschein aufzukleben sind, aufrechterhalten wird. Dadurch soll erreicht werden, dass Geld als Wertaufbewahrungsmittel anderen Waren nicht mehr vorgezogen wird und unbegrenzt zur Vermittlung des Warentauschs zur Verfügung steht. Dabei übernimmt ein „Reichswährungsamt" die direkte Geldmengensteuerung, so dass einerseits stets genügend Geld auf den Märkten zur

Verfügung steht, andererseits aber die Preise konstant bleiben. Durch das permanente Geldangebot auf den Märkten herrscht nun stetige Nachfrage nach Gütern, und die Investitionstätigkeit innerhalb der Wirtschaft wird gesteigert.

Obwohl Silvio Gesells Theorien innerhalb der ökonomischen Wissenschaften niemals der Durchbruch gelang, besitzen sie als nicht-marxistische sozialistische Wirtschaftstheorien dennoch fraglos einen eigenen Stellenwert. Dies nicht zuletzt auch deshalb, weil Gesell mit seinen geldpolitischen Überlegungen wesentliche Denkanstöße für die keynesianische „allgemeine Theorie der Beschäftigung, des Zinses und des Geldes" lieferte (vgl. Keynes 1994: 300ff.).

5.2 Ökonomie und die Frage der richtigen Methode

Als Gegenentwurf zu der zunehmend am Vorbild der Naturwissenschaften orientierten englischen Nationalökonomie entwickelt sich im deutschsprachigen Raum eine Spielart der Wirtschaftswissenschaften, die sich zum einen als „historische", zum anderen als „gesellschaftliche" Wissenschaft betrachtet. Aufbauend auf den nationalökonomischen Vorüberlegungen Lists und seiner Kritik am liberalen Ökonomieverständnis der englischen Klassik, die die tatsächlichen historischen Gegebenheiten einer Volkswirtschaft in ihrer Theoriebildung unberücksichtigt lasse, ist es das Anliegen der „historischen Schule", Wirtschaften als Teil des sozialen Lebens zu begreifen. Entsprechend der sozialen Entwicklung ist auch die Wirtschaft historisch gewachsen und veränderlich. Um wirtschaftliche Fragestellungen klären zu können, sei es daher notwendig, Wirtschaft im Zusammenhang mit anderen Lebensbereichen zu sehen und wirtschaftliche Probleme in ihren sozialen und politischen Wechselwirkungen zu analysieren. In diesem Sinn bleiben deduktiv gewonnene Sätze in den Augen der Vertreter der historischen Schule stets realitätsferne Spekulationen, da sie den empirischen Sachverhalten und den einzigartigen historischen Entwicklungsverläufen unterschiedlicher Volkswirtschaften keinerlei Rechnung tragen. Dem Forschungsgegenstand angemessen sei lediglich die historische Methode, die sich bemüht, durch die Betrachtung der tatsächlichen sozialen Gegebenheiten einer bestimmten Epoche die Erschließung des ökonomischen Datenmaterials voranzutreiben, und so Rückschlüsse auf Gemeinsamkeiten innerhalb der ökonomischen Entwicklung erlaubt. Dabei behauptet die historische Schule keineswegs die absolute Gültigkeit der so gefundenen Gesetze. Mit Berufung auf Wilhelm Windelband unterscheidet sie zwischen „Naturwissenschaften" und „Kulturwissenschaften": Erstere behaupten die ausnahmslose Gültigkeit ihrer Gesetze, letztere verstehen ihre Gesetze als „Sinngebilde", die das Verstehen eines Sachverhalts erleichtern sollen (vgl. Brandt 1993: II, 205f.).

Volkswirtschaftslehre im Sinne der historischen Schule hat somit die Aufgabe, die empirisch beobachtbaren wirtschaftlichen Erscheinungen in den Zusammenhang der natürlich-technischen und der gesellschaftlich-historischen Entwicklung einzuordnen. In diesem Sinn ist „Volkswirtschaft" als „Staatswissenschaft" zu verstehen. So definiert Gustav Schmoller:

> Die Volkswirtschaft (...) ist ein staatswissenschaftlicher Kollektivbegriff, ähnlich wie Staat, Volk, Gesellschaft, Kirche, sozialer Körper. (...) Es handelt sich um eine Gesamterscheinung, die auf der menschlichen Tätigkeit beruht, und die zugleich von den menschlichen Gemeinschaften ihren Stempel erhält. (Schmoller 1978: 1)

Um Aussagen über diese „Gesamterscheinung" des Wirtschaftens machen zu können, gilt es, das Beobachtungsmaterial zu ordnen, die beobachteten Phänomene systematisch zu klassifizieren und schließlich die Ursachen der Phänomene zu erforschen. Dies geschieht durch die Analyse typischer Erscheinungsformen (Idealtypen) und der sie bedingenden Kräfte, die Erklärung möglicher Abweichungen von Einzelfällen und die systematische Zusammenstellung der Entwicklungsabfolge der verschiedenen Erscheinungs- und Organisationsformen der Wirtschaft.

Dabei ist es in den Augen der Vertreter der historischen Schule unzureichend, ökonomische Phänomene lediglich auf Nützlichkeitsüberlegungen der Wirtschaftssubjekte zurückführen zu wollen. Ebenso von Bedeutung als Triebfeder wirtschaftlichen Handelns sind Luststreben, Schmerzvermeidung und die Selbsterhaltungstriebe des Menschen. Da die ökonomische Welt Ausdruck einer sittlichen Ordnung ist, könne das Wirtschaftsgeschehen auch nicht alleine den anonymen Kräften von Angebot und Nachfrage überlassen bleiben. Weder ist der Markt in der Lage, soziale Fehlentwicklungen zu vermeiden, noch stellt er eine ausreichende Basis für die Kulturentwicklung der Gemeinschaft dar. Da die Nationalökonomie nicht ausschließlich historische und dogmatische Wissenschaft ist, sondern stets zugleich auch praktische Wissenschaft, die den ethischen Fragen und sozialen Problemen der Gemeinschaft Rechnung zu tragen hat, müsse sie auch Vorschläge zur Verbesserung der wirtschaftlichen und sozialen Situation eines Landes machen.

Obwohl es auch den Vertretern der historischen Schule um die Verbesserung der sozialen Verhältnisse der Arbeiterschaft geht – was ihnen den Beinamen „Kathedersozialisten" eingetragen hat –, sehen sie dies vor allem durch Sozialreformen, Arbeitsschutzbestimmungen und politische Mitbestimmung der Arbeiterschaft realisierbar. Während Marx die Proletarisierung der Arbeiterschaft als ein Herabsinken des Arbeiters in die totale Abhängigkeit vom Kapitalisten beschreibt, glaubt die historische Schule, in der historischen Entwicklung einen

Aufstieg des Arbeiters von der Sklaverei über die Hörigkeit zur freien Lohnarbeit erkennen zu können (vgl. Schmoller 1918: 191ff.). Ziel der historischen Analysen müsse es daher sein, Kenntnisse über die historischen Entwicklungsstufen der Wirtschaft zu sammeln, da sich nur so die historisch gewordenen gegenwärtigen gesellschaftlichen Institutionen und Phänomene verstehen lassen.

Herausgefordert wird diese sich selbst als „verstehende Nationalökonomie" (Sombart 1967: 206-234) begreifende Wirtschaftswissenschaft durch Carl Mengers 1883 erschienene Schrift „Untersuchungen über die Methoden der Socialwissenschaften, und der politischen Ökonomie insbesondere". Carl Menger spricht sich dabei für eine abstrakte a-historische Wirtschaftstheorie aus; Hauptkritikpunkt seines Methodenvergleichs mit der historischen Schule ist ihre induktive Vorgehensweise. Ihm zufolge stellt allein die Deduktion jene Methode dar, die es erlaubt, zu exakten, theoretisch fundierten Erkenntnissen zu gelangen.

Dabei ist Menger zunächst kein radikaler Gegner des historischen Forschungsprogramms. Seiner Meinung nach verfolgt die Ökonomie zwei Forschungsprogramme: Sie will erstens konkrete Erscheinungen in Raum und Zeit untersuchen, und sie will andererseits das generelle Wesen dieser Erscheinungen ergründen. Entsprechend ergeben sich für Menger zwei Forschungsrichtungen. Gegenstandsbereich der „realistisch-empirischen" Richtung ist die Untersuchung der Wirklichkeit, wie sie sich dem Forscher anhand der konkreten Erscheinungen darbietet. Erforscht werden Regelmäßigkeiten im historischen Ablauf, die anhand „idealtypischer Relationen" beschrieben werden können. Dergestalt gelangt die realistisch-empirische Forschung zu „empirischen Gesetzen", die sich anhand der Wirklichkeit nachweisen lassen, die aber keineswegs ausnahmslose Gültigkeit beanspruchen können. Allerdings, so Menger, schließe „...die realistische Richtung der theoretischen Forschung (...) die Möglichkeit, zu strengen (exakten) theoretischen Erkenntnissen zu gelangen auf allen Gebieten der Erscheinungswelt in prinzipieller Weise aus" (Menger 1883: 37).

Dem stellt Menger sein Forschungsprogramm einer „exakten" Richtung der theoretischen Forschung gegenüber. Diese beruht nicht auf „empirisch-realistischer Induktion", sondern besteht in der Suche nach den einfachsten Elementen, anhand derer bestimmte Erscheinungen erklärt werden können. Dabei verfährt die exakte Methode nur zum Teil empirisch, da sie keinerlei Rücksicht darauf nimmt, ob die von ihr als erklärungsrelevant gedachten Elemente „in der Wirklichkeit als selbständige Erscheinungen vorhanden" sind oder ob sie „in ihrer vollen Reinheit überhaupt selbständig darstellbar sind" (vgl. Menger 1883: 41). Ausgehend von den notwendigen Zusammenhängen (Denkgesetzen) zwischen den einzelnen so beschriebenen Elementen gelingt es der exakten Methode, ökonomische Gesetzmäßigkeiten aufzuzeigen (vgl. Menger 1883: 42). Im Grunde handelt es sich dabei um eine axiomatische Vorgehensweise, bei der, ausgehend von bestimmten Basisannahmen, beispielsweise über die Natur des Menschen als reinem Nutzenmaximierer (vgl. Menger 1883: 73ff.), Aussagen über „reale" wirtschaftliche Sachverhalte auf deduktivem Wege getroffen werden sollen. Zwar glaubt Menger, dass die aus seiner exakten Methode resultierenden Schlussfolgerungen nicht an der realen Welt der empirischen Erscheinungen geprüft werden können, da hier die Phänomene ja stets von den in der exakten Theorie angenommenen Reinformen abweichen. Allerdings geht er davon aus, dass es so zumindest möglich sei, ein „tiefes Verständnis der realen Welt" zu vermitteln (Menger 1883: 42f.). Die so gefundenen theoretischen Wahrheiten beanspruchen mithin, streng und ausnahmslos gültig zu sein.

In seiner Auseinandersetzung mit Menger beharrt Schmoller darauf, dass die „Phänomene der Volkswirtschaftslehre (…) nur Resultanten einzelwirtschaftlicher Bestrebungen [seien] und (…) also auch unter diesem Gesichtspunkt betrachtet werden" müssen (Schmoller 1883: 161). Die „exakte" Theorie Mengers vernachlässigt in Schmollers Augen die historischen Elemente der Ökonomie und operiert daher ohne empirische Basis. Deduktion gilt für Schmoller lediglich als Anwendung induktiv gewonnener Gesetze oder gedachter Hypothesen. Um den Wahrheitsgehalt dieser Hypothesen zu testen, bedarf es jedoch immer der Empirie. Er hält Menger entgegen, dass „es (…) keinesfalls eine Vernachlässigung der Theorie [sei], sondern der notwendige Unterbau für sie, wenn in einer Wissenschaft zeitweise überwiegend deskriptiv verfahren wird" (Schmoller 1883: 162). Nicht ganz zu Unrecht wirft Schmoller Menger vor, wesentliche Ausführungen John Stuart Mills zur Logik der Sozialwissenschaften nicht zur Kenntnis genommen zu haben (vgl. Schmoller 1883: 164; Mill 1968; 1976). Menger antwortet auf diese Rezension seines Werks mit einer in Briefform verfassten Schrift: „Die Irrthümer des Historismus in der deutschen Nationalökonomie" (1884), in der er voller Polemik die historische Schule angreift, ohne dabei ernsthaft auf die Einwände Schmollers einzugehen.

Im Grunde genommen handelt es sich – und Schmoller dürfte sich im Gegensatz zu Menger hierüber im Klaren gewesen sein (vgl. Schmoller 1883: 163) – bei der Gegenüberstellung von „realistisch-empirischer" und „exakter" Methode um nichts anderes als um den bereits innerhalb der englischen Nationalökonomie zwischen „old school" und „new school" ausgetragenen Streit bezüglich der Frage, ob die Sozialwissenschaften als deduktiv (exakt) oder induktiv (empirisch-realistisch) verfahrende Wissenschaft zu konstruieren sei. So standen sich in England auf der einen Seite die so genannten „Cambridge Inductivists" um William Whewell, die sich als Gralshüter der induktiven Logik und der Baconschen (neuen) Wissenschaft verstanden, und die „Ricardians", die sich der deduktiven Vorgehensweise David Ricardos verschrieben hatten, gegenüber. Dabei warfen die Vertreter der „old school", die sich vor allem am Werk Adam

Smiths orientierten, der Ricardianischen Vorgehensweise vor, von realitätsfernen A-priori-Annahmen auszugehen und die historischen und sozialen Fakten in ihrem Ansatz unberücksichtigt zu lassen. Zudem sei es dergestalt auch nicht möglich, Aussagen über die reale Welt zu treffen, ohne Zugeständnisse an die von den theoretischen Annahmen abweichende Wirklichkeit zu machen. Entsprechend handele es sich zwar um ein in sich geschlossenes und in sich richtiges System; eine Anwendung auf die Realität sei jedoch fragwürdig (vgl. de Marchi 1974: 125f.).

Letztlich ähneln die Argumente dieses frühen „Methodenstreits" (Hollander 1983: 569ff.) den im klassischen Methodenstreit vorgebrachten Argumenten: Während sich die Induktivisten darauf beriefen, dass nur historische Untersuchungen neue Erkenntnisse über die Entwicklung der Nationalökonomie und ihre Gesetzmäßigkeiten erlauben würden, glaubten die Deduktivisten von allgemeinen Annahmen und Abstraktionen über die menschliche Natur auf die tatsächliche Entwicklung der Nationalökonomie schließen zu können. Dabei ging es den Induktivisten jedoch keinesfalls nur um eine Kritik der deduktiven (Ricardianischen) Methode. Vielmehr waren sie der Meinung, dass die Annahmen Ricardos falsch und seine Reduktion der menschlichen Natur auf reine Nutzenaspekte illegitim und gefährlich seien (vgl. Hollander 1985: 149-185) und dass sie selbst dann, wenn dies nicht der Fall wäre, doch wenigstens bei weitem zu unvollständig wären, um hierauf ein axiomatisches System der Wirtschaftslehre aufbauen zu können (vgl. Hollander 1983: 581). Auch hier wurden die Positionen zum Teil mit heftigster Polemik vertreten, und nur mit Mühe gelang es John Stuart Mill, hier eine vermittelnde Position einzunehmen (vgl. Bagehot 1848: 9) und so mit einigen Zugeständnissen der Ricardianischen Ökonomie zum Durchbruch zu verhelfen. Wesentlicher Baustein dabei war, dass Mill in seiner Logik (Mill 1968) davon ausging, dass auch die Methode der isolierenden Abstraktion für ihre Hypothesenbildung auf Beobachtung und induktive Schlüsse angewiesen bliebe. Exakt dies, so der Vorwurf Schmollers an Menger, sei es aber, was die Grenznutzenschule außer Acht lasse.

Mit ihrer historischen und deskriptiven Vorgehensweise versucht die historische Schule daher keineswegs das Rad der Theoriegeschichte zurückzudrehen, sondern glaubt, dass die rein abstrahierende Methode an ihre Grenzen gestoßen sei und nun neues Datenmaterial zur Gewinnung neuer Kenntnisse gesammelt werden müsste (vgl. Schmoller 1883: 163f.). Die von der historischen Schule gegen die Grenznutzentheoretiker erhobenen Vorwürfe drehen sich demnach im Wesentlichen um drei Punkte: Zum ersten konstatieren sie mit Verweis auf John Stuart Mill, dass die von der Grenznutzenschule vorgeschlagene Methode einer reinen Deduktion per se nicht existieren könne. Wer Deduktion betreibt, bleibt stets auf die Methode der isolierenden Abstraktion angewiesen und geht damit implizit induktiv vor. Zum zweiten reichten die der Grenznutzenschule zugrunde liegenden Prämissen von „Eigeninteresse" und „wirtschaftlicher Bewegungsfreiheit" nicht aus, um ökonomisches Verhalten abschließend beschreiben zu können. Eine derartige theoretische Einschränkung erlaube es nicht, der Komplexität wirtschaftlicher Phänomene gerecht zu werden. Zum dritten führe eine reine Theorie noch nicht zum konkreten Handeln. Wenn die Volkswirtschaftslehre ökonomische und soziale Fehlentwicklungen feststellt, ist es die Aufgabe der Wirtschaftspolitik, diesen entgegenzuwirken. Eine Wirtschaftstheorie ohne ethische Werturteile ist insbesondere für Schmoller und andere „Kathedersozialisten" nicht denkbar.

Gerade über den letztgenannten Punkt entbrennt dabei ein zweiter Methodenstreit innerhalb der historischen Schule. Max Weber reagiert auf die unhinterfragte Vermengung von ökonomischer Theorie, politischen Postulaten und ethischen Wertprämissen mit seinem berühmten Aufsatz: „Der Sinn der Wertfreiheit der soziologischen und ökonomische Wissenschaften" (Weber 1988c). Darin fordert Weber, dass wissenschaftliche Aussagen von ethischen Werturteilen freigehalten werden sollen. Von allen Arten der Prophetie hält er die „‚persönlich' gefärbte Professoren-Prophetie" für die unerträglichste und schreibt:

> Es ist doch ein beispielloser Zustand, wenn zahlreiche staatlich beglaubigte Propheten nicht auf den Gassen oder in den Kirchen (...) sondern in der angeblich objektiven (...) sorgsam geschützten Stille des vom Staat privilegierten Hörsaals ‚im Namen der Wissenschaft' maßgebende Kathederentscheidungen über Weltanschauungsfragen zum Besten zu geben sich herausnehmen. (Weber 1988c: 492)

Im Sinn einer empirischen Wissenschaft sei es die alleinige Aufgabe der Nationalökonomie, ökonomische Sachverhalte wertfrei zu diskutieren und ihre Zusammenhänge zu analysieren. Entsprechend habe sich der Untersuchungsbereich der Nationalökonomie auf die Prüfung der Tauglichkeit bestimmter Mittel für vorgegebene Zwecke, die Erforschung der Nebenwirkungen, die mit dem jeweiligen Mitteleinsatz verbunden sind, und die Analyse konkurrierender Mittel hinsichtlich ihres Zielerreichungsgrads und ihrer Nebenwirkungen zu beschränken.

Letztlich lebt der Streit um die richtige Forschungsmethode der Nationalökonomie bis in die 1930er Jahre fort und spiegelt sich beispielsweise auch in der Kontroverse um eine „verstehende Nationalökonomie" zwischen Ludwig von Mises und Werner Sombart wider (vgl. Mises 1930). Eine gewisse Fortsetzung erfährt die Kontroverse um die richtige Methode der Sozial- und Wirtschaftswissenschaften schließlich auch innerhalb der Betriebswirtschaftslehre, die sich ihrem Selbstverständnis nach als eine „Erfahrungs-" oder „Realwissenschaft" sieht, deren primäres Anliegen die Beschreibung und Erklärung realer Sachverhalte ist:

Die Betriebswirtschaftslehre dieser Prägung versteht sich (...) als wertfrei, weil sie die von den Betrieben verfolgten Ziele registriert, ohne sie ethisch-sozial zu beurteilen, und weil sie auch die Mittel, die geeignet sind, diese Ziele bestmöglich zu realisieren, nur auf ihre Operationalität, nicht aber auf ihre ethisch-sozialen Konsequenzen hin beurteilt. Eine solche Betriebswirtschaftslehre wird als praktisch-normativ bezeichnet... (Wöhe 1984: 41f.)

Aufbauend auf diesem Wissenschaftsverständnis haben sich innerhalb der Betriebswirtschaftslehre zwei Theoriestränge herausgebildet: Während die so genannten „empirisch-realistische betriebswirtschaftliche Theorie" vor allem deskriptiv-analytisch verfährt und versucht, durch induktive Schlüsse Kausalzusammenhänge zu erklären, bedient sich die „reine oder exakte betriebswirtschaftliche Theorie" deduktiver Verfahren und versucht, ausgehend von bestimmten Prämissen funktionale Abhängigkeiten betrieblicher Größen abzuleiten. Ähnlich wie in der Nationalökonomie liegen auch hier die Grenzen der induktiven Vorgehensweise vor allem in der nur begrenzten Verallgemeinerungsfähigkeit empirisch beobachtbarer Sachverhalte, die es nur bedingt erlauben, einfache Ursache-Wirkungs-Ketten abzuleiten, während sich die Schwächen der deduktiven Vorgehensweise aus den möglicherweise unrealistischen Annahmen über die Wirklichkeit ergeben, die sich in den der Modellbildung zugrunde liegenden Prämissen widerspiegeln (vgl. Wöhe 1984: 34ff.).

5.3. Freiheit als Grundlage der Ökonomie

Obwohl der so genannte Methodenstreit niemals eindeutig entschieden wurde, setzte sich im Laufe der Zeit das Postulat einer wertfreien und exakten Wissenschaft im Sinne Mengers und Webers durch. Innerhalb der etablierten Wirtschaftswissenschaften ist es vor allem die so genannte Neoklassik, die sich anschickt, das Erbe der „Ricardianischen" Ökonomie anzutreten. Wie auch die englische liberale Ökonomie stützt sie sich auf die Annahme, dass sich selbst überlassene Märkte prinzipiell dazu tendieren, ein Marktgleichgewicht herbeizuführen. Verteilungsprobleme ließen sich so – mindestens theoretisch – auch ohne staatliche Eingriffe lösen, da der Marktmechanismus selbst in der Lage sei, eine effiziente Güter- und Faktorallokation herbeizuführen (vgl. u.a. Rothschild 1992: 32ff.; Neumann 2002: 272f.). Selbst wenn dies im Einzelfalle zu Ergebnissen führen sollte, die sozialpolitisch oder moralphilosophisch bedenklich erscheinen, sei dies hinzunehmen, da der Marktmechanismus generell zu besseren Ergebnissen führe, als durch das Eingreifen des Staates erreicht werden könnten (vgl. Hayek (1994a: 11ff.). Konsequent fordert die Neoklassik daher die Deregulierung der Märkte, einen Abbau von Marktzugangsbeschränkungen und die Aufhebung kartell- und arbeitsrechtlicher

Bestimmungen. Der Staat ist dazu aufgerufen, sich in wirtschaftlichen Dingen soweit als möglich steuernder Eingriffe zu enthalten und sich in seiner Wirtschaftspolitik auf die Aufrechterhaltung der ökonomischen Ordnung und die Garantie der Wettbewerbsfreiheit zu beschränken. In ihren Forderungen beruft sich die Neoklassik darauf, dass der Marktmechanismus – als Errungenschaft einer sozialen Evolution (vgl. u.a. Hayek 1994b: 35; 1976: 117f.) – per se nicht hinterfragt werden müsse, da er den bestmöglichen Mechanismus für eine optimale Güterverteilung darstellt. Zudem gilt es auch im Sinne der Neoklassik als evident, dass der Einzelne seine Bedürfnisse stets selbst am besten kenne und auch die ihm zu ihrer Realisierung zur Verfügung stehenden Mittel selbst am besten einzuschätzen in der Lage sei. Auch aus Sicht einer freiheitlichen, demokratischen Grundordnung seien staatliche Eingriffe in den marktlichen Allokationsmechanismus abzulehnen, da sie den Einzelnen damit in seinen individuellen Möglichkeiten und seinem individuellen „Glücksstreben" beschränken würden. Auf dieser Folie formuliert die Neoklassik eine subjektive Nutzentheorie, die sich auf die Annahme stützt, dass jedwedes individuell erstrebte Ziel vom Einzelnen per se auch als individuell nützlich erachtet wird und somit prinzipiell nicht mehr zu hinterfragen ist.

Bevorzugtes Mittel der Ökonomie wird nun die „mathematische Methode", die es einerseits erlaubt, den grenznutzentheoretischen Überlegungen der Ökonomen den Anstrich naturwissenschaftlicher Exaktheit zu geben, und es andererseits gestattet, den Status der Ökonomie als einer wertfreien und ideologieunabhängigen Wissenschaft zu untermauern. Damit wird auch eine „a-ethische Wende" der Nationalökonomie eingeleitet, da sich die Wirtschaftswissenschaften nun endgültig aus ihrer praktischen Verantwortung im Sinne einer handlungsleitenden praktischen Philosophie auf das reine Erkenntnisstreben als theoretische Wissenschaft nach dem Vorbild der Naturwissenschaften zurückzieht (vgl. Gaulke 1994: 209f.).

Einer der wohl wichtigsten Denker der neoklassischen Denkrichtung ist der Nobelpreisträger Friedrich August von Hayek als einer der jüngeren Vertreter der Österreichischen Grenznutzenschule. Aufbauend auf den Lehren seines Mentors Ludwig von Mises ist seine ökonomische Vorstellungswelt vor allem durch seine ablehnende Haltung gegenüber jeder Form der Gemeinwirtschaft gekennzeichnet (vgl. hierzu Mises 1932). Für Hayek ist die Frage nach dem richtigen ökonomischen System mithin nicht nur eine Frage der „Wahrheitssuche", sondern stets zugleich auch eine Kampfansage an das System des „real existierenden Sozialismus". Andererseits kennzeichnet ihn die strikte Ablehnung institutionalistischer Theorien, die von der bewussten Schaffung gesellschaftlicher Institutionen und damit deren Veränderbarkeit durch den Menschen ausgehen. Damit bricht Hayek auch mit der für die historische Schule charakteristischen Vorstellung, dass gesellschaftliche Institutionen dem menschlichen Willen unterworfen seien und entsprechend ihrem gesamtgesellschaftlichen Nutzen ausgeformt werden könnten. Im Laufe ihrer Entwicklung bekommt Hayeks Wirtschaftslehre so einen zunehmend „wirtschaftsphilosophischen" Einschlag, da er zunehmend mehr darum bemüht ist, die liberale Wirtschaft als Voraussetzung einer freiheitlichen Gesellschaftsordnung zu begründen und als spontan sich entwickelndes und sich selbst regulierendes System zu beschreiben (vgl. Brandt 1993: II, 331).

Friedrich August von Hayek geht es in erster Linie um die Durchsetzung liberaler Markt- und Wettbewerbsvorstellungen und die Begründung einer liberalen Gesellschaftspolitik. Die soziale Dimension ökonomischen Handelns wird somit verengt auf die Frage nach der Möglichkeit der liberalen Marktwirtschaft, Freiheiten garantieren zu können. Dabei gelten ökonomische Austauschbeziehungen per se als gerecht und moralisch unfragwürdig, da niemand einem Tausch zustimmen würde, wenn ihm daraus nicht auch ein (subjektiver) Nutzenzuwachs zuteil würde. Damit wird die Frage der gerechten Verteilung zum Unterfall des allgemeinen Preisbildungsprozesses; sie ist das Ergebnis der Preisbildung für Arbeit und Kapital und ist, da auf den freien Entscheidungen aller Marktteilnehmer basierend, jenseits etwaiger moralischer Bedenken zu akzeptieren.

Weder Moral noch Unmoral sind ohne Freiheit im Handeln denkbar: „Die Freiheit ist eine Gelegenheit, gut zu handeln, aber nur, wenn sie auch Gelegenheit ist, schlecht zu handeln" (Hayek 1991: 98). Freiheit bedingt dabei notwendigerweise Ungleichheit, da der eine in seinem Handeln erfolgreicher sein kann als der andere. Ungleichheit ist somit nicht die Folge einer falschen Moral, sondern die notwendige Folge der Handlungsfreiheit, die jedweder Moral zugrunde liegt (vgl. Hayek 1991: 105). Die einzige der Freiheit förderliche Gleichheit ist in Hayeks Augen die „Isonomie", also die Gleichheit der allgemeinen Gesetzes- und Verhaltensvorschriften. Jede Form materieller Gleichheit hingegen verstößt gegen das Prinzip der formalen Gleichheit, da nicht mehr der Erfolg oder Misserfolg des Handelns über dessen Richtigkeit entscheiden würde, sondern ein nicht objektiv messbares Verdienst, das sich der einzelne durch sein Handeln erwirbt. Damit aber hätte jeder derartige Versuch eine nicht leistungsgerechte Entlohnung zur Folge. Da Menschen tatsächlich in ihren Begabungen und Neigungen ungleich sind, kann Gleichheit in einer gesellschaftlichen Ordnung allenfalls auf die gleiche Gültigkeit der gesellschaftlichen Ordnungsprinzipien für alle Gesellschaftsmitglieder gegründet werden, nicht jedoch auf die Gleichheit ihrer Verdienste oder Bemühungen:

> Gleichheit vor dem Gesetz und materielle Gleichheit sind daher nicht nur zwei verschiedene Dinge, sondern sie schließen einander aus; und wir können nur entweder die eine oder die andere erreichen, aber nicht beide zugleich. Die Gleichheit vor dem Gesetz, die die Freiheit fordert, führt zu materieller Ungleichheit. (Hayek 1991: 107)

Für Hayek besteht somit ein elementarer Unterschied zwischen der Gleichbe-
handlung aller Menschen und dem Versuch, sie gleich machen zu wollen: Ersteres garantiert in gewissem Maße die Chancengleichheit, letzteres führt zu einer
neuen Form der Ungerechtigkeit (vgl. Hayek 1976: 27f.). Im freien Markttausch
können Leistungen nur nach Maßgabe dessen beurteilt werden, was sie uns selbst
wert sind, nicht aber nach dem möglichen Verdienst, das sich der Leistungserstel-
ler erworben hat, da niemand um sein Bemühen, seine Anstrengungen und seine
Sorgfalt weiß, die er zur Leistungserstellung aufgewendet hat. Es ist für Hayek
daher eine Tatsache, „dass die Erhaltung der individuellen Freiheit mit einer völ-
ligen Befriedigung unseres Sinnes für verteilende Gerechtigkeit nicht vereinbar
ist" (Hayek 1976: 35). Jeder Versuch der Gleichschaltung ökonomischer Erfolgs-
möglichkeiten kommt der Aufhebung der Freiheit gleich. Nötigenfalls ist der Staat
aufgerufen, Zwang auszuüben, wenn nur so verhindert werden kann, dass eine
Gruppe von Menschen die Freiheit anderer beschränkt (vgl. Hayek 1991: 171f.).

Für Friedrich August von Hayek stellt die Freiheit einen Wert an sich dar,
der keinem anderen Wert geopfert werden darf. Lediglich mittels Gesetz sei es
erlaubt, Freiheitsrechte zu beschränken, da dies im eigentlichen Sinne keinen
Eingriff in die individuelle Freiheit darstelle, sondern lediglich den Rahmen des
gesetzlich Erlaubten bestimme, innerhalb dessen der Einzelne seine Ziele verfolgen kann. Gesetze beschränken daher nicht die Freiheit an sich, sondern nur
die dem Einzelnen zur Verfolgung seiner Ziele zur Verfügung stehenden Mittel.
Allerdings hat sich die Gesetzgebung an den Anforderungen einer freiheitlichen
Gesellschaftsordnung zu orientieren. Auch auf demokratischem Wege sei es
unzulässig, individuelle Freiheitsrechte zu beschneiden, auch dann, wenn sich
eine Mehrheit hierzu bereit fände, da dies den Grundsätzen des Liberalismus
widersprechen würde:

> Der Liberalismus ist eine Lehre über den zulässigen Inhalt der Gesetze, die Demokratie ist
> ein Grundsatz über das Verfahren, in dem bestimmt wird, was als Gesetz zu gelten hat."
> (Hayek 1991: 126)

Diese Vorstellung einer freiheitlichen und gerechten Ordnung spiegelt sich auch
in Hayeks ökonomischen Anschauungen wider. An Stelle der durch formale
Gesetzgebung geschützten Freiheit tritt dort der durch eine Wettbewerbsordnung
garantierte Wettbewerb. Es zählt allein der objektive Wert einer Leistung, welcher
sich einzig und allein aus dem Tauschwert und nicht aus dem Verdienst des Leis-
tenden herleiten lässt. Jeder Versuch, ein anderes, nicht-marktwirtschaftliches
System errichten zu wollen, führt zwangsläufig zu Ungerechtigkeit, da dann kein
objektives Kriterium der Entlohnung mehr existiert. Im Markt spiegeln die Preise
den aggregierten Handlungswillen aller wider, der nicht durch die Eingriffe

Einzelner beschnitten werden darf. Mithin ist dem Marktgeschehen größtmögliche Freiheit einzuräumen; eine Wettbewerbsordnung soll dabei, nicht wie man meinen könnte, den Wettbewerb „ordnen", sondern ihn vor allem gegenüber illegitimen Machtansprüchen Einzelner schützen. Zwar sei das Ziel, zu dem Wettbewerb letztlich führt, unbekannt, jedoch sei ein Zustand, in dem Wettbewerb herrscht, einem Zustand ohne Wettbewerb stets vorzuziehen:

> Die Lösung des wirtschaftlichen Problems der Gesellschaft ist in dieser Hinsicht eine Forschungsreise ins Unbekannte, ein Versuch, neue Wege zu entdecken, wie die Dinge besser gemacht werden als bisher. (Hayek 1976: 133)

Für Friedrich August von Hayek hängt die Entstehung einer freiheitlichen Ordnung weder von der menschlichen Vernunft noch von der Wirkung eines planvoll zu Werke gehenden höheren Wesens ab. Freiheit ist für ihn ein evolutiver Prozess von „trial and error" und damit die Voraussetzung für das Entstehen spontaner Ordnung. In den gesellschaftlichen Institutionen spiegeln sich so nicht der individuelle Schöpfergeist des planenden Menschen, sondern die Summe all jener Erfahrungen wider, die teils als explizites Wissen, teils als in den Einrichtungen der Gesellschaft implizit enthaltenes Wissen von Generation zu Generation weitergegeben werden. Diese gesellschaftlichen Institutionen und Traditionen sind es, die die natürliche Eigenliebe des Menschen in jene Bahnen lenken, die sie zum Wohle aller wirksam werden lässt. Der Mensch ist somit in Hayeks Augen keineswegs gekennzeichnet durch natürliche Güte, Intelligenz oder die Fähigkeit zu rationalem Handeln, er wird erst durch die im Laufe der sozialen Evolution entstandenen Institutionen dazu gezwungen. Diese Einrichtungen bringen den Menschen dazu, seinen Verstand so wirkungsvoll wie möglich zu gebrauchen, und sie sind so beschaffen, dass der zügellose Egoismus des einzelnen den geringsten möglichen Schaden anrichten kann (vgl. Hayek 1991: 75f.).

Freiheit als Schlüsselbegriff der Hayekschen Ökonomie bildet daher weniger die Grundlage individueller Autonomie, sondern hat ihre Funktion darin, Gelegenheiten für das ungeplante Entstehen gesellschaftlicher Einrichtungen zu schaffen, denen die Autonomie des Einzelnen nachgeordnet bleibt. Nur in einem Milieu von Freiheit kann spontane Ordnung entstehen, und nur durch die Möglichkeit von „trial and error" sind gesellschaftlicher Fortschritt und Entwicklung möglich. Gesellschaftsformen, in denen dieser Grundgedanke verwirklicht ist, erweisen sich als erfolgreicher als Gesellschaftsformen, die keine Freiheit zulassen. Da der Einzelne stets nur einen kleinen Ausschnitt der Gesellschaft überblicken kann, rechtfertigt es die Begrenztheit menschlichen Wissens, unabhängig von der moralischen Einstellung des Einzelnen der evolutiv entstandenen Ordnung zu vertrauen, da sich in ihr die auf ihre evolutionäre Fitness hin geprüfte

Vernunft einer Vielzahl von Generationen widerspiegelt. Im Zweifel muss der Einzelne auf die Richtigkeit der Regeln vertrauen, ohne ihre Wirkungsweise im Einzelfall verstehen oder gutheißen zu müssen:

> Es ist mit anderen Worten der begrenzte Horizont unserer Kenntnis der konkreten Tatsachen, der es notwendig macht, unsere Handlungen dadurch zu koordinieren, dass wir uns abstrakten Regeln unterwerfen und nicht versuchen, jeden Einzelfall allein auf Grund der beschränkten Zahl relevanter Einzelfakten zu entscheiden, die wir zufällig kennen. (Hayek 1994b: 45)

Da die Weiterentwicklung der gesellschaftlichen Ordnung auch weiterhin von den Beiträgen vieler Einzelner abhängig bleibt, die im Prozess von „trial and error" daraufhin geprüft werden, ob sie einen Fortschritt für die gesellschaftliche Ordnung darstellen, und das Ergebnis dieser Prüfung nicht vorweggenommen werden kann, muss auch dem Einzelnen innerhalb der Gesellschaft größtmögliche Freiheit zugestanden werden (vgl. Hayek 1994b: 45). Aus der Sicht Hayeks tragen „individuelle Freiheitsrechte" daher keinen naturrechtlichen Charakter, sondern sind schlicht das Ergebnis der kulturellen Evolution. Freiheit zu gewähren hat sich als für die gesellschaftliche Entwicklung positiv erwiesen, und dies ist der wesentliche Grund für die Gewährung dieser Rechte.

Wichtigste Institution, in der diese Form der Freiheit ihren Ausdruck findet, ist für Hayek der Markt. Auch er ist als gesellschaftliche Institution aus einem evolutiven Prozess hervorgegangen und beinhaltet kumuliertes und teilweise über mehrere Generationen hinweg angesammeltes Wissen. Er ist als einziges Koordinierungsinstrument in der Lage, eine „gerechte" Güterallokation herbeizuführen, da er die Pläne vieler Haushalte wirksam koordiniert und allen auf die gleiche Weise die so ermittelten (Preis-)Signale mitteilen kann. Der Markt bildet so das aggregierte Wissen vieler einzelner Haushalte in Form von Preissignalen ab, ohne dass der einzelne die Gründe für ihr Zustandekommen kennen muss. Überspitzt formuliert: Der Markt ist klüger als der Einzelne. Er stellt eine Organisationsform ökonomischer Prozesse dar, die der Mensch im Laufe der Zivilisationsgeschichte zu benutzen gelernt hat, ohne sie dabei verstehen zu müssen. Er wurde weder mit Hilfe individueller Vernunft geschaffen, noch kann er in seinen Gründen abschließend erklärt werden. Jedoch ist er in seiner Funktionsweise zweckmäßig, auch wenn wir im Einzelfall diese Zweckmäßigkeit nicht begreifen können:

> Die Tatsachen, die wir meinen, wenn wir von ‚zweckmäßigen' Kräften sprechen, die hier am Werk sind, sind dieselben wie jene, die die dauernden sozialen Strukturen schaffen, die uns selbstverständlich geworden sind und die die Bedingungen für unsere Existenz bilden. Die spontan gewordenen Institutionen sind ‚nützlich', weil sie die Voraussetzungen waren, auf die sich die weitere Entwicklung des Menschen gründete... (Hayek 1979: 114f.).

Zwar führt der Marktmechanismus mitunter zu Ungleichheiten, die unserem Sinn für „soziale Gerechtigkeit" widersprechen mögen, aber gerade im ökonomischen Kontext stellt die Ungleichheit den wichtigsten Motor des gesellschaftlichen Fortschritts dar. So zeige die geschichtliche Entwicklung, dass der materielle Wohlstand, der ab einem bestimmten Zeitpunkt nahezu allen zur Verfügung stand, stets erst dadurch ermöglicht wurde, dass dieser Luxus zunächst von einigen reichen Eliten erprobt wurde. Verbesserte Produktionsverfahren erlaubten es schließlich, dass diese Güter im Laufe der Zeit allen zu günstigeren Preisen zur Verfügung gestellt wurden:

> In einer fortschreitenden Gesellschaft, wie wir sie kennen, sind daher die verhältnismäßig Wohlhabenden den Übrigen in den materiellen Vorteilen, die sie genießen, bloß etwas in der Zeit voraus. Sie leben schon in einer Phase der Entwicklung, die die anderen noch nicht erreicht haben. (Hayek 1991: 55f.)

Was hier für den Wohlstand des Einzelnen gilt, gilt auch im gesellschaftlichen Vergleich: Da Wissen, sobald es einmal geschaffen wurde, ein öffentliches Gut darstellt und somit jedermann zur Verfügung steht, können selbst unterentwickelte Länder innerhalb kürzester Zeit zu jenem Wissensstand gelangen, zu dessen Erwerb Europa Hunderte von Jahren gebraucht hat. Europa musste sich seinen Wissensvorsprung erst durch Experimentieren erarbeiten; unterentwickelte Länder können auf dem so entstandenen Wissen aufbauen und damit letztlich den Vorsprung des Westens in ökonomischen und technischen Bereichen innerhalb vergleichsweise kurzer Zeit aufholen (vgl. Hayek 1991: 57f.).

So führt Freiheit zwar temporär zu unterschiedlichen Einkommensverteilungen innerhalb der Gesellschaft und zwischen verschiedenen Gesellschaften; diese Art von Ungleichheit wird jedoch durch den dadurch entstehenden Vorteil des Fortschritts zum Wohle aller wieder ausgeglichen. Da dieser evolutive Prozess jedoch nur wirksam werden kann, wenn sowohl im sozialen wie im ökonomischen Bereich das unbedingte Primat der Freiheit gilt, ist für Hayek die Garantie der Freiheit unabdingbare Voraussetzung jedweder gesellschaftlichen Entwicklung.

5.4 Die effektive Nachfrage als zentrales Problem der Ökonomie

Während der Neoliberalismus für eine strikte Zurückhaltung des Staates bei der Gestaltung der gesellschaftlichen wie auch der ökonomischen Ordnung plädiert, da nur unter dem absoluten Primat der Freiheit gesellschaftlicher Fortschritt

möglich scheint, fordert der ab Mitte der 1930er Jahre entstehende „Keynesianis-
mus" einen aktiven Staat. Dabei sind es keine moralischen oder ordnungstheo-
retischen Überlegungen, die John Maynard Keynes, den Begründer der gleich-
namigen „Schule", für einen wirtschaftspolitisch aktiven Staat eintreten lassen,
sondern vielmehr die sich aus seinen Betrachtungen zur wechselseitigen Abhängigkeit verschiedener Märkte ergebenden konjunkturpolitischen Schlussfolgerungen.

Hintergrund und Ausgangspunkt für Keynes wesentliche Überlegungen
stellen dabei die Erfahrungen der Weltwirtschaftskrise von 1929 bis 1933 dar.
Anhaltende Arbeitslosigkeit und wirtschaftliche Depression waren durch die
herrschenden und etablierten Theorieansätze nicht erklärbar, schon gar nicht
hielten sie irgendwelche Lösungsansätze bereit, mit deren Hilfe die Depression
hätte bekämpft werden können. Als praktische Wissenschaft muss die Ökonomie, so Keynes Überzeugung, jedoch Antworten und Lösungen für die konkreten
Fragen und Probleme der Gegenwart liefern. Dabei richtet Keynes seinen Blick
vor allem auf die makroökonomischen Zusammenhänge innerhalb der Wirtschaft. Hier erweist sich das, was aus mikroökonomischer Perspektive sinnvoll
erscheint, im gesamtwirtschaftlichen Zusammenhang mitunter keineswegs als
gute Lösung. Während die klassische Theorie unterschiedliche Märkte (Arbeitsmarkt, Gütermarkt, Finanzmarkt etc.) weitgehend unabhängig voneinander
behandelt, rückt Keynes in seiner 1936 erstmals erschienen „General Theory of
Employment, Interest and Money" die Dependenzen zwischen den unterschiedlichen Märkten in den Vordergrund.

Sein zentrales Augenmerk gilt dabei der Konsumneigung einer Volkswirtschaft. So sei die Konsumneigung einer Volkswirtschaft maßgeblich beeinflusst
durch die gesamtgesellschaftlichen Einkommen, wobei gilt: Je geringer die Einkommen, desto höher der Prozentsatz der Einkommen, der für Konsumzwecke
verausgabt werden muss, und umgekehrt. Existieren in einer Volkswirtschaft
starke Einkommensunterschiede, werden die reichen Schichten prozentual
weniger konsumieren als die armen Bevölkerungsschichten. Entsprechend kann
der gesamtgesellschaftliche Konsum durch Einkommensumverteilung erhöht
werden. Jedoch gilt es zu beachten, dass zusätzliche Einkommen nicht in gleicher
Weise zu Konsumzwecken genutzt werden wie bisherige, da durch zusätzliche
Einkommen die Konsumneigung tendenziell sinkt. Keynes spricht hier von einer
marginalen Konsumneigung und meint damit jenen Prozentsatz, der von einem
bestimmten Betrag an zusätzlichen Haushaltseinkommen tatsächlich für Konsumzwecke ausgegeben wird. Auch sei die Konsumneigung einer Volkswirtschaft
begrenzt durch subjektive Motive, die den Einzelnen zum Sparen veranlassen. So
sei der einzelne Haushalt beispielsweise daran interessiert, Rücklagen für unvor-
hergesehene Ausgaben zu bilden, für künftiges niedrigeres Einkommen Vorsorge

zu treffen, Zinsen und Wertzuwachs des Ersparten zu genießen, im Laufe der Zeit mittels Ersparnis sukzessive seinen Konsumgüterverbrauch steigern zu können, finanzielle Unabhängigkeit zu schaffen, Kapital für Spekulation oder künftige Investitionen zu sammeln, Vermögen für die eigenen Kinder zu bewahren oder schlicht zu sparen, um den eignen Geiz zu befriedigen (vgl. Keynes 1994: 93).

Innerhalb einer Marktwirtschaft wird die Auftragslage der Unternehmen maßgeblich durch die wirksame oder effektive Nachfrage auf den Märkten bestimmt. Diese setzt sich zusammen aus dem Konsum der Haushalte und der Nettoinvestition der Unternehmen (Maschinen, Gebäude etc.). Je größer die effektive Nachfrage, desto größer die Erfolgsaussichten der Unternehmen. Da Unternehmen zukunftsorientiert investieren, spricht Keynes von so genannten Investitionspräferenzen: Je positiver der Blick der Unternehmen in die Zukunft (Investitionspräferenzen), desto größer die Investitionstätigkeit der Unternehmen in Erwartung der zukünftigen Gewinne. Diese Investitionstätigkeit in Erwartung zusätzlicher Absatzmöglichkeiten wirkt sich auch auf die Beschäftigungssituation aus, da mehr Investitionen in der Regel auch mehr Arbeitsplätze bedeuten:

> Es folgt, dass (...) die Menge der Beschäftigung sowohl in jeder einzelnen Firma und Industrie wie auch im Ganzen sich auf den Betrag des Erlöses stützt, den die Unternehmer von der entsprechenden Produktion zu erhalten erwarten. Denn die Unternehmer werden versuchen, die Menge der Beschäftigung auf dem Niveau zu fixieren, von dem sie erwarten, dass es den Überschuss des Erlöses über die Faktorkosten aufs Höchstmaß steigern wird. (Keynes 1994: 21)

Damit weist Keynes eine direkte Abhängigkeit des Arbeitsmarkts vom Konsumgütermarkt nach: Zusätzliche Arbeit hängt nicht, wie dies vor allem die Anhänger der österreichischen Grenznutzenschule behaupten, alleine von den Grenzkosten und Grenzerlösen der Arbeit und damit vom aktuellen Lohnniveau ab. Sie wird vielmehr begrenzt durch den Willen und die Fähigkeit der Unternehmer, zusätzlich zu investieren. Blicken Unternehmen aufgrund schwacher Konsumneigung der Bevölkerung pessimistisch in die Zukunft, wirkt sich dies direkt auf ihre Investitionstätigkeit und damit auch auf die von ihnen geschaffenen Arbeitsplätze aus. Dabei handelt es sich jedoch um keinen einmaligen Effekt. Bedingt durch die geringere Investitionsneigung kommt es zu einem generellen Rückgang der Erwerbseinkommen (sei es durch Entlassung von Arbeitern, Verkürzung der Arbeitszeit oder Lohnkürzungen) und damit zu erneuten Konsumausfällen. Für die Folgeperiode bedeutet dies, dass die Investitionsneigung der Unternehmen weiter abnehmen und so eine Spirale in Gang gesetzt wird.

Arbeitslosigkeit ist für Keynes daher nicht – wie in der klassischen Theorie unterstellt – eine Folge zu hoher Löhne, sondern eine Folge eines zu niedrigen Produktionsniveaus in Folge von zu schwacher Nachfrage. In dieser Situation lässt sich Arbeitslosigkeit nicht durch eine Lohnanpassung nach unten beseitigen. Unter diesen Umständen würde jede Form von zusätzlichen Reallohnkürzungen zu noch niedrigeren Haushaltseinkommen führen und damit zu weiteren Nachfrageausfällen beitragen. Arbeitslosigkeit würde daher durch niedrige Löhne verstärkt und nicht aufgehoben. Mithin geht Keynes davon aus, dass auch in potentiell reichen Volkswirtschaften dauerhafte Arbeitslosigkeit herrschen kann, nämlich genau dann, wenn die Gewinnerwartungen der Unternehmen zu schwach sind, um eine entsprechend hohe Rate an Neuinvestitionen auszulösen (vgl. Keynes 1994: 27).

Das Problem der effektiven Nachfrage ergibt sich für Keynes aus der Tatsache, dass nur ein Teil der Haushaltseinkommen tatsächlich für Konsumzwecke ausgegeben wird. Es entsteht also eine grundsätzliche Nachfragelücke in Höhe der Einkommen, die von den Haushalten nicht zu Konsumzwecken genutzt, sondern gespart werden. In der (neo)klassischen Volkswirtschaftslehre entstand hieraus zunächst kein Problem. Sparen bedeutete hier lediglich momentanen Konsumverzicht zu Investitionszwecken. Dank der Geschäftsbanken führte eine entsprechende Umschichtung der gesamtgesellschaftlichen Spareinlagen zu Krediten dazu, dass die Sparquote prinzipiell der entsprechenden Nettoinvestition einer Volkswirtschaft entsprach. Daher war es auf isoliert gedachten Finanzmärkten lediglich eine Frage der jeweiligen Zinssätze, um die volkswirtschaftlichen Investitionen und das Sparaufkommen miteinander ins Gleichgewicht zu bringen.

Für Keynes stellt sich das Problem zusätzlicher Ersparnisse als komplizierter dar (vgl. Keynes 1983: 143ff.): Wird auf einem gegebenem Konsumniveau zusätzlich gespart, führt dies zu einer Verringerung der Konsumquote. Sparen über den Betrag der für Nettoinvestitionen benötigten Geldmittel hinaus führt dann zu einer Reduktion der effektiven Nachfrage. Diese Verringerung wirkt sich gesamtwirtschaftlich unmittelbar als Nachfrageausfall aus und führt damit zunächst zu einer Verringerung der Einnahmen der Unternehmer, da kurzfristig die Löhne und die übrigen Produktionskosten gleich bleiben. Wird dieser Ausfall der Konsumnachfrage jedoch nicht durch eine Zunahme der Nettoinvestitionen kompensiert, hat dies eine Produktionsanpassung durch die Unternehmen zur Folge. Dies wiederum führt, wie bereits gezeigt, zu geringerer Beschäftigung (oder mindestens zu einer Absenkung des Reallohns), was zu einem entsprechenden gesamtwirtschaftlichen Einkommensverlust und damit zu einem weiteren Rückgang der effektiven Nachfrage führt.

Bei Beibehaltung der (zu hohen) Sparquote sinkt das Einkommen solange, bis sich Investition und Ersparnis auf einem niedrigeren Niveau wieder einander angenähert haben, sei es dadurch, dass die gesamte Produktion stockt und die Bevölkerung verhungert, dadurch, dass die Sparkampagne abgeblasen wird oder wegen Armut zusammenbricht, oder sei es dadurch, dass die Investitionstätigkeit so gefördert wird, dass sie die Lücke in der effektiven Nachfrage schließt. Da Keynes es jedoch für ziemlich unwahrscheinlich hält, dass der Ausfall der Konsumnachfrage ausgerechnet durch eine zusätzliche Investitionstätigkeit der Unternehmen bei gleichzeitig pessimistischen Zukunftsaussichten kompensiert wird, fordert er eine staatliche Investitionspolitik, um so die Nachfragelücke durch staatliche Investitionen oder durch Staatskonsum zu schließen.

Auch auf den Geldmärkten wird deutlich, dass Kreditangebot und Kreditnachfrage nicht unmittelbar eine Folge des Zinsniveaus sind, sondern vor allem durch die Zukunftserwartungen der Unternehmen bestimmt werden. Mithin lässt sich auch hier das Gleichgewicht zwischen gesamtwirtschaftlicher Ersparnis und gesamtwirtschaftlicher Investition nicht durch eine einfache Variation des Marktzinssatzes herstellen. So verdeutlicht Keynes:

> Dass Sparen ohne eine entsprechende Investition möglich ist, wird klar, wenn wir überlegen, was vorgeht, wenn eine Einzelperson auf die Verwendung ihres Einkommens für konsumtive Zwecke verzichtet. Es bleibt gleichgültig, was sie mit dem Überschuss tut, – ob sie ihn auf ihr Bankkonto gutschreiben lässt, ein Darlehen damit abbezahlt oder ein Haus oder ein Wertpapier kauft – vorausgesetzt, dass der Vorgang nicht von einem zusätzlichen Investitionsakt seitens eines Unternehmens begleitet ist. Es tritt am Markt der Konsumgüter ein Käufer weniger auf, so dass die Preise sinken. (Keynes 1983: 141f.)

Ähnlich wie auf dem Arbeitsmarkt die Nachfrage nach Arbeit nicht alleine durch die Grenzproduktivität und die Grenzkosten der Arbeit, sondern auch durch die Investitionspräferenzen der Unternehmen bestimmt wird, werden auch die Investitionen der Unternehmen nicht ausschließlich durch den Marktzinssatz, sondern auch durch die Zukunftserwartungen der Unternehmen beeinflusst. Vereinfacht ausgedrückt bedeutet dies, dass Unternehmen dann investieren, wenn die durch die Investitionen zukünftig erhoffte Rendite größer ist als der Marktzinssatz, zu dem die hierfür benötigten Gelder aufgenommen werden müssen. Liegt der Marktzinssatz über der erhofften Kapitalverzinsung der Investitionen, findet keine Investitionstätigkeit statt. Dies hat zur Folge, dass eine reine Geldmarktpolitik – d.h. ein Absenken des Zinsniveaus – bei allzu geringen oder gar negativen Renditeerwartungen ins Leere laufen kann. Keynes fordert daher auch auf Grund dieser Erkenntnis ein nachfragewirksames staatliches Engagement.

Um einen positiven Effekt auf die Investitionsneigung einer Volkswirtschaft zu erzielen, gilt es also, die Nachfragelücke durch staatliche Investitionen zu schließen. Auf den ersten Blick würde eine solche Forderung jedoch, auf Dauer gestellt, unweigerlich zum Staatsbankrott führen. Entscheidend ist daher, dass Keynes basierend auf den theoretischen Überlegungen Richard Kahns nachweist, dass staatliche Investitionen zur Schließung der Nachfragelücke einen vielfach höheren Einkommenseffekt (Multiplikatoreffekt) innerhalb der Volkswirtschaft erzielen. So würde beispielsweise – rein rechnerisch – bei einer Sparquote von zwanzig Prozent ein entsprechender „Multiplikatoreffekt" dazu führen, dass eine zusätzliche staatliche Investition einen fünffach höheren Einkommenseffekt erzielt. Dabei wirkt der Multiplikator umso stärket, je größer die marginale Konsumneigung ist (vgl. Willke 2002: 77ff.). De facto ergibt sich diese positive Wirkung aus der Nutzung bisher unausgelasteter Ressourcen an Kapital und Arbeit. Diese wurden bisher in Phasen der Rezension nicht genutzt, werden aber jetzt dank staatlicher Anschubfinanzierung erneut mobilisiert (vgl. Willke 2002: 78).

Aufgrund des Multiplikatoreffektes ist es dem Staat so möglich, die zusätzlichen Investitionen durch positive Steuereinkünfte in den Folgeperioden zu kompensieren. In unserem Beispiel würde dies bereits bei einem Durchschnittssteuersatz von zwanzig Prozent der Fall sein, ohne dass der Staat zusätzliche Einnahmequellen heranziehen müsste. Allerdings darf es sich bei den staatlichen Investitionen um keinen einmaligen Eingriff handeln. Würde der Staat in der Folgeperiode auf sein Engagement verzichten, käme dies einem Rückgang der effektiven Nachfrage gleich – mit den bekannten Folgen (vgl. Keynes 1994: 23f.). Allerdings kann der Staat sich in dem Maße aus seiner Finanzierungspflicht zurückziehen, wie die durch die staatlichen Investitionen ausgelösten Einkommenseffekte und die aufgrund der verbesserten Auftragslage steigenden Nettoinvestitionen der Unternehmen selbst die jeweiligen Nachfragelücken zu schließen in der Lage sind.

Im System einer nachfrageorientierten keynesianischen Wirtschaftspolitik stellen Transferleistungen und Staatsinvestitionen somit keine „Sozialleistung" dar, die aus Gründen einer wie auch immer auszugestaltenden „sozialen Gerechtigkeit" gezahlt würden. Es geht Keynes ausschließlich darum, das Absinken einer Konsumquote und die damit verbundenen negativen Konjunktureffekte mittels staatlicher Investitionstätigkeit zu verhindern. Obwohl seine Forderung nach aktiver staatlicher Wirtschaftspolitik also das genaue Gegenteil einer auf freiem Wettbewerb und staatlicher Nichteinmischung beruhenden neoklassischen Wirtschaftstheorie zu sein scheint, bleibt seine Forderung nach staatlicher Wirtschaftslenkung weitgehend frei von moralischen Überlegungen und stützt sich ausschließlich auf die Analyse wirtschaftlicher Zusammenhänge. Allerdings steht seine Konzeption der Idee einer ursprünglichen „politischen Ökonomie" deutlich näher als die auf staatliche Nichteinmischung pochende Schule der Neoklassik, da Keynes zugleich Handlungsempfehlungen für die Gestaltung der Wirtschaft aussprechen will. Auch wenn Keynes nicht explizit auf ethische Fragen von Verteilungsgerechtigkeit oder sozialem Ausgleich eingeht, so sind es doch die für ihn prägenden Erfahrungen der Weltwirtschaftskrise mit Massenarbeitslosigkeit und Verelendung breiter Bevölkerungsschichten, die staatliche Interventionen in seinen Augen zu rechtfertigen scheinen.

5.5 Die Soziale Marktwirtschaft als deutscher Sonderweg

Während sich Keynes' Gegenposition zum Ansatz des Neoliberalismus vor allem ökonomisch begründet, da sich in Keynes' Augen die neoliberale Theoriekonzeption aufgrund ihrer einseitigen angebotstheoretischen Ausrichtung und ihrer Fokussierung alleine auf die Herstellung von Marktgleichgewichten als unfähig erwies, Antworten auf die drängenden Krisenprobleme der Zwischenkriegszeit zu geben, formuliert der sich in der Zeit nach dem zweiten Weltkrieg in Deutschland etablierende Ordoliberalismus seine Kritik am Neoliberalismus durchaus auch aus philosophischer Perspektive. Dabei ist es zunächst schwierig, eine klare Trennlinie zwischen Ordo- und Neoliberalismus zu ziehen, da auch der Ordoliberalismus prinzipiell für freie Märkte und generelle staatliche Zurückhaltung eintritt. Gegenüber dem Neoliberalismus zeichnet sich der Ordoliberalismus jedoch durch drei Besonderheiten aus: Zum einen ist es besonderes Kennzeichen des Ordoliberalismus, dass er das Thema „soziale Gerechtigkeit" zum Leitmotiv des Wirtschaftens macht und damit explizit auf ein der Wirtschaft exogenes Ziel als Erfolgskriterium gesamtwirtschaftlicher Aktivitäten Bezug nimmt. Zum zweiten plädiert der Ordoloberalismus für einen politischen Ordnungsrahmen des Wirtschaftens, der zum einen dazu dienen soll, einen fairen Leistungswettbewerb aufrechtzuerhalten, zum anderen aber sicherstellen soll, dass „soziale Härten" und mit dem Prinzip der sozialen Gerechtigkeit nicht vereinbare Auswirkungen freier wirtschaftlicher Betätigung abgemildert werden. In den Augen der Ordoliberalisten sei die reine Isonomie, d.h. Gleichheit vor dem Gesetz respektive gleiche Markteintrittschancen, wie dies der Neoliberalismus forderte, alleine nicht in der Lage, die Freiheitsrechte des Einzelnen hinreichend zu sichern. Zugleich müssten auch Zugangsvoraussetzungen materieller Art gewährleistet sein, um tatsächlich von gleichen Chancen sprechen zu können. Anliegen der ordoliberalen Vorstellung einer durch die staatliche Rahmenordnung zu verwirklichenden „sozialen Gerechtigkeit" ist es mithin, nicht nur formale Chancengleichheit zu garantieren, sondern darüber hinaus die materiellen Voraussetzungen dafür zu schaffen, die es dem Einzelnen erlauben, diese Chancen auch tatsächlich zu nutzen. Zum dritten schließlich ist sich der Ordoliberalismus der Tatsache bewusst, dass eine Wirtschaftsmoral nicht das Ergebnis einer spontanen Ordnung ist, die das Handeln der Akteure in die richtigen Bahnen zu lenken in der Lage ist, sondern dass Wirtschaft, wie jedes andere gesellschaftliche System auch, auf die Moral seiner Akteure als exogene Größe angewiesen ist, um funktionsfähig zu bleiben. So formuliert Wilhelm Röpke die Einsicht:

> Menschen, die auf dem Markte sich miteinander im Wettbewerb messen und dort auf ihren Vorteil ausgehen, müssen um so stärker durch die sozialen und moralischen Bande der

Gemeinschaft verbunden sein, andernfalls auch der Wettbewerb aufs schwerste entartet. (Röpke 1979a: 146)

Diese zentralen Vorstellungen des Ordoliberalismus werden insbesondere für das Konzept der so genannten „Sozialen Marktwirtschaft" prägend, die nach dem zweiten Weltkrieg zum Leitbild des deutschen Wirtschaftssystems wurde. Allerdings handelt es sich beim Konzept der Sozialen Marktwirtschaft um kein geschlossenes Theoriegebäude: Zum einen gehen die Meinungen der Theoretiker der Sozialen Marktwirtschaft insbesondere darüber, wie viel staatliche Intervention zulässig und wie viel marktwirtschaftliche Freiheit und privatwirtschaftliche Initiative notwendig seien, durchaus auseinander. So tritt beispielsweise Alfred Müller-Armack für eine weit reichende staatliche Umverteilungspolitik ein und sieht es als unbestreitbare Aufgabe des Staates,

> ...über den Staatshaushalt und die öffentlichen Versicherungen die aus dem Marktprozess resultierenden Einkommensströme umzuleiten und soziale Leistungen, wie Kindergeld, Mietbeihilfen, Renten, Pensionen, Sozialsubventionen usw., zu ermöglichen. Das alles gehört zum Wesen dieser Ordnung... (Müller-Armack 1972: 26)

Demgegenüber erteilt Wilhelm Röpke einem derartigen „Fiskalsozialismus" (Röpke 1979a: 53) aus wirtschaftlichen wie aus moralischen Gründen eine klare Absage, da er davon überzeugt ist, dass eine derartige staatliche Wohlfahrtsmaschinerie letztlich nur der sie verwaltenden Bürokratie dienen würde (vgl. Röpke 1979a: 243). Ebenso warnt Ludwig Erhard vor einem ausufernden Wohlfahrtsstaat, der die Eigeninitiative der Bürger lähmt:

> Wenn dagegen die Bemühungen der Sozialpolitik darauf abzielen, dem Menschen schon von seiner Geburt an volle Sicherheit gegen alle Widrigkeiten des Lebens zu gewährleisten (...), dann kann man von solchen Menschen einfach nicht mehr verlangen, dass sie das Maß an Kraft, Leistung, Initiative und anderen besten menschlichen Werten entfalten, das für das Leben und die Zukunft der Nation schicksalhaft ist und darüber hinaus die Voraussetzung einer auf die Initiative der Persönlichkeit begründeten ‚Sozialen Marktwirtschaft' bietet. (Erhard 1957: 257)

Zum anderen versteht sich das Konzept der Sozialen Marktwirtschaft als ein gestaltungsoffenes System, das entsprechend den jeweils aktuellen gesellschaftlichen Entwicklungen fortgeschrieben werden müsse (vgl. Eucken 1949: 29; Müller-Armack 1948a: 141). Im weitesten Sinn bildet das Konzept der Sozialen Marktwirtschaft einen Gesellschaftsentwurf, der die Elemente Freiheit, soziale Gerechtigkeit und Eigenverantwortung miteinander in Einklang bringen möchte. Tragend für dieses Konzept ist der Gedanke, dass die wirtschaftliche Ordnung

zum einen auf der gesellschaftlichen Ordnung und den gesellschaftlichen Moralvorstellungen, Werthaltungen und Zielsetzungen aufruhe – Röpke (1979b: 85)
spricht von einem der Wirtschaft „widergelagerten Gesellschaftssystem" – und
zum anderen durch den Staat und seine Organe in die gesellschaftspolisch
erwünschten Bahnen gelenkt werden müsse.

Entsprechend wird Wirtschaft innerhalb des Ordoliberalismus stets von der
Gesellschaft her gedacht, der zu dienen sie in der Lage sein soll (vgl. Müller-Armack
1976: 89). Der marktlichen Steuerung des Wirtschaftsprozesses selbst kommt in
diesem System kein Eigenwert zu. Sie besitzt lediglich Instrumentalcharakter, da
sie am besten dazu geeignet ist, die moralischen Ziele der Gemeinschaft – d.h.
Reduktion von Knappheit bei gleichzeitiger weitestgehender Ermöglichung von
Freiheit – zu gewährleisten (vgl. u.a. Röpke 1994: 331f.; Müller-Armack 1948b:
86). Insbesondere sei dabei meta-ökonomischen Zielen wie Freiheit und Gerechtigkeit im Zweifel Vorrang vor den ökonomischen Zielen, insbesondere dem Wirtschaftswachstum, einzuräumen.

In seiner Schrift „Die Wettbewerbsordnung und ihre Verwirklichung" (Eucken
1949) legt Walter Eucken die theoretischen Grundprinzipien des sozial-markt-
wirtschaftlichen Wirtschaftsverständnisses fest. Ausgangspunkt bildet dabei
ein „Systemvergleich" zwischen Planwirtschaft und Marktwirtschaft, in dem er
die Schwächen der jeweiligen Systementwürfe offenlegt. So sei die Annahme
des rein auf Marktsteuerung setzenden Manchesterliberalismus, dass alleine
der Konkurrenzmechanismus für eine gerechte und bedarfsgerechte Güter- und
Faktorallokation ausreiche, offensichtlich falsch. Dies zum einen deshalb, da die
idealen Bedingungen (vollständige Markttransparenz, homogenes Güterangebot,
unendlich schnelle Anpassungsreaktionen der Märkte etc.), die den Modellen der
(neo)klassischen Ökonomie zugrunde liegen, in der Realität niemals anzutreffen
sind. Zum anderen habe die Praxis gezeigt, dass das stetige Streben der einzelnen Wirtschaftsakteure, ihre Marktposition durch Errichtung von Monopolen zu
verbessern, dazu führe, dass die Garantie von wirtschaftlichen Freiheitsrechten
dazu missbraucht würde, um durch die Erlangung von Monopolen die Freiheitsrechte aller übrigen Marktteilnehmer außer Kraft zu setzten. Auch würde in dieser
Situation die im Monopol erreichte wirtschaftliche Macht vielfach dazu genutzt,
Einfluss auf staatliche Politik und staatliche Organe zu nehmen, um so die eigene
wirtschaftliche Macht weiter ausbauen zu können. Zudem zeigen die Lehren der
vergangenen Wirtschaftskrisen, dass das Fehlen einer staatlichen Geldpolitik
zu Währungsinstabilitäten führe und damit die Stabilität der Wirtschaft insgesamt gefährde. Die Bildung einer Wirtschaftsordnung sei daher kein „spontaner"
Prozess und dürfe nicht sich selbst überlassen werden (vgl. Eucken 1990: 26-55).

Demgegenüber beruhen Systeme der staatlichen Wirtschaftsplanung auf
der irrigen Annahme, dass es möglich sei, die Pläne aller Einzelhaushalte über

zentrale Planstellen zu koordinieren. Wie die Praxis zeige, sei eine Koordination und die Abstimmung der Teilpläne faktisch jedoch nicht möglich, da der zentralen Planungsstelle hierzu die wesentlichen Daten, nämlich die Konsumpläne der Einzelhaushalte, fehlen. Zudem sei eine exakte Kostenrechnung im planwirtschaftlichen System unmöglich, da Aufgrund des fehlenden Marktmechanismus die Preise der Güter nicht ihren wahren Wert anzeigen, sondern von der Planungsstelle mit einem fiktiven Wert belegt werden. Dies verhindere die Erfassung von Wertänderungen im Zeitablauf, insbesondere durch Nachfrageveränderung. Weitere Probleme ergeben sich aus dem durch mangelnde Konkurrenz entfallenden Rationalisierungsdruck der Unternehmen und der übermächtigen Stellung der Kommissare, die diese wie Monopolisten zu nutzen in der Lage seien. Zudem würden im System der Planwirtschaft fundamentale Freiheitsrechte missachtet, da es auf Beschlagnahmung, der Freigabe von Lizenzierungen, der staatlichen Zuteilung von Produktionsmitteln und einer allgemeinen Arbeitsverpflichtung basiere. Walter Eucken kommt daher zu dem Schluss, dass die Zentralverwaltungswirtschaft zwangsläufig zu einer Verkümmerung des Rechtsstaats führe, da sie rechtsstaatliche Grundelemente, wie Vertragsfreiheit, Freizügigkeit, freie Berufswahl oder Gewerbefreiheit nicht garantieren kann. Zudem führe sie aufgrund der Schwierigkeiten bei Plankoordination und -abstimmung zu einer schlechteren Marktversorgung (vgl. Eucken 1990: 106-139).

Auch bisherige Versuche, beide Wirtschaftskonzeptionen miteinander zu verbinden, sei es durch Verstaatlichung der Grundlagenindustrie oder die Schaffung von Selbstverwaltungskörperschaften, so Eucken, waren letztlich zum Scheitern verurteilt, da es ihnen nicht gelang, Monopolisierungstendenzen effektiv entgegenzuwirken und einen funktionsfähigen Wettbewerb als Voraussetzung eines funktionsfähigen Preissystems aufrechtzuerhalten (vgl. Eucken 1990: 140-149).

Zusammenfassend gelangt Eucken zu dem ernüchternden Schluss:

> Im dritten Jahrzehnt unseres Jahrhunderts liefen die langen Serien konjunkturpolitischer Versuche in den Vereinigten Staaten, Deutschland, England usw. in die Krisenkatastrophe 1929/32 aus. Hier lag der unmittelbare Misserfolg deutlich zutage. – Demgegenüber gelang es zwar den Experimenten der Vollbeschäftigungspolitik und der Politik der zentralverwaltungswirtschaftlichen Lenkung, Arbeitslosigkeit zu vermeiden oder vorhandene Arbeitslosigkeit zu beseitigen, aber mit dem Erfolg, dass der Teufel mit dem Beelzebub ausgetrieben wurde. Eine wirtschaftliche Not trat an die Stelle der anderen. Warum scheiterten die konjunkturpolitischen Versuche? Was soll positiv geschehen? (Eucken 1990: 309)

Das Konzept der Sozialen Marktwirtschaft versteht sich als Antwort auf diese Frage und als ein „Dritter Weg" und gleichsam als Alternative zu Manchester-Liberalismus und Zentralverwaltungswirtschaft. Ziel ist es, durch Schaffung eines staatlichen Ordnungsrahmens des Wirtschaftens allen Märkten eine Ordnung zu geben, die die Konkurrenz zwischen den Wirtschaftssubjekten als dominierendes Prinzip der Marktwirtschaft garantiert und es zugleich den Haushalten und Betrieben erlaubt, frei zu planen. Zudem soll die staatliche Wirtschaftsordnung für eine funktionsfähige Konkurrenz auf den Märkten sorgen, aber auch dort eingreifen, wo Konkurrenz zu unerwünschten Ergebnissen führt (vgl. Eucken 1949: 22-27).

Zur Umsetzung dieser Wettbewerbsordnung bedarf es bestimmter Prinzipien, die als ordnungspolitischer Rahmen zum einen die Funktionsfähigkeit des Wettbewerbs und zum anderen die sozialverträgliche Ausgestaltung der Marktwirtschaft garantieren sollen. Dabei unterscheidet Eucken zwischen so genannten „konstituierenden Prinzipien", die die Soziale Marktwirtschaft gleichsam begründen, und so genannten „regulierenden Prinzipien", die ihre langfristige Funktionsfähigkeit garantieren sollen, da sie Fehlentwicklungen automatisch entgegenwirken. Zu den konstituierenden Prinzipien zählt Eucken (vgl. Eucken 1949: 32-62; 1990: 254-291): (1) Die Schaffung eines funktionsfähigen Preissystems: Nur ein funktionsfähiges Preissystem erlaubt es, den Marktmechanismus zu steuern. Preise müssen in der Lage sein, Knappheit oder Überfluss an Gütern anzuzeigen, um so eine bedarfsgerechte Allokation zu ermöglichen. (2) Die Preisstabilität der Währung: Dies ist zum einen die Voraussetzung, um den Koordinationsmechanismus der Preise zu gewährleisten. Zum anderen schafft nur eine verlässliche Währung Anreize für Investitionen. (3) Offene Märkte und freier Marktzugang: Nur auf offenen Märkten kann Wettbewerb entstehen; Wettbewerb ist die Basis des marktwirtschaftlichen Systems. Dabei sind Zölle zugelassen, sie wirken lediglich wie eine „Vergrößerung des Raumes"; Patente hingegen gefährden den freien Marktzugang. (4) Eine konstante Wirtschaftspolitik: Nur eine konstante, vorhersehbare Wirtschaftspolitik schafft Sicherheit für Investitionen. Konstante Wirtschaftsdaten helfen, den Amortisationszeitraum für Investitionen überschaubar zu machen. (5) Die Garantie des Privateigentums: Wettbewerb wird durch das Eigeninteresse der Wirtschaftssubjekte gesteuert; der Einzelne muss durch seine wirtschaftliche Betätigung Vorteile erringen können. Allerdings muss eine Wettbewerbsordnung den Missbrauch von Privateigentum verhindern helfen. (6) Die Garantie der Vertragsfreiheit: Vertragsfreiheit ist die Vorrausetzung für die Koordination der Einzelpläne der verschiedenen Haushalte. Jedoch gilt das Verbot der Monopol- und Kartellbildung, da hierdurch die Vertragsfreiheit aller übrigen Wirtschaftsakteure aufgehoben würde. Die Wettbewerbsordnung muss die Vertragsfreiheit aller schützen. (7) Den Abbau von Haftungsbeschränkungen: „Wer den Nutzen hat, soll auch den Schaden haben" – dann werden Investitionen vorsichtiger durchgeführt. Eine Haftungsbeschränkung soll daher nur für Gesellschaften ohne bedeutenden wirtschaftlichen Einfluss zulässig sein.

Da es zugleich jedoch gilt, die Aufrechterhaltung der Wettbewerbsordnung zu garantieren und einer Erosion durch möglichst automatisch wirksame Prinzipien entgegenzuwirken, müssen die konstituierenden Prinzipien um folgende regulierende Prinzipien ergänzt werden (vgl. Eucken 1949; 64-83; 1990: 291-312): (1) Eine staatliche Monopolkontrolle: Generelles Ziel ist die Auflösung von Monopolen; wo dies nicht möglich ist, bedarf es einer staatlichen Kontrolle, um die Betriebe so einem „wettbewerbsanalogen" Druck auszusetzen. (2) Eine laufende Einkommenskorrektur: Ungleiche Einkommensverteilung führt zu Luxusgüterproduktion, obwohl die Bedarfsgüterdeckung innerhalb der Volkswirtschaft noch nicht erreicht ist. Aus Gerechtigkeitsgründen ist daher mittels aktiver Steuerpolitik (Steuerprogression) eine Einkommenskorrektur herbeizuführen. (3) Eine Wirtschaftsrechnungskorrektur: Die Wirtschaftsrechnung muss um die externen Effekte korrigiert werden; Unternehmen müssen die vollen Kosten ihrer Produktion zugeschrieben werden. Es darf nicht möglich sein, durch Abwälzen der externen Effekte auf die Gemeinschaft die eigene Wettbewerbsposition zu verbessern. (4) Antikonjunkturelles Verhalten: Wo immer nötig, gilt es, die Ineffizienzen des Marktmechanismus zu vermeiden. So etwa führt die Anomalie der Angebotsfunktion des Faktors Arbeit zu Ineffizienzen auf dem Arbeitsmarkt, da bei niedrigen Preisen für Arbeit (Löhnen) nicht, wie eigentlich auf Märkten üblich, weniger Arbeit, sondern mehr Arbeit angeboten wird, da die Haushalte auf ein Mindesteinkommen angewiesen sind, das nur durch „Mehrarbeit" erwirtschaftet werden kann. Um diese Ineffizienzen zu vermeiden, müssen im Bedarfsfall Lohnuntergrenzen festgelegt werden. (5) Währungspolitische Stabilisatoren: Im Vordergrund steht dabei für Eucken die Geldmengensteuerung; Geldentstehung durch Kreditvergabe der Geschäftsbanken soll weitgehend unterbunden werden. Daher müssen Automatismen zur Regulierung der Geldmenge gefunden und implementiert werden.

Alle genannten Prinzipien müssen zusammenwirken, um das Funktionieren der Sozialen Marktwirtschaft zu gewährleisten. Jedoch bedarf es neben den rein ordnungspolitischen Vorgaben der Rahmenordnung für Eucken auch gewisser vorgelagerter moralischer Prinzipien, denen sich die einzelnen Wirtschaftssubjekte verpflichtet fühlen müssen, damit eine sozialverträgliche Wirtschaftsordnung, die zum Wohle aller wirkt, realisiert werden kann. So muss sich zum ersten der Einzelne stets verpflichtet fühlen, im Rahmen seiner Gemeinschaft nicht egoistisch zu handeln. Zum zweiten soll er bei der Verwirklichung seiner individuellen Pläne nach dem wirtschaftlichen Prinzip handeln, da nur so garantiert werden kann, dass die zur Zielerreichung benötigten Mittel optimal genutzt werden. Schließlich besteht zum dritten für die Gesamtwirtschaft die wirtschaftspolitische Aufgabe, individuell wirtschaftlich-rationales Verhalten so aufeinander abzustimmen, dass daraus auch gesamtwirtschaftlich wirtschaftlich-rationales Handeln folgt (vgl. Eucken 1990: 354). Unmissverständlich stellt Walter Eucken jedoch klar, dass wirtschaftlich sinnvolles Handeln vom „egoistischen", nur am Eigennutzen interessierten Handeln streng zu unterscheiden sei:

> Egoismus und Altruismus bestimmen die Zwecke, auf welche die Wirtschaftspläne ausgerichtet werden; durch Handeln nach dem wirtschaftlichen Prinzip wird die Auswahl der Mittel bestimmt, um die Zwecke zu erreichen. ‚Egoismus' und ‚wirtschaftliches Prinzip' befinden sich also gleichsam auf unterschiedlichen Ebenen. (Eucken 1990: 353)

Obwohl sich sicherlich darüber streiten lässt, inwieweit es tatsächlich gelungen ist, diesen idealtypischen Entwurf einer sozialen Wirtschaftsordnung im System der „real existierenden" Sozialen Marktwirtschaft umzusetzen, wird man dennoch zugeben müssen, dass sich mindestens in ihrem theoretischen, konzeptionellen Entwurf eine erneute Rückbindung der Ökonomie an die praktische Philosophie erkennen lässt. So ist es zum einen die Vorstellung einer „lebensdienlichen Ökonomie", deren letztgültiger Zweck es ist, unter Bewahrung wesentlicher sozialer und demokratischer Grundwerte die bedarfsgerechte Versorgung aller Bevölkerungsschichten zu garantieren, die der ursprünglichen Vorstellung der großen Theoretiker der politischen Ökonomie nahe kommt. Zum anderen ist es das Grundverständnis der Ökonomie als Teil der gesellschaftlichen Ordnung und die Vorstellung, aktiv durch staatliche Wirtschaftspolitik ökonomischen Fehlentwicklungen entgegenwirken zu müssen, in dem sich die Idee der praktischen Philosophie, verstanden als Anleitung zu richtigem Handeln, widerspiegelt. Wie auch John Stuart Mill verstehen die Väter der Sozialen Marktwirtschaft Ökonomie eben nicht als Naturwissenschaft, sondern vor allem als soziale Wissenschaft. So warnt auch Wilhelm Röpke die Ökonomen seiner Zeit davor zu vergessen,

> ...dass die Nationalökonomie selbstverständlich keine Naturwissenschaft (...), sondern eine Geisteswissenschaft ist und es als eine solche ‚moral science' mit dem Menschen als einem geistig-moralischen Wesen zu tun hat. (Röpke 1979a: 368)

6. Ökonomie zwischen Markt und Moral

Trotz aller theoretischer Bemühungen der Väter der Sozialen Marktwirtschaft, das Verhältnis von Ökonomie, Politik und Gesellschaft neu zu bestimmen und damit in gewisser Weise an die Tradition einer „politischen Ökonomie" anzuknüpfen, spielt der deutsche Sonderweg der Sozialen Marktwirtschaft international gesehen nur eine untergeordnete Rolle. Innerhalb des ökonomischen „mainstreams" ist es vor allem die „reine Ökonomik", verstanden als wertfreie ökonomische Wissenschaft, die basierend auf nutzentheoretischen Überlegungen und ausgehend von der Annahme (ökonomisch) rationalen Verhaltens aller Wirtschaftsakteure die Ausbildung und Forschung im Bereich der Wirtschaftswissenschaften bestimmt. Die ursprünglich zum Zweck der Modellbildung getroffene Annahme rationalen Handelns und die so entstandenen „moralfreien" und „staatsfreien" reinen Theorien fasst die Ökonomik dabei mit fortschreitender Theorieentwicklung in immer stärkeren Maße

> ...als ein erschöpfendes Abbild der ‚natürlichen', d.h. der nicht durch menschliche Torheit verfälschten, Wirklichkeit, darüber hinaus aber und auf Grund dessen als ein ‚Sollen' auf: als ein in der Wertsphäre geltendes Ideal statt einen für die empirische Erforschung des Seienden brauchbaren Idealtypus. (Weber 1988c: 536f.)

Ökonomisch-rationales Handeln verliert damit nach und nach seinen Charakter, lediglich Modellannahme für die Erklärung menschlichen Wirtschaftshandelns zu sein, und wird zur a priori zu unterstellenden Verhaltensannahme menschlichen Handelns schlechthin.

Innerhalb der an mathematischen Modellen orientierten „maisntream economics" werden die im Rahmen marktlicher Transaktionen geäußerten Präferenzen der Wirtschaftsakteure weitgehend als gegebene Daten begriffen, die auf den Märkten bestimmte Reaktion und Anpassungen herbeiführen, ohne dass dabei die „Richtigkeit" bestimmter Präferenzen oder wirtschaftlicher Entscheidungen hinterfragt wird. Ziel der Ökonomik ist es, die „Marktmechanik" bestmöglich zu erfassen. Dabei treten das Individuum und sein Verhalten hinter den reinen Marktmechanismus zurück. Auf polypolistischen Märkten und in der Situation vollständigen Wettbewerbs, so die Annahme, würden sich die unterschiedlichen Motive der Marktteilnehmer wechselseitig marginalisieren; allein beobachtbar ist dann die Reaktion der Märkte, die analog zu mechanischen oder physikalischen Prozessen beschrieben werden kann (vgl. Brodbeck 2011: 45f.).

In Anlehnungen an die Annahmen der Grenznutzenschule konzentriert sich auch die moderne Ökonomik auf die individuelle Nutzenfunktion, die das Verhalten des einzelnen Wirtschaftsakteurs am Markt bestimmt. Ziel des einzelnen

Wirtschaftsakteurs sei es, unter gegebenen Bedingungen und unter der Voraussetzung einer stabilen Präferenzordnung seinen (subjektiven) Nutzen zu maximieren. Aufbauend auf den theoretischen Vorarbeiten Heinrich Gossens, Leon Walras' und Stanley Jevons' wird dabei davon ausgegangen, dass die nutzenstiftende Wirkung eines Gutes mit der konsumierten Menge abnimmt, d.h. der Nutzenzuwachs je weiterer konsumierter Einheit (Grenznutzen) kleiner wird („erstes Gossensches Gesetz"). Da *per definitionem* jedes Individuum bei gegebenen Mitteln bestrebt ist, den Gesamtnutzen seines Konsums über alle Güter hinweg zu maximieren, und zugleich das Gesetz vom abnehmenden Grenznutzen gilt, wird dieser Zustand maximaler Nutzenbefriedigung genau dann erreicht, wenn der (subjektive) Grenznutzen aller vom Individuum konsumierten Güter gleich ist („zweites Gossensches Gesetz").

6.1 Ökonomie als allgemeine Theorie menschlichen Handelns

Stand am Beginn der ökonomischen Theoriebildung die Annahme, dass es das individuelle Streben des Einzelnen nach Verbesserung seiner materiellen Lage sei, das ihn zu wirtschaftlicher Leistung motiviere, tritt dieses Nutzenstreben der individuellen Akteure innerhalb der modernen Ökonomik nun nurmehr in Form einer aggregierten Nutzenfunktionen in Erscheinung. Während innerhalb der klassischen Ökonomie die (wirtschaftlichen) Motive des Einzelnen einer moralischen Bewertung prinzipiell (noch) zugänglich waren und durchaus an den Regeln von Anstand und Sitte gemessen wurden, entzieht sich die rein als Nutzenfunktion gedachte Präferenzordnung jedweder moralischen Wertung. Da die aggregierten subjektiven Präferenzordnungen ausschließlich in Form von auf Märkten geäußerter Zahlungsbereitschaft, d.h. in Form von Marktpreisen, in Erscheinung treten, deren Reaktionen mittels mathematischer Modelle erfasst werden, kann die moderne Ökonomik vollständig von den dahinter liegenden individuellen Motiven und Wünschen der wirtschaftenden Subjekte abstrahieren. Letztlich wird so ein objektiver, da beobachtbarer Zusammenhang zwischen Nutzenerwägungen und Gütermengen angenommen, wobei stets unterstellt wird, dass hierin auch die wahren Präferenzen der Marktakteure zum Ausdruck kämen, da die beobachteten Transaktionen auf freiwilligen Entscheidungen der Akteure beruhten (vgl. Brodbeck 2011: 46).

Zunehmend beginnt die innerhalb der Ökonomie etablierte Vorstellung, dass es möglich sei, aus dem aktuellen Handeln des einzelnen auf seine jeweilige Präferenzordnung zu schließen, da er *per definitionem* stets bestrebt sei, bei gegebener individueller Nutzenfunktion seinen Nutzen möglichst maximal zu befriedigen, auch die grundlegenden Annahmen über menschliches Verhalten in anderen Wissenschafts- und Gesellschaftsbereichen zu beeinflussen. Beispiele hierfür sind unter anderem die „Public-Choice-Theorie", die „ökonomische Theorie des Rechts" und nicht zuletzt die „ökonomische Ethik". Allen diesen Theorien gemeinsam ist, dass sie rational handelnde, durch materielle Anreize beeinflussbare und an der Maximierung des eigenen Nutzens orientierte Akteure unterstellen, die ihre gegebenen Präferenzen (Nutzenfunktion) in ihrem Handeln zum Ausdruck bringen. Damit gelingt es der ökonomischen Nutzentheorie in gewisser Weise, allmählich den Status einer Universaltheorie menschlichen Handelns einzunehmen (vgl. u.a. Held 1991; Kirchgässner 1991: 138-142).

Eine vorläufige Apotheose erreicht diese Interpretation menschlichen Handelns ausschließlich aus ökonomischer Perspektive mit Gary Beckers Versuch der „ökonomischen Erklärung menschlichen Verhaltens" (Becker 1993). So lasse sich beispielsweise kriminelles Verhalten rein auf Grund der damit verbundenen Vorteilslogik erklären. In diesem „ökonomischen Modell" basiert die Entscheidung für ein Verbrechen auf der Einschätzung der Erfolgswahrscheinlichkeit im Verhältnis zum erwarteten Strafmaß im Falle des Entdecktwerdens. Die simple Logik hieraus ist, dass sich das Vorteilskalkül durch eine Erhöhung des Strafmaßes und eine die „Bestrafungssicherheit" erhöhende Polizeipräsenz verändern lässt, das Verbrechen mithin „unrentabler" wird (Becker/Nashat Becker 1998: 176ff.). Generell lasse sich das ökonomische Kalkül so auf alle Lebensbereiche übertragen. So schreibt Gary S. Becker:

> In der Tat bin ich zu der Auffassung gekommen, dass der ökonomische Ansatz so umfassend ist, dass er auf alles menschliche Verhalten anwendbar ist (...). Die Anwendungsmöglichkeiten eines so aufgefassten ökonomischen Ansatzes sind ebenso breit wie es der Reichweite der Ökonomie (...) entspricht, die auf knappe Mittel und konkurrierende Ziele abstellt. (Becker 1993: 7)

So betrachtet Becker im Rahmen der ökonomischen Analyse der Familienplanung Kinder ökonomisch gesehen als „langlebige Konsumgüter" und Quelle psychischer Freude, die anderen Nutzenüberlegungen gegenübergestellt werden. Entsprechend bestimmt sich die Fertilität durch Einkommen, Kosten der Kinder und Ungewissheit hinsichtlich des Eintretens des erhofften Nutzens (Becker 1993: 188-225). Ähnliches gilt für den „Heiratsmarkt". Hier spielen zum einen die Präferenzen der Partner, zum anderen das durch die Heirat angestrebte höhere Nutzenniveau (z.B. Qualität gemeinsamer Mahlzeiten, Prestige, Gesundheit etc.) die ausschlaggebende Rolle. Letztlich ergibt sich so die Entscheidung für oder gegen eine Ehe entsprechend der Grenzproduktivität, die aus der einzugehenden Verbindung resultiert (vgl. Becker 1993: 225-259).

Damit wird die Theorie ökonomisch rationalen Verhaltens in gewisser Weise zur allgemeinen Handlungstheorie menschlichen Verhaltens, wobei stets unterstellt wird, dass das seitens der Individuen geäußerte Verhalten einerseits rational im Sinne maximaler Nutzenbefriedigung ist und diese andererseits über eine klare Präferenzordnung (Nutzenfunktion) verfügen, auf deren Grundlage sie bemüht sind, ihre Vorteile zu maximieren. Als problematisch in dieser Sichtweise erweist sich jedoch, dass nahezu jedes geäußerte Verhalten als rationale Umsetzung bewusster und stabiler Präferenzen interpretiert wird. Situative Einflussfaktoren, mögliche Inkonsistenzen der individuellen Nutzenfunktion oder Veränderungen der Präferenzen aufgrund von Erfahrungslernen bleiben in diesem Modell menschlichen Verhaltens unberücksichtigt. Zudem erlaubt es ein weiter Vorteilsbegriff, nahezu jedwedes geäußerte Verhalten im Nachhinein als „Nutzen maximierend" darzustellen: Egal ob sich der Einzelne für oder gegen eine Karriere entscheidet, lässt sich dies im einen Fall auf seinen in dieser Entscheidung zum Ausdruck gebrachten Wunsch, seinen materiellen Verdienst zu maximieren, im anderen Fall auf sein Streben nach maximaler Freizeit zurückführen. Damit verliert das Modell jede Prognosekraft hinsichtlich des zu erwartenden menschlichen Verhaltens.

Obwohl die Ökonomik mit dem Kriterium der „ökonomischen Rationalität", verstanden als Nutzenmaximierung bei stabiler Präferenzordnung unter gegebenen Restriktionen, ein scheinbar unhintergehbares objektives Kriterium für rationales menschliches Wirtschaftshandeln gefunden zu haben glaubt, bleibt diese Vorstellung, allen Selbstdarstellungen der Ökonomie als wertfreier Wissenschaft zum Trotz, an eine Reihe impliziter Werturteile gebunden: So wird menschliches Handeln ausschließlich auf die Verwirklichung von wie auch immer gearteten Rentabilitätsinteressen reduziert, ohne dass hierfür eine normative Begründung gegeben, beziehungsweise ein empirischer Nachweis erbracht würde. Auch basiert die Fiktion ökonomisch rationalen Verhaltens auf der – selbst noch von den Theoretikern der Sozialen Marktwirtschaft durchaus vertretenen – Ansicht, dass dieses Verhalten wünschenswert sei, da es in der Regel zur gesamtgesellschaftlichen Wohlfahrt beitrage.

Insbesondere in jüngster Zeit wird diese Annahme positiver Resultate rationalen Handelns jedoch auch innerhalb der Wirtschaftswissenschaften zunehmend in Zweifel gezogen. So sind es zum einen die Vertreter der so genannten Spieltheorie, die den Nachweis erbringen, dass individuell rationales Verhalten nicht notwendig zu einem individuellen oder gar gesellschaftlichen Nutzenoptimum führen muss. Da sich in realen Handlungssituationen stets Akteure begegnen, die ihr Verhalten entsprechend der unterstellten Verhaltensweisen aller übrigen Akteure zu optimieren versuchen, hat dies zur Folge, dass der einzelne dazu gezwungen ist, Annahmen über das Verhalten aller anderen zu treffen, um hieran die eigenen Handlungsstrategien ausrichten zu können. Da der ökonomische Rationalitätsbegriff, mindestens im Marktkontext, implizit die Maximierung des eigenen Nutzens fordert, lässt sich dies als Handlungsmotiv prinzipiell auch bei allen anderen Marktteilnehmern unterstellen. Spieltheoretisch lässt sich diese Situation in Form des so genannten Gefangenen-Dilemmas veranschaulichen (Rapoport/Chammah 1965):

> Zwei Häftlinge sind einer gemeinsam begangenen Straftat angeklagt. Da sie getrennt inhaftiert werden, besteht für sie keine Möglichkeit, eine gemeinsame Verteidigungsstrategie festzulegen. Verhalten sich beide Angeklagte kooperativ und schweigen, können sie wegen eines geringen Vergehens zu zwei Jahren Haft verurteilt werden. Verhält sich einer der Angeklagten nicht kooperativ und belastet den anderen, während dieser weiterhin kooperativ bleibt und schweigt, so findet die Kronzeugenregelung Anwendung, und der Kronzeuge geht straffrei aus, während der andere Angeklagte zu fünfzehn Jahren Freiheitsstrafe verurteilt wird. Verhalten sich beide Angeklagten nicht kooperativ und belasten sich wechselseitig, werden beide zu zehn Jahren Haft verurteilt. In dieser Situation erscheint unabhängig von der Strategiewahl des jeweiligen Mitgefangenen stets die nicht-kooperative Strategie aus individueller Sicht am vorteilhaftesten. Verhält sich beispielsweise Gefangener 1 kooperativ, ist es für Gefangenen 2 vorteilhaft, sich nicht kooperativ zu verhalten, da er dann in den Genuss der Kronzeugenregelung kommt und straffrei ausgeht. Verhält sich Gefangener 1 hingegen nicht kooperativ, ist es für Gefangenen 2 ebenfalls „vernünftiger" sich nicht kooperativ zu verhalten, da zehn Jahre Freiheitsstrafe besser sind als fünfzehn. Da es also für beide Gefangene rational erscheint, sich unter allen Umständen nicht kooperativ zu verhalten und den jeweils anderen zu belasten, werden sie letztendlich beide zu zehn Jahren Gefängnis verurteilt. Dies entspricht aber weder dem individuell erreichbaren Optimum (straffrei) noch dem gesamtgesellschaftlichen Optimum (zwei mal zwei Jahre Haft). Insgesamt wird gesamtgesellschaftlich sogar das schlechtestmögliche Ergebnis erreicht (zwei mal zehn Jahre Haft).

Damit aber gerät die Annahme der (neo)klassischen Ökonomie, rationales Verhalten führe stets zu einer Optimierung des individuellen Nutzens und würde sich zudem positiv auf den Gesamtnutzen einer Gesellschaft auswirken, mindestens theoretisch unter Druck. Denn das aus der Dilemmasituation resultierende suboptimale Handlungsergebnis ergibt sich nicht aus der fehlenden Berücksichtigung moralischer Größen, sondern ist einzig und allein Resultat einer „rationalen" Strategiewahl:

Das entscheidende Motiv der ökonomischen Rationalität, das Selbstinteresse, verursacht also ganz unabhängig von moralischen Ansprüchen und Verpflichtungen ein Dilemma. Die ökonomische Rationalität ist für sich gesehen, gemessen an ihrer eigenen Leistungsfähigkeit, problematisch. (Vossenkuhl 1992: 200f.)

Zum zweiten ist es die so genannte „experimentelle Ökonomie", die aufbauend auf spieltheoretischen Überlegungen anhand empirisch gewonnener Daten über das „tatsächliche" Verhalten von Marktakteuren zunehmend Zweifel am Menschenbild des rein nach eigenem Nutzen strebenden *homo oeconomicus* äußert. In zahlreichen unterschiedlichen Experimenten zeigte sich, dass für die Entscheidungen der Probanden Vorstellungen von Fairness, Anstand, Würde, Verdienst oder Gerechtigkeit eine mindestens ebenso große Rolle spielten wie der Wunsch, den eigenen Nutzen zu maximieren (vgl. u.a. Falk/Fehr/Fischbacher 2001; Fehr/ Schmidt 1998).

Ein Beispiel hierfür bietet das von Werner Güth entwickelte „Ultimatumspiel". Das Spiel besteht aus einer einzigen Spielrunde, in der jeder der beiden Teilnehmer nur je einen einzigen „Spielzug" durchführen darf (vgl. Berninghaus/ Ehrhart/Güth 2006: 114ff.): Einem der beiden Probanden wird vom Versuchsleiter ein bestimmter Geldbetrag geboten, mit der Aufforderung, seinem Gegenüber einen Teilungsvorschlag zu unterbreiten. Akzeptiert der zweite Spieler den Teilungsvorschlag, wird das Geld ausgezahlt und die Kandidaten dürfen sich den Betrag entsprechend dem Teilungsvorschlag teilen. Lehnt Spieler 2 den Teilungsvorschlag jedoch ab, verfällt das Geld und keiner der beiden Probanden erhält eine Auszahlung. Da keinem der beiden Kandidaten irgendwelche Kosten entstehen, wäre es für Spieler 2 rational, auch den kleinstmöglichen gebotenen Geldbetrag zu akzeptieren, da dies immer noch besser ist, als leer auszugehen. Allerdings zeigen experimentelle Studien, dass Beträge unter vierzig Prozent der Gesamtsumme häufig abgelehnt werden. Die Häufigkeit nimmt zu, je geringer das tatsächliche Gebot ausfällt. Ein Gebot von weniger als zwanzig Prozent des Gesamtbetrages wird – von einigen kulturspezifischen Ausnahmen abgesehen – von mehr als der Hälfte der Versuchspersonen abgelehnt (vgl. Fehr/Schmidt 1998: 8ff.). Offensichtlich wird das Teilungsangebot von Spieler 2 in diesen Fällen als unfair und unanständig empfunden und daher abgelehnt, obwohl es mit eigenen Nachteilen verbunden ist. In diesem Fall wurde das Verhalten des Einzelnen nicht durch ein rationales Nutzenkalkül, sondern von dem Wunsch, „fair" und „angemessen" behandelt zu werden, bestimmt. Obwohl sich im Sinne Gary Beckers argumentieren ließe, dass auch die Achtung des anderen gegenüber der eigenen Person einen (subjektiven) Nutzen stifte, der im Einzelfall höher eingeschätzt wird als als der geldwerte Verzicht, scheint dies in den Augen der experimentellen Ökonomen kaum erklärungskräftig. Für sie deutet vieles darauf hin, dass die der ökonomischen Modellbildung zugrunde liegende Annahme rein Nutzen maximierender, rationaler Akteure einer empirischen Überprüfung schlicht nicht standhält, da fundamentale Werte wie Fairness oder Gerechtigkeit das individuelle Verhalten jenseits reiner Nutzenüberlegungen bestimmen.

Dennoch findet die zunehmende Ausrichtung an den Grundsätzen der ökonomischen Rationalität in zahlreichen Lebensbereichen ihren praktischen Niederschlag. Deutlich wird dies etwa daran, dass medizinische Versorgung, Bildungs- und Sozialpolitik etc. immer weniger in ihrer gesellschaftlichen Dimension gesehen werden, sondern zunehmend nach den Prinzipien ökonomischer Leistungsfähigkeit organisiert werden (sollen). Problematisch hieran erscheint vor allem, dass damit die gesellschaftlichen Kriterien, die alleine die Leistungsfähigkeit der Systeme zu bemessen in der Lage sind, verloren zu gehen drohen. So lässt sich durchaus darüber diskutieren, ob „Effizienz" als Messkriterium der Leistungsfähigkeit im Bereich der Medizin geeignet erscheint. Gemeint ist damit nicht die möglichst optimale Verwendung knapper Behandlungs- und Zeitressourcen – dies stellte seit jeher ein Problem der Medizin dar, das beispielsweise durch Verfahren wie die Triage gelöst wurde –, sondern die ausschließliche Orientierung an ökonomischen Kennzahlen, wie Belegziffern in Krankenhäusern oder Verbrauchsstatistiken, die nicht mehr das Wohl des Patienten, sondern ausschließlich optimale Ressourcenauslastung und Kosteneinsparung zum Ziel hat. Insbesondere der Philosoph Jürgen Habermas kritisiert mit seiner These von der „Kolonialisierung der Lebenswelt durch die Ökonomie" diese Umstellung der Steuerungsfunktion nicht-ökonomischer gesellschaftlicher Lebensbereiche auf die Funktionslogik der Ökonomie. So konstatiert Habermas eine zunehmende Funktionalisierung der Lebenswelt entsprechend ökonomischen Systembedürfnissen, so dass es letztlich zu einer immer stärkeren Anpassung der Lebenswelt an ökonomische Zweck-Mittel-Beziehungen komme (vgl. Habermas 1988: II, 471ff.):

> In dem Maße wie das ökonomische System die Lebensform der privaten Haushalte und die Lebensführung von Konsumenten und Beschäftigten seinen Imperativen unterwirft, gewinnen Konsumismus und Besitzindividualismus, Leistungs- und Wettbewerbsmotive prägende Kraft. Die kommunikative Alltagspraxis wird zugunsten eines spezialistisch-utilitaristischen Lebensstils einseitig rationalisiert... (Habermas 1988: II, 480)

Die Umstellung der Funktionslogik nicht-ökonomischer gesellschaftlicher Subsysteme wie Recht, Medizin, Politik oder Bildung auf die Funktionsimperative der Ökonomie führt dabei zu einer verzerrten Wahrnehmung der Lebenswelt. Da im ökonomischen System Kommunikation ausschließlich in der Sprache des Geldes stattfindet, sind innerhalb der ökonomischen Funktionslogik darüber hinausgehende Informationen nicht mehr enthalten. Ein eingängiges Beispiel für diesen mit der Unstellung auf die Funktionslogik der Ökonomie einhergehenden Informationsverlust nennt Niklas Luhmann: Man mag den *letzten* Tropfen Öl zu welchem Preis auch immer versteigern; selbst der astronomischste Preis wird nicht anzeigen können, dass dies der *letzte* Tropfen war (vgl. Luhmann 1994: 38).

Mit anderen Worten: Trotz der angeblich unbestechlichen Preissignale des ökonomischen Systems lässt sich die Qualität, dass es sich um den letzten Tropfen Öl handelt, als Information im System der Ökonomie nicht darstellen. So lassen sich auch die unterschiedlichen Qualitäten beispielsweise des Gesundheitssystems – wie etwa Arzt-Patienten-Beziehung oder Qualität von Pflegediensten – letztlich nicht über das reine Preissystem abbilden, das nur die hierfür anfallenden Kosten widerspiegeln kann.

Damit wird die Anwendung der ökonomischen Handlungsimperative in anderen gesellschaftlichen Bereichen insbesondere dann problematisch, wenn hierdurch eine lebenspraktische Verständigung über mögliche nicht-ökonomische Zielsetzungen verhindert wird. So gibt auch Jürgen Habermas zu bedenken,

> ...dass nur die Handlungsbereiche, die ökonomische und politische Funktionen erfüllen, auf Steuerungsmedien umgestellt werden können. Diese Medien versagen in Bereichen der kulturellen Reproduktion, der sozialen Integration und der Sozialisation; sie können den handlungskoordinierenden Mechanismus der Verständigung in diesen Funktionen nicht ersetzen. (Habermas 1988: II, 476)

Die im Laufe der historischen Entwicklung stattfindende doppelte Transformation der Ökonomie – zum einen hin zur moral- und wertfreien Lehre und zum anderen hin zur Universaltheorie der Erklärung menschlichen Handelns – mündet so in eine von ökonomischen Prinzipien beherrschte Gesellschaft. Wurde Ökonomie in der Antike vor allem als Ordnungsprinzip des eigenen Hausstandes begriffen und wurde sie im Mittelalter als eher sekundärer Teil einer gottgewollten gesamtgesellschaftlichen Ordnung betrachtet, hat sie mit der Neuzeit ihren Siegeszug als dominante Gesellschaftstheorie angetreten. Mit ihren spezifischen Annahmen zur Rationalität menschlichen Verhaltens und zur Funktionslogik marktlicher Austauschprozesse ist es der Ökonomie gelungen, unser Verständnis von Wissenschaft und Politik, von Bildung, Kultur und Gesellschaft grundsätzlich zu verändern. Das Denken in ökonomischen Kategorien, so scheint es, ist das neue Paradigma der Moderne.

6.2 Wirtschaftsethik und die Wiederkehr der Moral

Angesichts dieser Diagnose mag der Eindruck entstehen, als hätte innerhalb der modernen westlichen Gesellschaften nicht die Moral das ökonomische Denken, sondern das ökonomische Denken die Gesellschaftsmoral verändert. So hat die Vorstellung von der Eigengesetzlichkeit der Wirtschaft innerhalb der Ökonomie offensichtlich zu einer Art „ethischem Paradigmenwechsel" geführt: Als Maßstab zur Beurteilung menschlichen Handelns wird nicht mehr Moralität, also die

Pflicht, einem „Sittengesetz" Folge zu leisten oder „das größte Glück der größten Zahl" zu realisieren, gesehen, sondern der Umstand, dass dieses Handeln nicht gegen die Imperative ökonomischer Rationalität verstoßen darf. Moralische Gebote oder Verbote und die sozialen Folgen des Handelns scheinen so in der Entscheidungsfindung nur noch dann relevant zu sein, wenn ökonomische Interessen hiervon unberührt bleiben.

Allerdings blieb diese einseitige Sichtweise ökonomisch rationalen Handelns als Grundparadigma der neoliberalen Wirtschaftswissenschaft nicht unwidersprochen. So entwickelte beispielsweise der Nobelpreisträger Amartya Sen eine umfassende Kritik der neoklassischen Ökonomie und ihrer am Kriterium der Paretooptimalität ausgerichteten Verteilungslogik. Vor allem wendet sich Sen den Fragen nach einer gerechten Güterverteilung und der Überwindung von Armut zu. In Anlehnung an John Rawls' „Theorie der Gerechtigkeit" (Rawls 1979) entwickelt er die Vorstellung, dass wirtschaftliche Armut keine Frage der tatsächlich verfügbaren Haushaltseinkommen sei, sondern der mit diesem Haushaltseinkommen verbundenen „Verwirklichungschancen" (*capabilities*), deren Ermangelung Armut im eigentlichen Sinne bedeute (vgl. Sen 2003: 110-138). Die Notwendigkeit, innerhalb bestimmter Kulturkreise oder Gesellschaftsgruppen über eine bestimmte Grundausstattung an Gütern zu verfügen, um Verwirklichungschancen nutzen zu können – z.B. ein Auto zu haben, um den eigenen Arbeitsplatz erreichen zu können –, kann erklären, warum auch in den scheinbar reichen Industrienationen real Hunger existiert. Da ein wesentlicher Teil der Haushaltseinkommen zur Aufrechterhaltung derartiger Verwirklichungschancen ausgegeben werden muss, sind Menschen unter Umständen bereit, ihre Lebensmittelversorgung zu Gunsten der Aufrechterhaltung ihres sozialen Status und der hieraus resultierenden capabilities zu opfern (vgl. Sen 2003: 112f.).

Auch innerhalb der Betriebswirtschaftslehre wurde Kritik an der rein an technisch-ökonomischen Imperativen wirtschaftlichen Handelns ausgerichteten Schulökonomik formuliert. So kam es mit Beginn der 1970er Jahre zu einer schrittweisen Abkehr von der stark technisch orientierten Sichtweise insbesondere der deutschen Betriebswirtschaftslehre. In seiner Konzeption einer „systemorientierten Managementlehre" betont beispielsweise Hans Ulrich, dass es sich beim Betrachtungsgegenstand der Betriebswirtschaftslehre eben nicht um technische, sondern um soziale Systeme handele, die stets einem übergeordneten Zweck zu dienen hätten (vgl. Ulrich 1984: 303). Unternehmen seien somit als zweckgerichtete soziale Institution zu begreifen, deren Ziel es ist, bei Wahrung der eigenen Autonomie einen Beitrag zum gesellschaftlichen Ganzen zu leisten. Wirtschaftliche Einheiten wie Unternehmen müssten also stets in ihrem gesellschaftlichen Funktionszusammenhang betrachtet werden und könnten nicht auf ihre Funktion, rein der Gewinnerzielung ihrer Anteilseigner zu dienen, reduziert werden (vgl. Ulrich 1984: 304). Auch andere Autoren forderten eine erneute Erweiterung des Gegenstandsbereichs der Betriebswirtschaftslehre. So etwa traten Günter Schanz (1977) in seinen „Grundlagen der verhaltenstheoretischen Betriebswirtschaftslehre" für eine stärkere Berücksichtigung sozialwissenschaftlicher Erkenntnisse und Horst Steinmann (1978) in seinem Werk „Betriebswirtschaftslehre als normative Handlungswissenschaft" für eine Erweiterung der Betriebswirtschaftslehre im Sinne einer Handlungstheorie, deren Wurzeln vor allem in der menschlichen Praxis zu suchen seien, ein.

Jedoch waren es nicht nur originäre Ökonomen, die die etablierte Schulökonomik und die Auswirkungen ihrer Lehre auf Wirtschaft und Gesellschaft zu hinterfragen begannen. Angesichts der besonderen Problemlagen wirtschaftlichtechnischen Handelns begannen sich ab den 1970er Jahren auch Philosophen verstärkt mit den ethischen Fragen des Wirtschaftens auseinanderzusetzen (vgl. Bowie 1986: 158ff.; Aßländer 2011: 72ff.). Ausgehend von vergleichbaren Problemlagen im Bereich der Ingenieurswissenschaften oder in der Medizin widmeten sie sich unter anderem der Frage nach der Verantwortbarkeit wirtschaftlicher Handlungsfolgen, der Bestimmung der Adressaten moralischer Normen innerhalb der Wirtschaft, dem Problem sozialer Gerechtigkeit, der Frage nach der Legitimität wirtschaftlichen Handelns oder den durch unsere Wirtschaftsweise induzierten sozialen Folgewirkungen und etablierten so das Feld der „Wirtschafts- und Unternehmensethik". Innerhalb der philosophischen Ethik zählt die Wirtschafts- und Unternehmensethik, ebenso wie etwa die Technikethik, Medizinethik, oder Wissenschaftsethik, zum Bereich der „Angewandten Ethik" und versteht sich als eine Brückendisziplin, deren Anliegen es ist, zwischen ethischen Geboten und ökonomischen Imperativen zu vermitteln und in Konfliktfällen Handlungsempfehlungen zu erarbeiten. Doch auch die ökonomische Theorie selbst wird seitens der Wirtschaftsethik einer wissenschaftstheoretischen Kritik unterzogen. So etwa diskutiert die Wirtschaftsethik auch die Vorstellungen einer ökonomischen Rationalität, das Menschenbild der Ökonomie oder die normativen Grundlagen der Wirtschaftswissenschaften.

Besonderes Kennzeichen der deutschsprachigen Debatte um ethische Fragen des Wirtschaftens ist dabei die systematische Trennung zwischen einer Wirtschaftsethik, die sich mit der Makroperspektive des Wirtschaftens beschäftigt und Fragen der gerechten Wirtschaftsordnung, der Anreizstrukturen für moralisches Handeln innerhalb der Wirtschaft oder der dem Wirtschaften zugrunde liegenden Werthaltungen behandelt, und einer Unternehmensethik, die sich mit der Unternehmensperspektive befasst und insbesondere das Verhältnis des Unternehmens sowohl zu seiner Umwelt als auch zu seinen Mitarbeiterinnen und Mitarbeitern thematisiert. Im Gegensatz zur angloamerikanischen „Business Ethics", die sich weit eher an praktischen Fragen der Unternehmensführung und des Managementhandelns orientiert, geht es der deutschsprachigen Wirtschafts- und Unternehmensethik auch um die systematische Begründung ethischer Handlungs- und Verfahrensregeln für die Wirtschaft. Dabei haben sich innerhalb der deutschsprachigen Wirtschafts- und Unternehmensethik zwei unterschiedliche Vorgehensweisen herausgebildet. Es sind dies zum einen die anreizbasierten und zum anderen die verständigungsorientierten Ansätze der Wirtschafts- und Unternehmensethik.

Ziel der anreizbasierten Ansätze ist es, moralische Dilemmasituationen innerhalb des Wirtschaftens dadurch zu entschärfen, dass sie die Anreizstrukturen für unmoralisches Handeln zugunsten moralischen Handelns verändern. Wird moralisches Verhalten wirtschaftlicher Akteure zugleich durch wirtschaftliche Vorteile belohnt, steigert dies die Wahrscheinlichkeit sozial erwünschten Verhaltens. So zielt etwa Karl Homanns Ansatz einer „ökonomischen Ethik" auf die Rekonstruktion der Moral „in terms of economics", um so moralische Forderungen direkt in die Funktionslogik der Ökonomie einbetten zu können. Aufgabe einer Wirtschafts- und Unternehmensethik ist es mithin, moralische Anforderungen konzeptionell in die Verarbeitungslogik der Ökonomik zu integrieren (vgl. Homann 2005: 201; 2007a: 35):

> Kontrolle läuft jetzt (...) über die Kombination von Eigeninteresse und formellem Sanktionsapparat: Handlungen müssen aus Eigeninteresse erfolgen können, und sie werden durch sanktionsbewehrte Regeln im Sinne des Gemeinwohls kanalisiert. (Homann/Pies 1994/2009: 59)

Aus Sicht der anreizbasierten Wirtschaftsethik erfordert dies, dass Moral in ihrer Funktion als Instrument zur Lösung ökonomischer Probleme analysiert und hinsichtlich ihrer Tauglichkeit hierzu (ökonomisch) bewertet werden muss. Ethik, so die zentrale Annahme, müsse in und durch ökonomische Gesetze wirksam werden und nicht gegen sie (vgl. Homann 2007b: 3). Das bedeutet, dass die Handlungsbedingungen, die eine Durchsetzung moralischer Forderungen erschweren oder verhindern, so umgestaltet werden müssen, dass die Erfüllung moralischer Pflichten zugleich als lohnend erscheint. Es gilt, das „moralische Sollen" als „ökonomisches Wollen" zu rekonstruieren (vgl. Homann/Pies 2000/2009: 108f.).

Demgegenüber geht es den verständigungsorientierten Ansätzen der Wirtschafts- und Unternehmensethik um eine diskursive Verständigung bezüglich der Grundsätze vernünftigen Wirtschaftens, um so die Sachzwanglogik ökonomischer Imperative *qua* Verständigung über deren kontextspezifische Gültigkeit zu entschärfen. So etwa schlägt Peter Ulrich vor, das einseitige Rationalitätskonzept der Ökonomie „philosophisch ethisch" zu erweitern, um so die normativen Grundlagen des Wirtschaftens zu erneuern (vgl. Ulrich 1988: V). Zentral ist für ihn dabei die Frage nach der Festlegung geeigneter Handlungskriterien, die es erlauben, den Bedürfnissen möglichst aller durch wirtschaftliches Handeln Betroffenen gerecht zu werden. Wirtschaftsethik müsse sich in diesem Sinne zugleich auch als „Wirtschaftsbürgerethik" verstehen, da es darum gehe, gesellschaftliche Präferenzen argumentativ zu klären und geeignete Verfahren zu entwickeln, die eine Verständigung über die gesellschaftlich erwünschten Ziele des Wirtschaftens ermöglichten (vgl. Ulrich 1997: 313-316). Dabei ist es Aufgabe einer Wirtschaftsethik, verstanden als „Ordnungsethik", festzulegen, welche Lebensbereiche einer marktwirtschaftlichen Steuerungslogik zugänglich gemacht werden sollen, und entsprechende Kontrollmechanismen zu entwickeln, die dazu beitragen, diese Beschränkungen aufrechtzuerhalten (vgl. Ulrich 1997: 367-376; 2002: 174ff.). Kern der Ulrichschen Argumentation ist es, dass die vermeintlichen ökonomischen Sachnotwendigkeiten, wie etwa die im Interesse der Anteilseigner und aus Konkurrenzgründen geforderte Gewinnerzielung als Handlungsgrundsatz für die Führung privatwirtschaftlicher Unternehmen, *qua* diskursiver Verständigung legitimiert werden müssen. Für ihn ist die „neue ordnungspolitische Schlüsselfrage aus dem Blickwinkel der Lebenswelt die nach den strukturellen Voraussetzungen für die Wiederankoppelung des ökonomischen Systems an rationale Formen politisch-ökonomischer Willensbildung" (Ulrich 1987: 372).

Jedoch sind deliberative Verfahren der Willensbildung aus Sicht einer verständigungsorientierten Wirtschafts- und Unternehmensethik nicht nur auf gesamtwirtschaftlicher Ebene von Bedeutung. *De facto* sehen sich auch einzelwirtschaftliche Akteure zunehmend mit Konflikten zwischen unterschiedlichen Anspruchs- und Interessengruppen konfrontiert, die den gesellschaftlichen Frieden bedrohen. Aufgabe der Unternehmensethik, so Horst Steinmann und Albert Löhr, sei es daher, einen Beitrag zur Entschärfung dieser durch unternehmerisches Handeln ausgelösten Konflikte zu leisten und *qua* Verständigung mit den Betroffenen zur friedlichen Beilegung dieser Konflikte beizutragen (vgl. Steinmann/Löhr 1992: 235f.). Damit kommt der Festlegung von Regeln für die friedliche Verständigung mit unterschiedlichsten gesellschaftlichen Anspruchsgruppen auch auf Unternehmensebene ein besonderer Stellenwert zu. So müsse eine am Prinzip der diskursiven Verständigung orientierte Unternehmensethik auch im Falle eines (noch) bestehenden Wertekonsenses Vorschriften für den Umgang mit dem möglichen Konfliktfall bereithalten und mithin nicht nur aktuelle, sondern generelle Regeln für den Umgang mit Konflikten bereitstellen (vgl. Löhr/Blickle 1996: 48). Aufgabe der Unternehmensethik sei es somit nicht, materielle Normen einer wie auch immer gearteten „Wirtschaftsmoral" zu bestimmen, sondern Verfahrensweisen zu generieren, die es im Konfliktfall erlauben, zu einer friedlichen Lösung zu gelangen (vgl. Löhr 1996: 59). In diesem Sinne ist Unternehmensethik

...als eine selbst auferlegte Beschränkung der unternehmerischen Mittelwahlen zur Gewinnerzielung zu verstehen. Sie reduziert die Auswahl an strategischen Mitteln, die für ein ethisch verpflichtetes Managementhandeln zur Verfügung stehen, um Gewinne zu erzielen. (Steinmann/Löhr 1997: 26)

Diese beiden Sichtweisen im Umgang mit den moralischen Problemen des Wirtschaftens kennzeichnen die deutschsprachige Wirtschafts- und Unternehmensethik bis heute. Während sich die anreizbasierten Ansätze auf die Veränderung der Handlungsrestriktionen konzentrieren, indem sie versuchen, die Rahmenbedingungen wirtschaftlichen Handelns so umzugestalten, dass moralisch erwünschtes Verhalten durch ökonomischer Anreize stabilisiert wird, geht es den verständigungsorientierten Ansätzen um die Weiterentwicklung ethischer Verfahrensregeln, die es erlauben sollen sich über konfligierende Handlungsimperative diskursiv zu verständigen. Gemeinsam ist den Vertretern beider Schulen jedoch, dass sie sich, mit wenigen Ausnahmen, weniger der Entwicklung eines praktischen Instrumentariums zur Umsetzung unternehmensethischer Aspekte im Bereich der Betriebswirtschaftslehre widmeten, sondern vielmehr die theoretische Fundierung einer Wirtschafts- und Unternehmensethik auf je unterschiedliche Weise vorantrieben. Entsprechend war die Debatte um eine Wirtschafts- und Unternehmensethik innerhalb des deutschsprachigen Raums bis Ende der 1990er Jahre vor allem durch den „Schulenstreit" der einzelnen Wirtschaftsethiker und ihrer Epigonen bestimmt. Dies führte letztlich dazu, dass das praktische Anliegen der Wirtschafts- und Unternehmensethik, als angewandte Ethik Lösungsvorschläge für konkrete moralische Probleme wirtschaftlichen Handelns bereitzustellen, angesichts des Methodenstreits um die richtige Vorgehensweise in den Hintergrund trat.

6.3 Wirtschaften unter geänderten Bedingungen

Während die Diskussion um die richtige Methode einer Wirtschafts- und Unternehmensethik vor allem an den Universitäten geführt wurde und außer bei den etablierten Fachvertretern zumeist kaum Beachtung fand, erlangte die Frage nach der gelebten Moral innerhalb der Wirtschaftspraxis in den letzten Jahren gesteigerte öffentliche Aufmerksamkeit. Ursächlich hierfür waren vor allem zahlreiche Unternehmensskandale diesseits und jenseits des Atlantiks und ihre Auswirkungen auf Verbraucher, Mitarbeiter und Aktionäre. So haben vor allem die prominenten Unternehmensskandale der jüngeren Zeit, wie etwa um den US-amerikanischen Energiekonzern Enron, das italienische Milchimperium Parmalat oder das deutsche Technologieunternehmen Siemens, auch in der breiteren Öffentlichkeit nicht unerheblich zur Popularität wirtschafts- und unternehmensethischer Themen beigetragen und insbesondere die Frage nach der Moral der hierfür verantwortlichen Manager ins Zentrum der Diskussion gerückt. Nicht zuletzt angesichts der Finanzmarkt- und Wirtschaftskrise der Jahre 2008 bis 2010 stellte sich zudem die Frage nach den politischen und sozialen Folgekosten einer staatlichen Deregulierung der Finanzmärkte, die es den Finanzmarktakteuren erlaubte, durch die Schaffung komplexer Finanzprodukte zunehmend riskantere Spekulationsgeschäfte zu tätigen und die Folgekosten ihres Scheiterns auf die Allgemeinheit abzuwälzen. Dies wirft die Frage auf, ob die ökonomische Selbststeuerung und eine auf liberalen Prinzipien gegründete Wettbewerbsordnung innerhalb globalisierter Wirtschaftsgefüge ausreichen, um Märkte effektiv zu kontrollieren, wie dies vor allem von den Vertretern des Neoliberalismus behauptet wird.

So sind es auch nicht nur einzelne prominente Unternehmensskandale, die die Frage nach der Verantwortung wirtschaftlicher Akteure verstärkt ins Blickfeld der medialen Öffentlichkeit gerückt haben. Vielmehr sind es die veränderten Bedingungen innerhalb globaler Wirtschaftsräume, die eine Neubestimmung wirtschaftlicher Zwecksetzungen und eine erneute Diskussion um die Grenzen wirtschaftlicher Freiheitsrechte notwendig zu machen scheinen. Konkret sind hierbei mindestens drei Entwicklungen von Bedeutung:

(1) Ein erstes wesentliches Kennzeichen moderner globaler Wirtschaftsräume ist, dass die Möglichkeiten, korporatives Verhalten mittels nationalstaatlicher Gesetzgebung direkt zu steuern und so das Wohlverhalten von Unternehmen sicherzustellen, wie dies beispielsweise in der theoretischen Konzeption der Sozialen Marktwirtschaft, aber auch von den Vertretern einer anreizbasierten Wirtschafts- und Unternehmensethik angenommen wird, tendenziell abnehmen. Innerhalb globaler Wirtschaftsräume sind multinational agierende Unternehmen – zumindest theoretisch – in der Lage, sich durch „Abwanderung" dem Geltungsbereich nationalstaatlicher Gesetzgebung zu entziehen oder diese durch die Androhung ihrer Abwanderung in ihrem Sinne zu beeinflussen (vgl. Habermas 1998: 70f.). Der Soziologe Ulrich Beck spricht hier von der „transnationalen Entzugsmacht" der Konzerne, die der territorial gebundenen Organisationsmacht der Nationalstaaten überlegen sei, da Konzerne in der Lage sind, aufgrund informationstechnologischer Möglichkeiten räumliche Distanzen aufzuheben (vgl. Beck 1998: 18). Dies erlaube es multinationalen Konzernen, einzelne Nationalstaaten im Standortwettbewerb gegeneinander auszuspielen (vgl. Beck 1997: 116). Für eine globale Wirtschaft gilt, dass Produktionsort, Investitionsort, Steuerort und Wohnort nicht mehr länger eine Einheit bilden: Man produziert, wo es am billigsten ist, investiert, wo die staatlichen Subventionsangebote und Steuervergünstigungen am vorteilhaftesten sind, zahlt Steuern, wo es am günstigsten ist und wohnt dort, wo es am schönsten ist (vgl. Beck 1997: 16f.).

Um nicht zu den Verlierern im Wettbewerb der Systeme zu zählen (vgl. Schmidt 2009), sind die Nationalstaaten daher gezwungen, ihre Ordnungspolitik langfristig an den Interessen der Wirtschaft auszurichten und mit Vergünstigungen, Infrastrukturleistungen, Steuervorteilen, Subventionen und einer unternehmensfreundlichen Gesetzgebung um die Gunst der Unternehmen zu werben. Damit verengen sich auch die sozialpolitischen Handlungsspielräume der Nationalstaaten, da es für den einzelnen Staat zunehmend schwieriger wird, den solidarischen Beitrag der Unternehmen *qua* Gesetz einzufordern. Für global agierende Konzerne ist Solidarität nicht länger eine Frage „nationaler Loyalität", sondern reduziert sich auf ein räumlich wie zeitlich begrenztes freiwilliges Engagement (vgl. Beck 1997: 119f.; Giddens 1999: 121). Ulrich Beck bringt dies auf den Punkt, wenn er schreibt:

> Arme und Reiche sitzen nicht länger an dem gemeinsamen (Verhandlungs)Tisch des Nationalstaates. Warum sollen Globalisierungsgewinner, wenn sie überhaupt von Gewissensbissen geplagt werden sollten, ihr soziales Füllhorn ausgerechnet in den reichen Ländern Europas ausschütten? Warum nicht demokratische und Selbsthilfe-Organisationen in Afrika und Südamerika fördern? Ebenso wie die Armut und die Gewinne wird auch die Barmherzigkeit global. (Beck 1997: 119)

Deutlich zeigt sich diese Problemlage auch in der Diskussion um die Standortverlagerung von Betriebsstätten ins Ausland. Aus Sicht multinational agierender Unternehmen stellt die Schaffung neuer Arbeitsplätze keine „nationale" Verpflichtung (mehr) dar. Der Werksschließung in einem Land und dem damit einhergehenden Verlust von Arbeitsplätzen steht die Schaffung neuer Arbeitsplätze in einem anderen Land und an einem anderen Fertigungsstandort gegenüber, was insgesamt durchaus zu einem „Nettozuwachs" an Arbeitsplätzen führen kann, wenngleich zu Lasten der etablierten Fertigungsstandorte beispielsweise in Deutschland.

(2) Eine zweite zentrale Entwicklung betrifft die geänderte Wahrnehmung unternehmerischer Aktivitäten in der Öffentlichkeit. Galt das Interesse der breiten Öffentlichkeit bis weit in die 1970er Jahre hinein vor allem dem Beitrag der Unternehmen zu stetigem Wirtschaftswachstum und Vollbeschäftigung und beschränkte sich mithin hauptsächlich auf die ökonomische Dimension unternehmerischen Handelns, begann sich diese Bewertungsskala allmählich zu verschieben. Mit dem Aufkommen der „Ökologiedebatte" und der so genannten „Dritte-Welt-Debatte" zu Beginn der 1980er Jahre rückten auch die sozialen und ökologischen Herstellungs- und Vermarktungsbedingungen der Unternehmen ins Zentrum der Kritik. Beschleunigt wurde dieser Veränderungsprozess innerhalb der öffentlichen Wahrnehmung durch das Bekanntwerden zahlreicher Umweltkatastrophen (Bhopal, Seveso) und unverantwortlicher Management-

praktiken (Ford, Nestlé), die die Frage nach der moralischen Verantwortung wirtschaftlicher Akteure ins Blickfeld der öffentlichen Aufmerksamkeit rückten (vgl. Aßländer/Roloff 2004: 26ff.). Zählte es bis dahin zu den Besonderheiten der bundesrepublikanischen Wirtschaftsordnung, dass Diskurse um die soziale und ökologische Verantwortung von Unternehmen vor allem innerhalb der politischen Arenen, und dort vor allem seitens der zahlreichen etablierten Parteien und Verbände und nicht von Seiten einer kritischen Öffentlichkeit geführt wurden, hat sich dieses Bild nicht zuletzt angesichts der medialen Diskussion beispielsweise um die Arbeitsbedingungen in den überwiegend in Fernost beheimateten Herstellungsbetrieben großer Sportartikel- und Bekleidungsfirmen oder die Verletzung der Rechte indigener Minderheiten durch namhafte Mineralölkonzerne und Minenbetreiber grundlegend verändert. Verstärkt werden Unternehmen nun als „quasi-staatliche Akteure" betrachtet, denen innerhalb einer globalisierten Wirtschaft auch die Aufgabe zukommt, für den Schutz bürgerlicher Rechte einzutreten, um so die vorhandenen Regulierungsdefizite staatlicher Organisationen ausgleichen (vgl. Matten/Crane 2005: 171f.; Crane/Matten 2007: 74f.). So werden seitens der Öffentlichkeit insbesondere multinationale Unternehmen auch für die Einhaltung von Menschenrechten, Arbeitnehmerrechten und Umweltstandards in jenen Ländern, in denen sie operieren, verantwortlich gemacht, sofern sie davon Kenntnis haben und dies aus wirtschaftlichen Gründen billigend in Kauf nehmen (vgl. Bowie/Werhane 2005: 83ff.). Damit hat sich die Erwartungshaltung der Öffentlichkeit hinsichtlich des unternehmerischen Handelns geändert. Zunehmend häufiger steht nun die moralische Integrität von Unternehmen und Unternehmern selbst auf dem Prüfstand der öffentlichen Meinung. Unternehmen werden als gesellschaftliche Akteure betrachtet, die sich für ihre Produktionsstandards, Geschäftspraktiken und Verkaufsstrategien und deren soziale und ökologische Folgen zu verantworten haben.

(3) Angesichts des schleichenden Unvermögens nationalstaatlicher Institutionen, die Einhaltung moralischer Mindeststandards in der Wirtschaft einzufordern und ein soziales und ökologisches Wohlverhalten der Unternehmen mittels nationaler Gesetzgebung sicherzustellen, verlagerte sich so seit den 1990er Jahren die Diskussion um die Moral der Wirtschaft zunehmend von der politischen Ebene auf die Ebene nichtstaatlicher, transnational agierender Interessenverbände, die ihre Anliegen direkt gegenüber den multinationalen Konzernen durchzusetzen versuchen. Dabei sind es vor allem die so genannten Nicht-Regierungsorganisationen (NGOs), die sich als wirkmächtigste Vertreter einer kritischen Öffentlichkeit darum bemühen, moralische Anforderungen innerhalb der Wirtschaft durchzusetzen. Obwohl sich über die demokratische Legitimation derartiger NGOs streiten lässt, sehen sich Unternehmen immer häufiger dazu

gezwungen, Forderungen der NGOs in ihrer Unternehmenspolitik zu berücksichtigen, da ihnen andernfalls Boykottaufrufe und Protestkampagnen drohen.

Das Spektrum derartiger NGOs reicht von großen Organisationen wie ATTAC oder Greenpeace bis zu kleineren Gruppierungen wie etwa Clean Clothes Campaign oder die amerikanische Organisation CorpWatch und umfasst Verbände mit unterschiedlichsten Strategie von kooperativ (Econsens) bis hin zu radikal (ATTAC) (vgl. Aßländer/Roloff 2004: 28). Gemeinsames Kennzeichen dieser Nicht-Regierungsorganisationen ist ihr zumeist globaler Aktionsradius und die Fähigkeit, durch die Nutzung modernster Medien, wie Web-Plattformen und E-mail-Verteiler, unmittelbar auf Unternehmensaktivitäten zu reagieren und für ihre Boykottaufrufe und Shaming-Kampagnen eine weltweite Öffentlichkeit zu mobilisieren. Seitens der Unternehmen fordern sie einen aktiven Beitrag zu einer ökonomisch, ökologisch und sozial nachhaltigen Entwicklung und die Anerkennung sozialer Verpflichtungen bei der Gestaltung der Globalisierung. Maßgebliche Orientierungspunkte dieser Forderungen bilden unter anderem die Einhaltung der UN-Menschenrechtscharta sowie die arbeitsrechtlichen Empfehlungen der *International Labour Organization*. Dabei verfügen NGOs über einen „Legitimitätsüberschuss" innerhalb der öffentlichen Wahrnehmung, da sie oftmals als glaubwürdiger eingestuft werden als die Unternehmen, gegen deren Verhalten sie öffentlich opponieren. Dies versetzt NGOs in die Lage, unternehmerisches Verhalten entweder auf dem Wege der „Kooperation" zu „legitimieren" oder die „licence to operate" einzelner Unternehmen auf dem Wege der „Konfrontation" in Frage zu stellen (vgl. Curbach 2010: 158f.). Wie wirkmächtig die Politik derartiger NGOs sein kann, belegt nicht zuletzt die Auseinandersetzungen zwischen Greenpeace und Shell um die Versenkung der Ölplattform Brent Spar.

Insgesamt haben sich so innerhalb „post-nationaler" Gesellschaften die Rahmenbedingungen und die „Kontrollmechanismen" für unternehmerisches Verhalten verändert. Entscheidend für das Urteil der kritischen Öffentlichkeit ist nicht mehr allein der wirtschaftliche Erfolg eines Unternehmens, sondern auch die Frage, mit welchen Mitteln dieser wirtschaftliche Erfolg erwirtschaftet wird. Dabei sind es nicht mehr ausschließlich das nationalstaatliche Recht und die mit seiner Durchsetzung beauftragten staatlichen Instanzen, die im Zweifel den Rahmen zulässiger unternehmerischer Aktivitäten bestimmen, sondern zunehmend häufiger sind es multinational agierende NGOs, die mit ihren Kampagnen das Verhalten von Unternehmen anprangern und mittels Boykottaufrufen eine Verhaltensänderung erzwingen. Zugleich mit der wachsenden Handlungsmacht von Unternehmen und der Ausweitung ihrer Tätigkeiten kommt es innerhalb der globalen Wirtschaft so zu einer „Dehnung" korporativer Verantwortung (Palazzo 2010: 76f.), da sich Unternehmen zunehmend häufiger mit der Tatsache konfrontiert sehen, dass sie seitens einer kritischen Öffentlichkeit auch für Menschenrechtsverletzungen in ihren Gastländern oder Arbeitsrechtsverletzungen bei ihren Zulieferbetrieben verantwortlich gemacht werden, obwohl diese Verstöße nicht unmittelbar ihrem eigenen Handlungsbereich zugerechnet werden können. Letztlich kommt es durch die zunehmende Sensibilisierung der Öffentlichkeit für die moralischen Fragen des Wirtschaftens zu einer „Moralisierung der Märkte" (Stehr 2007) mit der Folge, dass Investitions- und Kaufentscheidungen nicht mehr ausschließlich auf Basis rein ökonomischer Interessen getroffen werden, sondern zunehmend auch die moralischen Werthaltungen der Investoren und Konsumenten widerspiegeln (vgl. Stehr 2007: 71ff.). So lassen sich neuere Phänomene wie „Ethisches Investment" oder „Politischer Konsum" auch als Akt einer politischen Willensäußerung verstehen, in dem Bürger – jenseits der Wahlurne und dem damit verbundenen Umweg über eine nationalstaatliche Gesetzgebung – den Marktmechanismus nutzen, um ihre Einstellungen gegenüber Unternehmen direkt zur Geltung zu bringen (vgl. Crane et al. 2004: 110-114).

6.4 Corporate Social Responsibility – zur Verantwortung korporativer Akteure

Erstaunlicherweise lässt sich trotz aller öffentlichen Kritik am Verhalten einzelner Unternehmen und ihrer Führungsverantwortlichen auch innerhalb der Unternehmenspraxis ein gesteigertes Interesse an wirtschafts- und unternehmensethischen Fragen feststellen. Jedoch wird das Thema hier unter Begriffen wie „Corporate Social Responsibility" (CSR) oder „Good Corporate Citizenship" (CC) abgehandelt. Allerdings bleiben diese Begriffe trotz zahlreicher Definitionsversuche bisher theoretisch weitgehend unbestimmt, was durchaus eines der Geheimnisse ihres Erfolges in der Praxis darstellen dürfte. So lässt sich seitens der Unternehmen nur selten ein Verweis auf einen normativen Bezugsrahmen für die Übernahme gesellschaftlicher Verantwortung finden. Vielmehr werden CSR und CC zumeist als Sammelbegriffe verwendet, mit denen die Einhaltung rechtlicher Vorgaben, wie etwa das Korruptionsverbot, ebenso bezeichnet wird wie die Entwicklung und Durchsetzung von Führungsgrundsätzen oder das philanthropische Engagement von Unternehmen im Rahmen von Stiftungen oder Spendenprogrammen. Doch trotz dieser weitgehenden begrifflichen Unbestimmtheit bleibt festzuhalten, dass sich innerhalb der letzten Jahre nahezu alle großen Konzerne des Themas „Wirtschafts- und Unternehmensethik" angenommen und entsprechende „Ethikkodizes", Führungsleitlinien und Verhaltensgrundsätze verabschiedet und Instrumente, die die Einhaltung der Unternehmensmoral sicherstellen sollen, implementiert haben.

Dabei zielt die sichtbare Ausrichtung der Unternehmenspolitik an allgemein anerkannten Normen und Werten zum einen auf die Vermeidung von Haftungsansprüchen infolge unmoralischer Geschäftspraktiken, wie etwa Korruption, Verwendung gesundheitsgefährdender Stoffe etc. Zum anderen bemühen sich Unternehmen aktiv, das Vertrauen der Öffentlichkeit in unternehmerische Aktivitäten zu gewinnen. Das öffentlich sichtbare Bemühen der Unternehmen in „Sachen Ethik" reicht dabei von der Selbstbindung der Unternehmen an verschiedene branchenspezifische oder branchenübergreifende Verhaltensstandards, wie beispielsweise das Responsible Care-Programm der chemischen Industrie, die Vereinheitlichung und Transparenz der Unternehmensberichterstattung, wie dies etwa in den Berichtsstandards der Global Reporting Initiative zum Ausdruck kommt, bis hin zur aktiven Auseinandersetzung mit den durch das Unternehmenshandeln betroffenen Anspruchsgruppen im Rahmen so genannter Stakeholder-Dialoge. Hinzu kommt das philanthropische Engagement zahlreicher Unternehmen, die sich durch Stiftungen, Spenden oder im Rahmen so genannter Public-Private-Partnerships, d.h. gemeinsamen Projekten mit Staat und Vertretern der Zivilgesellschaft, für die Förderung sozialer, kultureller oder wissenschaftlicher Projekte in ihrem Umfeld einsetzen.

Allerdings sind diese Anstrengungen der Unternehmen selten ausschließlich ethisch, sondern durchaus auch ökonomisch motiviert. So erhoffen sich Unternehmen durch ihre CSR- und CC-Aktivitäten positive Effekte für ihre Reputation, eine dadurch verbesserte Kundenbindung, eine höhere Attraktivität für qualifizierte künftige Mitarbeiter oder günstigere Konditionen bei der Kapitalbeschaffung. Es verwundert mithin wenig, dass diese weitgehend instrumentelle Sicht moralischen Veraltens zur Kritik zahlreicher Nicht-Regierungsorganisationen geführt hat, die dieses auf eine positive Imagegestaltung in der Öffentlichkeit abzielende Verhalten als „Green-Washing" der Unternehmen anprangern. Zudem lässt sich kritisieren, dass zahlreiche der so genannten CSR- und CC-Aktivitäten, wie etwa das Bemühen um die Beachtung der Menschenrechte, die aktive Bekämpfung ausbeuterischer Kinderarbeit oder der Verzicht auf jegliche Form von Zwangsarbeit in den Zulieferbetrieben keine Akte reiner Menschenliebe sind, sondern zu den elementaren moralischen Pflichten von Unternehmen zählen. Wer also versucht, derartige Maßnahmen als eine Art „Bilanz guter Taten" zu veröffentlichen, begeht einen Etikettenschwindel. Wird moralisches Engagement zum reinen „business case" und dient die Moral vor allem der Verbesserung der ökonomischen Erfolgsaussichten des Unternehmens, wird die Einhaltung derartiger moralischer Standards fraglich, sobald sich dieser Erfolg nicht einstellt. Es scheint daher um die Moral der Wirtschaft trotz aller Beteuerungen nicht gut bestellt zu sein.

Allerdings wäre es wohl zu einfach, Unternehmen als Motiv für ihr gesellschaftliches Engagement und die Etablierung moralischer Verhaltensstandards ausschließlich Geschäftsinteresse unterstellen zu wollen. Mag man die verstärkte Selbstbindung von Unternehmen an Grundsätze der Moral auf eine geänderte Erwartungshaltung der Öffentlichkeit, den steigenden Druck der Medien und Nicht-Regierungsorganisationen oder auf politische Vorgaben zurückführen, so wird man dennoch anerkennen müssen, dass auch jenseits reiner Profitinteressen das Thema gesellschaftlicher Verantwortung einen zunehmend breiteren Stellenwert in der praktischen Unternehmenspolitik einnimmt. Um ihre Selbstbindung an Grundsätze moralischen Wirtschaftens zu unterstreichen, haben sich beispielsweise zahlreiche Unternehmen einer oder mehrerer der nationalen und internationalen Alternativen zur Förderung unternehmerischer gesellschaftlicher Verantwortung angeschlossen und bemühen sich, die Einhaltung der Menschen- und Arbeitnehmerrechte und die Befolgung der Grundsätze ökologisch nachhaltigen Wirtschaftens innerhalb ihrer Einflusssphäre aktiv zu befördern.

Zu den in diesem Feld wohl wichtigsten Initiativen zählt der durch den vormaligen UN-Generalsekretär Kofi Annan am 31. Januar 1999 auf dem Weltwirtschaftsforum in Davos ins Leben gerufene *UN Global Compact*. Mit knapp einhundert aktiven oder im Aufbau befindlichen nationalen Netzwerken gilt der *Global Compact* derzeit als größte Initiative zur Förderung unternehmerischer Verantwortung. Anliegen des *Global Compact* ist es, durch das soziale Engagement von Unternehmen, deren Selbstbindung an grundlegende moralische Werte und durch ihre partnerschaftliche Zusammenarbeit mit anderen gesellschaftlichen Akteuren die Globalisierung der Weltwirtschaft menschlich zu gestalten (vgl. Global Compact Office 2005). Dabei beruft sich der *Global Compact* in seinen Prinzipien auf allgemein akzeptierte Verhaltensstandards, in denen die zentralen Grundwerte der menschlichen Gemeinschaft zum Ausdruck kommen, wie die Allgemeine Erklärung der Menschenrechte der Vereinten Nationen, die Deklaration der *International Labour Organization* über die fundamentalen Rechte der Arbeiter, die Rio-Deklaration der Vereinten Nationen über Umwelt und Entwicklung sowie das Übereinkommen der Vereinten Nationen gegen Korruption (vgl. Global Compact Office 2005). Im Einzelnen verpflichten sich die im *Global Compact* zusammengeschlossenen Organisationen (1) den Schutz der internationalen Menschenrechte innerhalb ihres Einflussbereichs zu unterstützen und zu achten und (2) sicherzustellen, dass sie sich nicht an Menschenrechtsverletzungen mitschuldig machen. Sie erkennen (3) das Recht auf Vereinigungsfreiheit und Kollektivverhandlungen an und bemühen sich (4) um die Beseitigung aller Formen der Zwangsarbeit, (5) die Abschaffung der Kinderarbeit und (6) die Beseitigung von Diskriminierung bei Anstellung und Beschäftigung. Sie verpflichten sich, (7) im Umgang mit Umweltproblemen einen vorsorgenden Ansatz zu unterstützen,

(8) Initiativen zu ergreifen, um ein größeres Verantwortungsbewusstsein für die Umwelt zu erzeugen, und (9) die Entwicklung und Verbreitung umweltfreundlicher Technologien zu fördern. Zudem sehen sie es als ihre Pflicht, (10) gegen alle Arten der Korruption einzutreten, einschließlich Erpressung und Bestechung (vgl. Global Compact Office 2005).

Dabei versteht sich der *Global Compact* als eine Art „Gesellschaftsvertrag" über die Einhaltung minimaler ethischer Normen innerhalb der Wirtschaft. Weder soll staatliches durch supra-staatliches Recht ersetzt noch sollen Verhaltensstandards oder Richtlinien für konkretes unternehmerisches Handeln vorgegeben werden. Ziel ist es vielmehr, Unternehmen im Rahmen der Selbstverpflichtung zur Einhaltung ethischer Normen in ihrer Geschäftspraxis zu bewegen. Zum Beitritt genügt die Einreichung einer allgemeinen Willenserklärung beim *Global Compact Office*, die direkt an den UN Generalsekretär zu adressieren ist, und in der das Unternehmen sich verpflichtet, die Prinzipien des *Global Compact* innerhalb seines Einflussbereichs zu fördern, diese Prinzipien in seine Unternehmensstrategie zu integrieren, sich an Kooperationsprojekten zu beteiligen, dieses Engagement gegenüber der Öffentlichkeit und den verschiedenen Anspruchsgruppen des Unternehmens zu kommunizieren und in einem jährlich zu verfassenden Fortschrittsbericht das *Global Compact Office* über den aktuellen Stand seiner Aktivitäten zu informieren.

In ähnlicher Weise setzen zahlreiche andere Initiativen auf den Selbstverpflichtungscharakter derartiger freiwillig eingegangener Verhaltensstandards. Das Spektrum reicht von branchenübergreifenden Initiativen zur Förderung der Wirtschaftsmoral über industriespezifische Initiativen, die sich speziell den ökologischen und sozialen Problemlagen einzelner Branchen widmen, bis hin zu themenspezifischen Initiativen, die die in ihnen zusammengeschlossenen Unternehmen auf die Förderung bestimmter politischer, ökologischer oder sozialer Anliegen verpflichten. Doch nicht nur Unternehmen und politische Organisationen haben sich des Themas „Sozialverantwortung von Unternehmen" angenommen. Auch die *International Organization for Standardization* (ISO) hat es sich mit ihrer 2010 in Kraft getretenen „ISO 26000 – Guidance on Social Responsibility" zur Aufgabe gemacht, einheitliche Standards für eine sozial verantwortliche Geschäftspolitik von Unternehmen und Organisationen festzulegen (ISO 2010). Als wichtigste Eckpfeiler einer derartigen sozialverantwortlichen Geschäftspolitik benennt die ISO: (1) die Verantwortungsübernahme für die Folgen unternehmerischen Handelns, (2) Transparenz der unternehmerischen Entscheidungen, (3) ethisches Verhalten des Unternehmens und seiner Mitarbeiter, (4) Achtung vor den Interessen der unternehmerischen Anspruchsgruppen auch in Bezug auf die Ansprüche nur mittelbar Betroffener, (5) Beachtung der gesetzlichen Bestimmungen innerhalb der jeweiligen Gastländer, (6) Beachtung internationaler Verhaltensstandards und (7) die Achtung der allgemeinen Menschenrechte. Zudem gibt der ISO 26.000-Leitfaden Empfehlungen, wie sich diese sieben Kernthemen gesellschaftlicher Verantwortung in den Bereichen Organisationssteuerung, Menschenrechte, Arbeitsbeziehungen, Umwelt, faire Geschäftspraktiken, Konsumentenbelange und gesellschaftliche Entwicklung im lokalen Umfeld umsetzen lassen (Kleinfeld/Henze 2010: 61ff.).

War es das Anliegen beispielsweise der Sozialen Marktwirtschaft, moralisches Verhalten wirtschaftlicher Akteure und ihre Beitragsleistung zur Gemeinschaft mittels staatlicher Rahmenordnung sicherzustellen, gehen diese Möglichkeiten staatlicher Einflussnahme innerhalb globaler Wirtschaftsräume zurück. An die Stelle direkter staatlicher Interventionen und Vorgaben treten die indirekte Förderung unternehmerischen Engagements und die Kooperation mit zivilgesellschaftlichen wie wirtschaftlichen Akteuren, um so gemeinsame Ziele zu erreichen. Damit hat sich die Steuerungsfunktion des Staates innerhalb globaler Wirtschaftsräume verändert. Nicht mehr die Setzung nationalen Rechts zur Durchsetzung sozialer und politischer Anliegen in der Wirtschaft, sondern die Vermittlung zwischen den Interessen verschiedener wirtschaftlicher, politischer und zivilgesellschaftlicher Akteure wird zur neuen Aufgabe nationaler Regierungen in einer „post-nationalen" Wirtschaftsgesellschaft (vgl. Giddens 1999: 68).

Ganz in diesem Sinne hat auch die europäische Politik zwischenzeitlich damit begonnen, die freiwillige Verantwortungsübernahme von Unternehmen zu fördern, statt diese per Gesetz einzufordern. So wurde bereits 1996 auf Betreiben des damaligen Kommissions-Präsidenten Jacques Delors seitens der Europäischen Kommission das „European Business Network for Social Cohesion" ins Leben gerufen, das im Jahre 2000 werbewirksam in „CSR-Europe" umfirmierte. Basierend auf den Arbeiten von CSR-Europe veröffentlichte die Kommission 2001 das so genannte Grünbuch „Europäische Rahmenbedingungen für die Soziale Verantwortung der Unternehmen" (Europäische Kommission 2001). In ihrer Definition der gesellschaftlichen Verantwortung von Unternehmen orientiert sich die Kommission dabei vor allem am Grundsatz einer ökonomisch, ökologisch und sozial nachhaltigen Entwicklung, wie er im so genannten „Brundtland-Bericht" zum Ausdruck kommt. So dürfe die Bedürfnisbefriedigung der jetzt lebenden Generationen nicht zu Lasten der Bedürfnisbefriedigung zukünftiger Generationen gehen (Hauff 1987: 46). Unternehmen sind dazu aufgefordert, sich in ihrem Handeln an den drei Dimensionen: nachhaltige wirtschaftliche Prosperität, ökologische Qualität und soziale Gerechtigkeit zu orientieren. Durch freiwillige Selbstverpflichtung sollten Unternehmen, so der ursprüngliche Gedanke, dazu beitragen, das auf dem Lissabonner Gipfel verabschiedete strategische Ziel der Europäischen Union zu erreichen, Europa auf Basis nachhaltigen Wirtschaftswachstums und sozialen Zusammenhalts bis 2010 zum wettbewerbsfähigsten und dynamischsten wissensbasierten Wirtschaftsraum der Welt zu entwickeln.

Zwar lässt sich kritisieren, dass die Frage, wie genau sich ökologische und soziale Nachhaltigkeit bestimmen lassen und wie sich im Einzelfall spezifische Aktivitäten gegeneinander verrechnen oder miteinander vergleichen lassen, weitgehend unbeantwortet bleibt. Dies habe zur Folge, dass auch diese Definition einer „Corporate Social Responsibility" beliebig interpretierbar scheint und diese stets im Sinne der eignen Unternehmenspolitik ausgedeutet werden kann. Doch hat sich gerade in Europa die Vorstellung einer ökonomisch, ökologisch und sozial nachhaltigen Wirtschaftsweise als Kern unternehmerischer Sozialverantwortung weitestgehend durchgesetzt. So folgt auch das 2009 unter Federführung des Bundesministeriums für Arbeit und Soziales initiierte „CSR-Forum" der deutschen Bundesregierung, dem neben Mitarbeitern der verschiedenen Ministerien auch Vertreter verschiedenster zivilgesellschaftlicher Organisationen, der Wissenschaft und der Wirtschaft angehören, grundsätzlich dem CSR-Verständnis der Europäischen Kommission. Derzeit verfolgt das Forum die Arbeitsschwerpunkte: „Gute Arbeit", „Verbraucherinformation", „Umwelt" und „Globalisierung". Ziel ist es, eine stärkere Öffentlichkeit für das Thema CSR herzustellen, die CSR-Leistungen deutscher Unternehmen im internationalen Kontext hervorzuheben, das CSR-Engagement der Unternehmen der öffentlichen Hand zu fördern und CSR als Thema in Wissenschaft und Ausbildung zu verankern.

Trotz aller wissenschaftlichen Skepsis muss man zugeben, dass diese Entwicklungen nicht nur zu einer Erweiterung des Themenspektrums der Wirtschafts- und Unternehmensethik beigetragen, sondern auch die Einsicht in die Notwendigkeit ethischen Verhaltens innerhalb der Wirtschaft befördert haben. Jenseits aller möglicherweise berechtigten Kritik an der mit einer Verkürzung wirtschafts- und unternehmensethisch relevanter Sachverhalte auf Konzepte wie *Corporate Social Responsibility* oder *Corporate Citizenship* einhergehenden Begriffsunschärfe und an einer möglichen „Instrumentalisierung" der Ethik für wirtschaftliche Zwecke, zeigt sich in der Einlassung auf praktische Probleme gerade der Charakter einer Wirtschafts- und Unternehmensethik als angewandte Ethik. Die neuen Organisationsformen, Kooperationsformen und Formen der Aufgabenverteilungen zwischen Staat, Wirtschaft und Zivilgesellschaft sind in diesem Sinne weit eher als Suche nach neuen Problemlösungsmechanismen zur Sicherstellung wirtschaftlicher Moral angesichts geänderter Rahmenbedingungen zu sehen denn als Preisgabe der Moral innerhalb einer schrankenlosen Wirtschaft.

6.5 Neue Herausforderungen an Ökonomie und Ethik

Insgesamt lässt sich innerhalb der letzten Jahre eine gewisse „Politisierung" der Wirtschafts- und Unternehmensethikdebatte feststellen. So waren es zum einen vor allem in Europa gerade politische Gremien, die dazu beitrugen, das Thema der Wirtschafts- und Unternehmensethik in Wissenschaft und Praxis zu verankern. Zum andern aber ist es die Rollenzuschreibung an die wirtschaftlichen Akteure, die sich innerhalb der globalen Wirtschaft im politischen Sinne verändert. Wirtschaftliche Akteure werden zunehmend auch als Agenten eines sozialen Wandels und als Partner von Politik und Zivilgesellschaft gesehen, die im Rahmen einer freiwilligen Verantwortungsübernahme einen Beitrag zur sozial und ökologisch nachhaltigen gesellschaftlichen Entwicklung leisten sollen. Dies hat weitreichende Implikationen – sowohl für eine Wirtschafts- und Unternehmensethik als auch für die ökonomische Theoriebildung selbst: So wird es künftig auch darum gehen, dieses neue Rollenbild zu analysieren, die Legitimität sowie die Rechte und Pflichten von Unternehmen als politische Akteure zu klären und Regeln für das neue Zusammenspiel von Staat, Zivilgesellschaft und Unternehmen zu entwickeln.

Vor allem die Frage der „demokratischen Legitimierung" von „Corporate Citizens" bildet ein künftiges Forschungsfeld nicht nur der Wirtschafts- und Unternehmensethik, sondern auch der Politik- und der Sozialwissenschaften. Zwar mag der freiwillige Beitrag von Unternehmen im Rahmen von Stiftungen, Sponsoring oder Spendenprogrammen aus Sicht der Politik durchaus wünschenswert erscheinen. Und sicherlich spricht vieles dafür, dass ein Unternehmensengagement zur Förderung sozialer, ökologischer oder kultureller Belange auch *qua* öffentlicher Zustimmung demokratisch legitimiert werden könnte. Andererseits bleibt die Frage, ob ein derartiges Engagement der Unternehmen stets „interessenfrei" zum Wohle der Gemeinschaft erfolgt. Problematisch wird dies insbesondere dann, wenn das Engagement der Unternehmen zunehmend dazu dient, staatliche Leistungen zu ersetzen und beispielsweise vormals staatliche Aufgaben im Bereich von Bildung, Infrastrukturentwicklung oder Gesundheitsvorsorge zu übernehmen. Hier ergibt sich die Gefahr, dass ein derartiges Unternehmensengagement nur solange Bestand hat, wie es als nützlich für die finanziellen Erfolgsaussichten des Unternehmens eingestuft wird (Matten et al. 2003: 118). Zudem besteht das Problem, dass Unternehmen vor allem in jenen gesellschaftlichen Bereichen „investieren" werden, in denen sie mindestens mittelbar positive Rückwirkungen auch für das eigene Unternehmen erwarten. So wünschenswert daher beispielsweise das Engagement von Unternehmen im staatlich chronisch unterfinanzierten schulischen oder universitären Ausbildungsbereich erscheinen mag, so sehr gilt es darauf zu achten, dass diese Investitionen nicht zu einer einseitigen Ausrichtung des Lehr- und Forschungsbetriebes ausschließlich an den Interessen der Unternehmen führen.

Allerdings stellt sich die Frage der demokratischen Legitimität nicht nur in Bezug auf die neue politische Rolle der Unternehmen; sie betrifft auch die Rolle der Nichtregierungsorganisationen als neue Instanzen der Zivilgesellschaft, die sich zunehmend als selbsternannte Wächter der Unternehmensmoral betrachten. Trotz der durch ihre Berichterstattung und Aufklärungskampagnen gesteigerten Transparenz hinsichtlich des sozialen und ökologischen Verhaltens einzelner Unternehmen, darf nicht vergessen werden, dass auch Nichtregierungsorganisationen gewissen erwerbswirtschaftlichen Imperativen unterliegen und in ihrer Berichterstattung dazu gezwungen sind, durch die Skandalierung von Unternehmensverhalten Aufmerksamkeit und damit Spendengelder zu erhalten. Damit stellt sich die Frage nach der Objektivität und Neutralität derartiger Organisationen und ihrer Eignung als Verantwortungsinstanz, vor der sich Unternehmen scheinbar öffentlich für ihr Verhalten zu rechtfertigen haben. Auch hier gilt es im Rahmen künftiger Forschung, einerseits die Rechte derartiger Organisationen als Vertreter einer Zivilgesellschaft zu klären und andererseits die Möglichkeiten der demokratischen Legitimierung der von ihnen vorgebrachten Forderungen zu untersuchen.

Doch auch die rein ökonomische Theoriebildung sieht sich angesichts der erweiterten Verantwortungszuweisung an Unternehmen in Politik und Gesellschaft vor neue Herausforderungen gestellt, will sie diese geänderten Erwartungshaltungen in ihren Theorien mit abbilden. So lassen sich soziale Phänomene wie „politischer Konsum", „ethisches Investment" oder „Shareholder-Activism" nur mehr bedingt mit dem neoklassischen Paradigma rationaler Nutzenmaximierung bei gegeben Präferenzstrukturen fassen. Mag es auch zu den Präferenzen des jeweiligen Konsumenten zählen, keine in Kinderarbeit hergestellten Produkte zu erwerben oder sein Kapital nicht in Rüstungsbetrieben zu investieren, kann dies nur einen Teil des auf den Märkten geäußerten Verhaltens erklären. Denn der mit dem Nicht-Kauf dieser Produkte einhergehende „Buykott" oder der seitens „ethischer Investoren" ausgeübte Druck auf die Fondsgestaltung der Banken ist nicht nur Ausdruck ökonomischer Präferenzen sondern eben auch sozialer Präferenzen und zielt darauf, eine Verhaltensänderung seitens der wirtschaftlichen Akteure zu bewirken. In gewisser Weise werden hier die Grenzen zwischen politischer Aktion, sozialem Engagement und ökonomischem Verhalten durchlässig. Die ökonomische Theoriebildung wird dieser Entwicklung künftig Rechnung tragen müssen, will sie weiterhin Aussagen über das Verhalten wirtschaftlicher Akteure auf Märkten treffen. Die derzeitige einseitige Ausrichtung der Ökonomik in Forschung und Lehre rein am Paradigma individueller Nutzenmaximierung bei gegebener Präferenzordnung und gegebenen Restriktionen verstellt leicht den Blick auf die in den Entscheidungen ökonomischer Akteure auch zur Geltung gebrachten politischen Überzeugungen, sozialen Einstellungen und ethischen Werturteilen und unterschätzt die zunehmend bedeutsamer werdende Rolle von Unternehmen als politische Akteure und Agenten des sozialen Wandels. Inwieweit es der ökonomischen Theoriebildung künftig gelingen wird, in ihren Konzeptionen Anschluss an diese neueren Entwicklungen zu finden, hängt nicht zuletzt davon ab, ob es ihr gelingt, sich von der theoretischen Engführung des neoklassischen Paradigmas zu lösen.

7. Kommentierte Bibliographie

7.1 Theoriegeschichtliche Übersichtswerke

Brandt, Karl: Geschichte der deutschen Volkswirtschaftslehre in 2 Bdn. Rudolf Haufe Verlag: Freiburg im Breisgau, 1993.
Ausführliche, systematische Darstellung der Entwicklung der deutschen Volkswirtschaftslehre von der Scholastik bis zur Neoklassik.

Issing, Otmar (Hrsg.): Geschichte der Nationalökonomie. Verlag Franz Vahlen: München 2002.
Historische, nach den jeweiligen Schulen gegliederte Darstellung der Entwicklung der Nationalökonomie von den „Vorläufern der Nationalökonomie" bis zur „Neoklassik".

Kurz, Heinz D. (Hrsg.): Klassiker des ökonomischen Denkens in 2 Bdn. Verlag C. H. Beck: München, 2008.
Zwei Sammelbände zu verschiedenen, insbesondere jüngeren Autoren der Wirtschaftswissenschaften, die die jeweiligen Theorieentwürfe in gedrängter Form darstellen.

Starbatty, Joachim (Hrsg.): Klassiker des ökonomischen Denkens in 2 Bdn. C. H. Beck Verlag: München 1989.
Zwei Sammelbände zu verschiedenen, klassischen Autoren der Wirtschaftswissenschaften, die biographische Notizen und eine Kurzdarstellung der Theorieentwürfe enthalten.

7.2 Historische Hintergründe

Finley, Moses I.: Das politische Leben in der antiken Welt. Deutscher Taschenbuch Verlag: München, 1991

Finley, Moses I.: Die antike Wirtschaft. Deutscher Taschenbuch Verlag: München, 1993.
Kurzweilige, gut leserliche Darstellungen des antiken wirtschaftlichen und politischen Lebens auf Basis antiker Quellenlagen.

Borst, Otto: Alltagsleben im Mittelalter. Insel Verlag: Frankfurt am Main, 1983.

Le Goff, Jacques (Hrsg.): Der Mensch des Mittelalters. Fischer Taschenbuch Verlag: Frankfurt am Main, 1997.
Kurzweilige, gut leserliche Übersicht über das Leben in der die mittelalterlichen Ständegesellschaft, gegliedert nach verschiedenen Professionen und Lebensbezügen.

7.3 Zentrale Schriften

Audring, Gert und Brodersen, Kai (Hrsg.): Quellen zur Wirtschaftstheorie der griechischen Antike. Wissenschaftliche Buchgesellschaft: Darmstadt 2008.
Sammlung aller griechischen Texte zur Ökonomie mit ausführlicher Einführung in die Quellenlage und den Stellenwert der einzelnen Schriften.

Eucken, Walter: Grundsätze der Wirtschaftspolitik. J. C. B. Mohr Verlag: Tübingen, 1990.
Walter Eucken stellt in diesem Buch ausführlich die systematischen Grundlagen seines Konzepts der „Sozialen Marktwirtschaft" dar.

Fichte, Johann Gottlieb: Der geschlossne Handelsstaat. Felix Meiner Verlag: Hamburg, 1990.
Fichte legt in diesem Buch ein durchdachtes, geschlossenes System einer „Planwirtschaft" vor, das er auf Grundlage seiner rechtsphilosophischen Überlegungen herleitet.

Gesell, Silvio: Natürliche Wirtschaftsordnung durch Freiland und Freigeld, in Gesammelte Werke in 12 Bdn., hrsg. Von der Stiftung für persönliche Freiheit und Soziale Sicherheit. Gauke Verlag: Lütjenburg, Bd. 11, 1998.
Die Darstellung der Theorie von Freiland und Freigeld gilt als nicht-marxistischer Theorieentwurf und wurde Anfang der 1930er Jahre erfolgreich in Wörgl umgesetzt.

Hayek, Friedrich August von: Die Verfassung der Freiheit. J. C. B. Mohr Verlag: Tübingen, 1991.
Grundlegendes Werk Hayeks, in dem er seine Auffassung zu politischer und wirtschaftlicher Freiheit darlegt.

Hume, David: Politische und ökonomische Essays in 2 Bdn., hrsg. von Udo Bermbach. Felix Meiner Verlag: Hamburg, 1988.
Die hier zusammengestellten Essays Humes bieten eine gute Übersicht über die wichtigsten ökonomischen Fragestellungen der „vor-klassischen" Ökonomie.

Keynes, John Maynard: Allgemeine Theorie der Beschäftigung des Zinses und des Geldes. Verlag Duncker & Humblot: Berlin, 1994.
Mit diesem Werk legt John Maynard Keynes die Grundlagen der später unter seinem Namen bekannt gewordenen ökonomischen Denkrichtung.

Marx, Karl: Das Kapital – Kritik der politischen Ökonomie in 3 Bdn. Dietz Verlag: Berlin, 1974.
Grundlage der marxistischen Wirtschafts- und Arbeitswertlehre und Ausgangspunkt der marxistischen Kritik an der kapitalistischen Wirtschaftsweise.

Mill, John Stuart: Einige ungelöste Probleme der politischen Ökonomie, hrsg. von Hans G. Nutzinger. Campus Verlag: Frankfurt am Main, 2008.
Im fünften Essay dieser Zusammenstellung legt Mill die wesentlichen Grundlagen des Wissenschaftsverständnisses sowie des Menschenbildes der modernen Ökonomie.

Ricardo, David: Grundsätze der Politischen Ökonomie und der Besteuerung, hrsg. von Heinz D. Kurz. Metropolis Verlag: Marburg, 1994.
Wichtigstes Werk David Ricardos, in dem er seine Arbeitswertlehre und seine Theorie der komparativen Kostenvorteile entwickelt.

Röpke, Wilhelm: Jenseits von Angebot und Nachfrage. Haupt Verlag: Bern, 1979.

Röpke, Wilhelm: Civitas humana. Haupt Verlag: Bern, 1979.
Beide Werke, in denen Wilhelm Röpke seine Vorstellung einer freiheitlichen Wirtschafts- und Gesellschaftsordnung entwickelt, zählen zur Grundlagenliteratur der „Sozialen Marktwirtschaft".

Smith, Adam: Der Wohlstand der Nationen. Deutscher Taschenbuch Verlag: München 1990.
Adam Smiths Hauptwerk zur Ökonomie gilt als Grundstein und Beginn der ökonomischen Wissenschaft und ist auch heute noch lesenswert.

Literaturverzeichnis

Albrecht, Michael von (1979): Arbeit, in Konrat Ziegler und Walter Sontheimer [Hrsg.]: Der Kleine Pauly – Lexikon der Antike in 5 Bdn. Deutscher Taschenbuch Verlag: München. Bd. 1. Sp. 490-494.

Aquin, Thomas von (1985): Summe der Theologie in 3 Bdn., hrsg. von Joseph Bernhardt. Alfred Kröner Verlag: Stuttgart.

Aquin, Thomas von (1990): Über die Herrschaft der Fürsten. Verlag Philipp Reclam: Stuttgart.

Aristoteles (1993): Rhetorik, hrsg. von Franz G. Sievke. W. Fink Verlag: München.

Aristoteles (1995a): Politik, in ders.: Philosophische Schriften in 6 Bdn., hrsg. von Eugen Rolfes. Felix Meiner Verlag: Hamburg, Bd. 4.

Aristoteles (1995b): Nikomachische Ethik, in Philosophische Schriften in 6 Bdn., hrsg. von Eugen Rolfes. Felix Meiner Verlag: Hamburg. Bd. 3.

Pseudo-Aristoteles (2006): Oikonomika: Schriften zu Hauswirtschaft und Finanzwesen, in ders.: Werke in 12 Bdn., hrsg. von Hellmut Falshar. Akademie Verlag: Berlin, Bd. 10,2.

Aßländer, Michael S. (2011): Deutschsprachige Ansätze der Wirtschafts- und Unternehmensethik, in ders. (Hrsg.): Handbuch Wirtschaftsethik. J.B. Metzler Verlag: Stuttgart, S. 71-76.

Aßländer, Michael S. und Roloff, Julia (2004): Sozialstandards als Beispiel für soziale Verantwortung von Unternehmen, in: kursiv – Journal für politische Bildung 3/2004, S. 26-36.

Augustinus, Aurelius (1991): De civitate dei – Vom Gottesstaat in 2 Bdn. Deutscher Taschenbuch Verlag: München.

Bagehot, Walter (1848): Principles of Political Economy, in: The Prospective Review, Vol. vi/16, 460-502. Wiederabdruck in Wood, John Cunningham (Hrsg.): John Stuart Mill: Critical Assessments, Vol. 2. Croom Helm: London 1987, S. 7-35.

Ballestrem, Karl von (2001): Adam Smith. C. H. Beck Verlag: München.

Baloglou, Christos P. (1994): Die geldtheoretischen Anschauungen Platons, in Jahrbuch für Wirtschaftsgeschichte 1994/2, Akademie Verlag: Berlin, S. 177-187.

Beck, Ulrich (1997): Was ist Globalisierung? Suhrkamp Taschenbuch Verlag: Frankfurt am Main.

Beck, Ulrich (1998): Wie wird Demokratie im Zeitalter der Globalisierung möglich? – Eine Einleitung, in ders. (Hrsg.): Politik der Globalisierung. Suhrkamp Taschenbuch Verlag: Frankfurt am Main, S. 7-66.

Becker, Gary S. (1993): Ökonomische Erklärung menschlichen Verhaltens. J. C. B. Mohr Verlag: Tübingen.

Becker, Gary S. und Nashat Becker, Guity (1998): Die Ökonomik des Alltags. J. C. B. Mohr Verlag: Tübingen.

Bender, Hermann (1893): Rom und römisches Leben im Altertum. Verlag der H. Laupp'schen Buchhandlung: Tübingen.

Benedikt von Nursia (2011): Ordensregeln. http://www.kloster-ettal.de/BenediktvonNursia/sites/regula/vitabenedicti_rb_kapuebersicht.html (01.02.2012).

Bentham, Jeremy (1992): Eine Einführung in die Prinzipien der Moral und der Gesetzgebung, in Höffe, Otfried (Hrsg.): Einführung in die utilitaristische Ethik. A. Francke Verlag: Tübingen, S. 55-83.

Berninghaus, Siegfried K., Ehrhart, Karl-Martin und Güth, Werner (2006): Strategische Spiele – Eine Einführung in die Spieltheorie. Springer Verlag: Berlin.

Berthold von Regensburg (1862/1880): Vollständige Ausgabe seiner Predigten in 2 Bdn., hrsg. von Franz Pfeiffer. Wilhelm Braumüller, K. K. Hof- und Universitätsbuchhändler: Wien.

Bowie, Norman E. (1986): Business Ethics, in DeMarco, Joseph P. und Fox, Richard M. (Hrsg.): New Directions in Ethics – The Challenge of Applied Ethics. Routledge & Kegan Paul Inc: New York, NY, S. 158-172.

Bowie, Norman E. und Werhane, Patricia H. (2005): Management Ethics. Blackwell Publishing: Malden, MA.

Brandt, Karl (1993): Geschichte der deutschen Volkswirtschaftslehre in 2 Bdn. Rudolf Haufe Verlag: Freiburg im Breisgau.

Brodbeck, Karl-Heinz (2011): Die Entwicklung der Ökonomik zur normativen Wissenschaft, in Aßländer, Michael S. (Hrsg.): Handbuch Wirtschaftsethik. J. B. Metzler Verlag: Stuttgart, S. 43-52.

Carmichael, Gershom (2002): Natural Rights, in ders.: Natural Rights and the Threshold of the Scottish Enlightenment – The Writings of Gershom Carmichael. Liberty Fund: Indianapolis, IN.

Cato, Marcus Porcius (1963): Belehrung über die Landwirtschaft, hrsg. von Paul Thielscher. Verlag Duncker & Humblot: Berlin.

Cicero, Marcus Tullius (1994): Paradoxa Stoicorum – Stoische Paradoxien, in: Über die Gesetze, Stoische Paradoxien, hrsg. von Rainer Nickel. Wissenschaftliche Buchgesellschaft: Darmstadt.

Cicero, Marcus Tullius (1995a): De officiis – Vom pflichtgemäßen Handeln, hrsg. von Heinz Gunermann. Verlag Philipp Reclam: Stuttgart.

Cicero, Markus Tullius (1995b): De re publica – Über den Staat, hrsg. von Walther Sontheimer. Verlag Philipp Reclam: Stuttgart.

Claeys, Gregory (1987): Der soziale Liberalismus John Stuart Mills: eine Einführung, in: ders. (Hrsg.): Der soziale Liberalismus John Stuart Mills. Nomos Verlagsgesellschaft: Baden-Baden, S. 9-32.

Conolly, Peter und Dodge, Hazel (1998): Die antike Stadt – Das Leben in Athen und Rom. Könemann Verlag: Köln.

Crane, Andrew, Matten, Dirk und Moon, Jeremy (2004): Stakeholders as Citizens? – Rethinking Rights, Participation, and Democracy, in: Journal of Business Ethics, Vol. 53(1-2), S. 107-122.

Crane, Andrew und Matten, Dirk (2007): Business Ethics. Oxford University Press: Oxford, 2. Aufl.

Curbach, Janina (2010): Gut ist nicht gut genug! – Zur gesellschaftlichen (Un)Produktivität von kritischen NGOs und CSR-Verweigerern, in Aßländer, Michael S. und Löhr, Albert (Hrsg.): Corporate Social Responsibility in der Wirtschaftskrise. Rainer Hampp Verlag: München, S. 147-171.

De Marchi, Neil B. (1974): The Success of J. S. Mill's Principles, in: History of Political Economy, Vol. vi (Summer), 119-157. Wiederabdruck in Wood, John Cunningham (Hrsg.): John Stuart Mill: Critical Assessments, Vol. 2. Croom Helm: London 1987, S. 122-154.

Demokrit von Abdera (1972): Fragmente, in Diels, Hermann und Kranz, Walther [Hrsg]: Die Fragmente der Vorsokratiker in 3 Bdn. Weidmann Verlag: Zürich, Bd. 2.

Demokrit von Abdera (1991): Sprüche, in Grünwald, Michael (Hrsg.): Die Anfänge der abendländischen Philosophie – Fragmente der Vorsokratiker. Deutscher Taschenbuch Verlag: München, S. 178-183.

Dierksmeier, Claus und Celano, Anthony (2011): Thomas Aquinas on Justice as a Global Virtue in Business, in: Business Ethics Quarterly, Vol. 22 (2), S. 247-272.

Epikur (1988a): Spruchsammlung, in ders.: Philosophie der Freude, hrsg. von Paul M. Laskowsky. Insel Verlag: Frankfurt am Main.

Epikur (1988b): Hauptlehrsätze, in ders.: Philosophie der Freude, hrsg. von Paul M. Laskowsky. Insel Verlag: Frankfurt am Main.

Erb, Otto (1939): Wirtschaft und Gesellschaft im Denken der Hellenischen Antike. Verlag Duncker & Humblot: Berlin.

Erhard, Ludwig (1957): Wohlstand für alle. Econ-Verlag: Düsseldorf.

Eucken, Walter (1949): Die Wettbewerbsordnung und ihre Verwirklichung, in: Eucken, Walter und Böhm, Franz (Hrsg.): Ordo – Jahrbuch für die Ordnung von Wirtschaft und Gesellschaft. „Journalfranz" Arnulf Liebing OHG: Würzburg.

Eucken, Walter (1990): Grundsätze der Wirtschaftspolitik. J. C. B. Mohr Verlag: Tübingen.

Europäische Kommission (2001): Grünbuch: Europäische Rahmenbedingungen für die Soziale Verantwortung der Unternehmen. Amt für amtliche Veröffentlichungen: Luxemburg.

Falk, Armin, Fehr, Ernst und Fischbacher, Urs (2001): On the Nature of Fair Behaviour. Centre of Economic Policy Research. Discussion Paper Series No. 2984: London.

Fehr, Ernst und Schmidt, Klaus M. (1998): A Theory of Fairness, Competition and Cooperation. Centre of Economic Policy Research. Discussion Paper Series No. 1812: London.

Fichte, Johann Gottlieb (1979): Der geschlossne Handelsstaat. Felix Meiner Verlag: Hamburg.

Finley, Moses I. (1981): Die Sklaverei in der Antike. Verlag C. H. Beck: München.

Finley, Moses I. (1991): Das politische Leben in der antiken Welt. Deutscher Taschenbuch Verlag: München.

Finley, Moses I. (1993): Die antike Wirtschaft. Deutscher Taschenbuch Verlag: München.

Florinus, Franciscus Philippus (1988): Der kluge und rechtsverständige Hausvater. Union Verlag: Berlin.

Gaulke, Jürgen (1994): Freiheit und Ordnung bei John Stuart Mill und Friedrich August von Hayek. Peter Lang Verlag: Frankfurt am Main.

Gay, Peter (1967): Zeitalter der Aufklärung. Time Life: Amsterdam.

Gay, Peter (1999): Die Macht des Herzens – Das 19. Jahrhundert und die Erforschung des Ich. Siedler Taschenbuch: München.

Gay, Peter (2000): Kult der Gewalt – Aggression im bürgerlichen Zeitalter. Siedler Taschenbuch: München.

Germershausen, Christian Friedrich (1783-1786): Der Hausvater in systematischer Ordnung in 5 Bdn. Johann Friedrich Junius: Leipzig.

Gesell, Silvio (1998): Natürliche Wirtschaftsordnung durch Freiland und Freigeld, in Gesammelte Werke in 12 Bdn., hrsg. Von der Stiftung für persönliche Freiheit und Soziale Sicherheit. Gauke Verlag: Lütjenburg, Bd. 11.

Giddens, Anthony (1999): Der Dritte Weg – Die Erneuerung der sozialen Demokratie. Suhrkamp: Frankfurt am Main.

Gilibert, Giorgio (1989): François Quesnay, in Starbatty, Joachim (Hrsg.): Klassiker des ökonomischen Denkens in 2 Bdn. C. H. Beck Verlag: München, Bd. 1, S. 114-133.

Global Compact Office (2005): http://www.unglobalcompact.org/docs/languages/german/de-gc-flyer-05.pdf (30.04.2010).

Goldschmidt, Nils (2008): Gustav Schmoller, in Kurz, Heinz D. (Hrsg.): Klassiker des ökonomischen Denkens in 2 Bdn. Verlag C. H. Beck: München, Bd. 1, S. 287-305.

Gurjewitsch, Aaron J. (1997): Der Kaufmann, in Le Goff, Jacques (Hrsg.): Der Mensch des Mittelalters. Fischer Taschenbuch Verlag: Frankfurt am Main, S. 268-311.

Gurjewitsch, Aaron J. (2000): Stumme Zeugen des Mittelalters. Fischer Taschenbuch Verlag: Frankfurt am Main.

Habermas, Jürgen (1988): Theorie des kommunikativen Handelns in 2 Bdn. Suhrkamp Taschenbuch Verlag: Frankfurt am Main.

Habermas, Jürgen (1998): Jenseits des Nationalstaats? Bemerkungen zu Folgeproblemen der wirtschaftlichen Globalisierung, in Beck, Ulrich (Hrsg.): Politik der Globalisierung, Suhrkamp Taschenbuch Verlag: Frankfurt am Main, S. 67-84.

Hadreas, Peter (2002): Aristotle on the Vices and Virtue of Wealth, in Journal of Business Ethics, Vol. 39 (2), S. 361-376.

Hauff, Volker (1987): Unsere gemeinsame Zukunft. Brundtland-Bericht der Weltkommission für Umwelt und Entwicklung. Eggenkamp: Greven.

Hayek, Friedrich August von (1976): Die Verwertung des Wissens in der Gesellschaft, in ders.: Individualismus und wirtschaftliche Ordnung. Verlag Wolfgang Neugebauer: Salzburg.

Hayek, Friedrich August von (1979): Missbrauch und Verfall der Vernunft. Verlag Wolfgang Neugebauer: Salzburg.

Hayek, Friedrich August v. (1991): Die Verfassung der Freiheit. J. C. B. Mohr Verlag: Tübingen.

Hayek, Friedrich August von (1994a): Wirtschaft, Wissenschaft und Politik, in ders.: Freiburger Studien. J. C. B. Mohr Verlag: Tübingen.

Hayek, Friedrich August von (1994b): Arten der Ordnung in ders.: Freiburger Studien. J. C. B. Mohr Verlag: Tübingen.

Hegel, Georg Wilhelm Friedrich (1999): Grundlinien der Philosophie des Rechts, in ders.: Hauptwerke in 6 Bdn. Felix Meiner Verlag: Hamburg, Bd. 5.

Heichelheim, Fritz M. (1979): Berufsvereine, in Konrat Ziegler und Walter Sontheimer (Hrsg.): Der Kleine Pauly – Lexikon der Antike in 5 Bdn. Deutscher Taschenbuch Verlag: München. Bd. 1., Sp. 870ff.

Held, Martin (1991): „Die Ökonomik hat kein Menschenbild" – Institutionen, Normen, Menschenbild, in Biervert, Bernd und Held, Martin (Hrsg.): Das Menschenbild der ökonomischen Theorie – Zur Natur des Menschen. Campus Verlag: Frankfurt am Main, S. 10-41.

Hesiod (1996): Werke und Tage, hrsg. von Otto Schönberger. Verlag Philipp Reclam: Stuttgart.

Hobbes, Thomas (1980): Leviathan. Verlag Philipp Reclam: Stuttgart.

Höffe, Otfried (1999): Aristoteles. C. H. Beck Verlag: München.

Höffe, Otfried (2007): Democracy in an Age of Globalization. Springer Verlag: Dordrecht.

Hollander, Samuel (1983): William Whewell and John Stuart Mill on the Methodology of Political Economy. Studies in the History and Philosophy of Science, Vol. 14 (2), 127-168. Wiederabdruck in Wood, John Cunningham (Hrsg.): John Stuart Mill: Critical Assessments, Vol. 1. Croom Helm: London 1987, S. 567-608.

Hollander, Samuel (1985): The Economics of John Stuart Mill, Vol. 1: Theory and Method. Blackwell: Oxford.

Homann, Karl (2005): Wirtschaftsethik: Versuch einer Bilanz und Forschungsaufgaben, in: Beschorner, Thomas et al. (Hrsg.): Wirtschafts- und Unternehmensethik: Rückblick – Ausblick – Perspektiven. Rainer Hampp: München, S. 197-211.

Homann, Karl (2007a): Moral und ökonomisches Gesetz, in: Streeck, Wolfgang und Beckert, Jens (Hrsg.): Moralische Voraussetzungen und Grenzen wirtschaftlichen Handelns, MPIfG Working Paper. Köln: Max-Planck-Institut für Gesellschaftsforschung, 23-36.

Homann, Karl (2007b): Moral oder ökonomisches Gesetz? Diskussionspapier Nr. 2007-7 des Lehrstuhls für Wirtschaftsethik an der Martin-Luther-Universität Halle-Wittenberg, hrsg. von Ingo Pies. Halle.

Homann, Karl und Pies, Ingo (1994): Wirtschaftsethik in der Moderne: Zur ökonomischen Theorie der Moral, in: Ethik und Sozialwissenschaften, 1994, Jg. 5 (1), S. 3-12. Wiederabdruck in Pies, Ingo (Hrsg.) (2009): Moral als Heuristik – Ökonomische Schriften zur Wirtschaftsethik. Wissenschaftlicher Verlag: Berlin, S. 48-71.

Homann, Karl und Pies, Ingo (2000): Wirtschaftsethik und Ordnungspolitik – Die Rolle wissenschaftlicher Aufklärung, in: Leipold, Helmut und Pies, Ingo (Hrsg.): Ordnungstheorie und Ordnungspolitik – Konzeptionen und Entwicklungsperspektiven, Stuttgart, 329-346. Wiederabdruck in: Pies, Ingo (Hrsg.) (2009): Moral als Heuristik – Ökonomische Schriften zur Wirtschaftsethik. Wissenschaftlicher Verlag: Berlin, S. 96-116.

Homer (1980): Odyssee, in ders.: Ilias und Odyssee, hrsg. von Johann Heinrich Voss. Rheingauer Verlagsgesellschaft: Eltville.

Hume, David (1983): The History of England in 6 Bdn. Liberty Fund: Indianapolis, IN, Bd. 2.

Hume, David (1988a): Über Handel, in ders.: Politische und ökonomische Essays in 2 Bdn., hrsg. von Udo Bermbach. Felix Meiner Verlag: Hamburg, Bd. 2.

Hume, David (1988b): Über Geld, in ders.: Politische und ökonomische Essays in 2 Bdn., hrsg. von Udo Bermbach. Felix Meiner Verlag: Hamburg, Bd. 2.

Hume, David (1988c): Über Verfeinerung in den Künsten, in ders.: Politische und ökonomische Essays in 2 Bdn., hrsg. von Udo Bermbach. Felix Meiner Verlag: Hamburg, Bd. 2.

Hume, David (1989): Ein Traktat über die menschliche Natur in 2 Bdn. Felix Meiner Verlag: Hamburg, Bd. 1.

ISO (2010): International Standard ISO 26.000: Guidance on Social Responsibility. ISO 26000:2010(E).

Kant, Immanuel (1991a): Kritik der reinen Vernunft in 2 Bdn., in Werkausgabe in 12 Bdn., hrsg. von Wilhelm Weischedel. Suhrkamp Taschenbuch Verlag: Frankfurt am Main, Bd. 3.

Kant, Immanuel (1991b): Zum ewigen Frieden, in Werkausgabe in 12 Bdn., hrsg. von Wilhelm Weischedel. Suhrkamp Taschenbuch Verlag: Frankfurt am Main, Bd. 11.

Kant, Immanuel (1991c): Idee zu einer allgemeinen Geschichte in weltbürgerlicher Absicht, in Werkausgabe in 12 Bdn., hrsg. von Wilhelm Weischedel. Suhrkamp Taschenbuch Verlag: Frankfurt am Main, Bd. 11.

Kant, Immanuel (1991d): Beantwortung der Frage: Was ist Aufklärung? in Werkausgabe in 12 Bdn., hrsg. von Wilhelm Weischedel. Suhrkamp Taschenbuch Verlag: Frankfurt am Main, Bd. 11.

Kant, Immanuel (1991e): Zum ewigen Frieden, in Werkausgabe in 12 Bdn., hrsg. von Wilhelm Weischedel. Suhrkamp Taschenbuch Verlag: Frankfurt am Main, Bd. 11.

Keynes, John Maynard (1983): Vom Gelde. Verlag Duncker & Humblot: Berlin.

Keynes, John Maynard (1994): Allgemeine Theorie der Beschäftigung des Zinses und des Geldes. Verlag Duncker & Humblot: Berlin.

Kirchgässner, Gebhard (1991): Homo Oeconomicus – Das ökonomische Modell individuellen Verhaltens und seine Anwendung in den Wirtschafts- und Sozialwissenschaften. J. C. B. Mohr Verlag: Tübingen.

Kleinfeld, Annette und Henze, Birthe (2010): Wenn der Maßstab fehlt – oder wann ist CSR (unternehmens)ethisch vertretbar? in Aßländer, Michael S. und Löhr, Albert (Hrsg.): Corporate Social Responsibility in der Wirtschaftskrise – Reichweiten der Verantwortung. Rainer-Hampp-Verlag: München, S. 49-71.

Koslowski, Peter (1993): Politik und Ökonomie bei Aristoteles. J. C. B. Mohr (Paule Siebeck): Tübingen.

Latacz, Joachim (1996): Hesiodos, in Bernhard Kytzler (Hrsg.): Kleine Enzyklopädie der antiken Autoren. Insel Verlag: Frankfurt am Main, S. 25 – 34.

Le Goff, Jacques (1987a): Kirchliche Kultur und Volksüberlieferungen in der Zivilisation der Merowinger, in ders.: Für ein anderes Mittelalter, hrsg. von Dieter und Ruth Groh. Drumlin Verlag: Weingarten, S. 121-127.

Le Goff, Jacques (1987b): Zur Dreigliedrigkeit der Gesellschaft, zur Begründung des monarchischen Gedankens und zum wirtschaftlichen Aufschwung in der Christenheit des 9. Bis 12. Jahrhunderts, in ders.: Für ein anderes Mittelalter, hrsg. von Dieter und Ruth Groh. Drumlin Verlag: Weingarten, S. 43-49.

List, Friedrich (1927): Das Natürliche System der Politischen Ökonomie, in ders.: Werke, in 8 Bdn., hrsg. von Erwin von Beckerath et al. Reimar Hobbing Verlag: Berlin, Bd. 4.

List, Friedrich (1930): Das Nationale System der politischen Ökonomie, in ders.: Werke, in 8 Bdn., hrsg. von Erwin von Beckerath et al. Reimar Hobbing Verlag: Berlin, Bd. 6.

Locke, John (1999): Über die Regierung (The Second Treatise of Government). Verlag Philipp Reclam: Stuttgart.

Löhr, Albert (1996): Die Marktwirtschaft braucht Unternehmensethik, in Becker, Jörg u.a. (Hrsg.): Ethik in der Wirtschaft – Chancen verantwortlichen Handelns. Kohlhammer: Stuttgart, S. 48-83.

Löhr, Albert und Blickle, Gerhard (1996): The Moral Dimension of Recent Organization Concepts, in: Revue Éthique des Affaires, Vol. 6 (9), S. 43-51.

Luhmann, Niklas (1994): Die Wirtschaft der Gesellschaft. Suhrkamp Taschenbuch Verlag: Frankfurt am Main.

Luther, Martin (1904): Dr. Martin Luthers Hauspostille. Concordia Publishing House: St. Louis, MO.

Luther, Martin (1989a): Wider die räuberischen und mörderischen Rotten der Bauern, in Hutten, Ulrich von, Müntzer, Thomas, Luther, Martin: Werke in 2 Bdn., hrsg. von Siegfried Streller. Aufbau-Verlag: Berlin, Bd. 2.

Luther, Martin (1989b): Von Kaufshandlung und Wucher, in Hutten, Ulrich von, Müntzer, Thomas, Luther, Martin: Werke in 2 Bdn., hrsg. von Siegfried Streller. Aufbau-Verlag: Berlin, Bd. 2.

Luther, Martin (1996a): Von der Freiheit eines Christenmenschen, in Calwer Luther-Ausgabe in 10 Bdn., hrsg. von Wolfgang Metzger. Hänssler-Taschenbuch Verlag: Neuhausen-Stuttgart, Bd. 2.

Luther, Martin (1996b): Sermon von den guten Werken, in Calwer Luther-Ausgabe in 10 Bdn., hrsg. von Wolfgang Metzger. Hänssler-Taschenbuch Verlag: Neuhausen-Stuttgart, Bd. 3.

Luther, Martin (1996c): Von weltlicher Obrigkeit. Wie weit man ihr Gehorsam schuldig sei, in Calwer Luther-Ausgabe in 10 Bdn., hrsg. von Wolfgang Metzger. Hänssler-Taschenbuch Verlag: Neuhausen-Stuttgart, Bd. 4.

Luther, Martin (1996d): Der freie Dienst der Christen für die Obrigkeit, in Calwer Luther-Ausgabe in 10 Bdn., hrsg. von Wolfgang Metzger. Hänssler-Taschenbuch Verlag: Neuhausen-Stuttgart, Bd. 6.

Luther, Martin (1996e): Der große Katechismus, in Calwer Luther-Ausgabe in 10 Bdn., hrsg. von Wolfgang Metzger. Hänssler-Taschenbuch Verlag: Neuhausen-Stuttgart, Bd. 1.

Luther, Martin (1996f): Das Vorbild der Selbsthingabe, in Calwer Luther-Ausgabe in 10 Bdn., hrsg. von Wolfgang Metzger. Hänssler-Taschenbuch Verlag: Neuhausen-Stuttgart, Bd. 5.

Luther, Martin (1996g): Der verantwortliche Gebrauch der irdischen Güter, in Calwer Luther-Ausgabe in 10 Bdn., hrsg. von Wolfgang Metzger. Hänssler-Taschenbuch Verlag: Neuhausen-Stuttgart, Bd. 6.

Malthus, Thomas, Robert (1924): Eine Abhandlung über das Bevölkerungsgesetz, Bd. 1, in Waentig, Heinrich (Hrsg.): Sammlung sozialwissenschaftlicher Meister. Gustav Fischer Verlag: Jena, Bd. 6. [Nach der 6. Auflage].

Malthus, Thomas Robert (1986a): On Political Economy, in: The Works of Thomas Robert Malthus in 8 Bdn., hrsg. von E. A. Wrigley und David Souden. Pickering: London, Bd. 8: Essays on Political Economy.

Malthus; Thomas Robert (1986b): Principles of Political Economy – Part I, in: The Works of Robert Malthus in 8 Bdn., hrsg. von E. A. Wrigley und David Souden. Pickering: London, Bd. 5.

Malthus; Thomas Robert (1986c): Principles of Political Economy – Part II, in: The Works of Robert Malthus in 8 Bdn., hrsg. von E. A. Wrigley und David Souden. Pickering: London, Bd. 6.

Malthus, Thomas Robert (1999): An Essay on the Principle of Population. Oxford. [Nach der 1. Auflage].

Mandeville, Bernard (1980): Die Bienenfabel oder Private Laster, öffentliche Vorteile. Suhrkamp Taschenbuch Verlag: Frankfurt am Main.

Marx, Karl (1971a): Die Deutsche Ideologie, in ders.: Die Frühschriften. Alfred Kröner Verlag: Stuttgart.

Marx, Karl (1971b): Die heilige Familie, in ders.: Die Frühschriften. Alfred Kröner Verlag: Stuttgart.

Marx, Karl (1971c): Manifest der kommunistischen Partei, in ders.: Die Frühschriften. Alfred Kröner Verlag: Stuttgart.

Marx, Karl (1974): Das Kapital – Kritik der politischen Ökonomie in 3 Bdn. Dietz Verlag: Berlin.

Marx, Karl (1987): Lohnarbeit und Kapital, in Karl Marx und Friedrich Engels: Ausgewählte Werke. Verlag Progress: Moskau.

Matten, Dirk und Crane, Andrew (2005): Corporate Citizenship: Toward an Extended Theoretical Conceptualization, in: Academy of Management Review, Vol. 30 (1), S. 166-179.

Matten, Dirk, Crane, Andrew und Chapple, Wendy (2003): Behind the Mask: Revealing the True Face of Corporate Citizenship, in: Journal of Business Ethics, Vol. 45 (1-2), S. 109-120.

Mehring, Reinhard (2005): Politische Philosophie. Reclam Verlag: Leipzig.

Meister Eckhart (1999): Deutsche Predigten, hrsg. von Louise Gnädinger. Manesse Verlag: Zürich.

Melé, Domènec (1999): Early Business Ethics in Spain: The Salamanca School (1526-1614), in: Journal of Business Ethics, Vol. 22 (3), S. 175-189.

Menger, Carl (1883): Untersuchungen über die Methode der Socialwissenschaften, und der Politischen Ökonomie insbesondere. Verlag Duncker & Humblot: Berlin.

Menger, Carl (1884): Die Irrthümer des Historismus in der deutschen Nationalökonomie. Verlag Alfred Hölder: Wien. Nachdruck Scientia Verlag: Aalen 1966.

Merswin, Rulman (1994): Die geistliche Leiter, in Deutsche Mystik, hrsg. von Louise Gnädinger. Manesse Verlag: Zürich.

Mill, John Stuart (1921): Grundsätze der politischen Ökonomie, Bd. 2, in Waentig, H. (Hrsg.): Sammlung sozialwissenschaftlicher Meister. Gustav Fischer Verlag: Jena, Bd. 18.

Mill, John Stuart (1924): Grundsätze der politischen Ökonomie, Bd. 1, in Waentig, H. (Hrsg.): Sammlung sozialwissenschaftlicher Meister. Gustav Fischer Verlag: Jena, Bd. 17.

Mill, John Stuart (1967): The Quarterly Review on Political Economy, in: Collected Works, Vol. 4-5: Essays on Economics and Society. University of Toronto Press: Toronto. Reprint Liberty Fund (2006): Indianapolis, IN.

Mill, John Stuart (1968): System der deduktiven und induktiven Logik – Eine Darlegung der Grundsätze der Beweislehre und der Methoden wissenschaftlicher Forschung, Bd. 3, in: Gesammelte Werke in 12 Bdn. hrsg. von Theodor Gomperz. Scientia Verlag: Aalen, Bd. 4.

Mill, John Stuart (1976): Über die Definition der politischen Ökonomie und ihre angemessene Forschungsmethode, in ders.: Einige ungelöste Probleme der politischen Ökonomie, hrsg. von Hans G. Nutzinger. Campus Verlag: Frankfurt am Main.

Mill, John Stuart (1991a): Über die Freiheit. Gustav Kiepenheuer: Leipzig.

Mill, John Stuart (1991b): Der Utilitarismus. Verlag Philipp Reclam: Stuttgart.

Mises, Ludwig von (1930): Begreifen und Verstehen, in: Jahrbuch für Gesetzgebung, Verwaltung und Volkswirtschaft Jg. 54 (2), 331-433. Wiederabdruck in: Grundprobleme der Nationalökonomie. Gustav Fischer Verlag: Jena 1933, S. 122-136.

Mises Ludwig von (1932): Die Gemeinwirtschaft – Untersuchungen über den Sozialismus. Gustav Fischer Verlag: Jena.

Mittelstraß, Jürgen (1992): Leonardo-Welt. Über Wissenschaft, Forschung und Verantwortung. Suhrkamp Taschenbuch Verlag: Frankfurt am Main.

Mommsen, Theodor (1993): Römische Geschichte in 8 Bdn. Deutscher Taschenbuch Verlag: München.

Montesquieu, Charles-Louis de Secondat de (1992): Vom Geist der Gesetze, in 2 Bdn. J. C. B. Mohr (Paul Siebeck): Stuttgart, Bd. 1.

Morus, Thomas (1995): Utopia. Verlag Philipp Reclam: Stuttgart.

Müller-Armack, Alfred (1948a): Wirtschaftslenkung und Marktwirtschaft. Verlag für Wirtschaft und Sozialpolitik: Hamburg.

Müller-Armack, Alfred (1948b): Das Jahrhundert ohne Gott. Regensbergsche Verlagsbuchhandlung: Münster.

Müller-Armack, Alfred (1972): Die Soziale Marktwirtschaft und ihre Widersacher. In Erhard, Ludwig und Müller-Armack, Alfred: Soziale Marktwirtschaft – Ordnung der Zukunft. Ullstein Verlag: Frankfurt am Main, S. 21-40.

Müller-Armack, Alfred (1976): Wirtschaftsordnung und Wirtschaftspolitik. Haupt Verlag: Bern.

Neumann, Manfred (2002): Neoklassik, in Issing, Otmar (Hrsg.): Geschichte der Nationalökonomie. Verlag Franz Vahlen: München, S. 271-288.

Nutzinger, Hans G. (1976): Gesamteinleitung, in: Mill, John Stuart: Einige ungelöste Probleme der politischen Ökonomie, hrsg. von Hans, G. Nutzinger. Campus Verlag: Frankfurt am Main, S. 10-17.

Ortega y Gasset, José (1996): Betrachtungen über die Technik, in ders.: Gesammelte Werke in 6 Bdn. Bechtermünz Verlag: Augsburg, Bd. 4.

Palazzo, Guido (2010): Des Kaisers neue Kleider? – Kritische Anmerkungen zum CSR-Boom, in Aßländer, Michael S. und Löhr, Albert (Hrsg.): Corporate Social Responsibility in der Wirtschaftskrise – Reichweiten der Verantwortung. Rainer Hampp: München, S. 73-82.

Pausanias (1999): Beschreibung Griechenlands, hrsg. von Jacques Laager. Manesse Verlag: Zürich.

Pekáry, Thomas (1979): Die Wirtschaft der griechisch-römischen Antike. Franz Steiner Verlag: Wiesbaden.

Petronius, Titus (1997): Satiricon, hrsg. von Fritz Tech. Aufbau-Verlag: Berlin.

Pieper, Annemarie (1985): Ethik und Moral – Eine Einführung in die Praktische Philosophie. C. H. Beck Verlag: München.

Pieper, Josef (2006): Schriften zur Philosophischen Anthropologie und Ethik: Das Menschenbild der Tugendlehre. Felix Meiner: Stuttgart.

Platon (1994a): Nomoi, in ders.: Sämtliche Werke in 4 Bdn., hrsg. von Hieronymus Müller und Friedrich Schleiermacher. Rowohlt Taschenbuch Verlag: Reinbek, Bd. 4.

Platon (1994b): Briefe, Achter Brief, in ders.: Sämtliche Werke in 4 Bdn., hrsg. von Hieronymus Müller und Friedrich Schleiermacher. Rowohlt Taschenbuch Verlag: Reinbek, Bd. 3.

Platon (1994c): Politeia, in ders.: Sämtliche Werke in 4 Bdn., hrsg. von Friedrich Schleiermacher. Rowohlt Taschenbuch Verlag: Reinbek, Bd. 2.

Platon (1994d): Sophistes, in ders.: Sämtliche Werke in 4 Bdn., hrsg. von Hieronymus Müller und Friedrich Schleiermacher. Rowohlt Taschenbuch Verlag: Reinbek, Bd. 3.

Platon (1994e): Gorgias, in ders.: Sämtliche Werke in 4 Bdn., hrsg. von Hieronymus Müller und Friedrich Schleiermacher. Rowohlt Taschenbuch Verlag: Reinbek. Bd. 1.

Plutarch von Chaironeia (1997a): Über Tugend und Laster, in ders.: Moralphilosophische Schriften, hrsg. von Hans-Josef Klauck. Verlag Philipp Reclam: Stuttgart.

Plutarch von Chaironeia (1997b): Atheismus und Aberglaube, in ders.: Moralphilosophische Schriften, hrsg. von Hans-Josef Klauck. Verlag Philipp Reclam: Stuttgart.

Polo, Marco (1983): Il Milione – Die Wunder der Welt. Manesse Verlag: Zürich.

Prien, Hans-Jürgen (1992): Luthers Wirtschaftsethik. Vandenhoeck & Ruprecht: Göttingen.

Pufendorf, Samuel (2003): The Whole Duty of Man, According to the Law of Nature. Liberty Fund: Indianapolis, IN.

Pufendorf, Samuel (2009): The Books of the Elements of Universal Jurisprudence. Liberty Fund: Indianapolis, IN.

Quesnay, François (1888): Analyse du Tableau Économique, in ders.: Œuvres Économiques et Philosophiques, hrsg. von August Oncken. Verlag Jules Peelman: Paris.

Quesnay, François (1965): Tableau Économique, hrsg. von Marguerite Kuczynski. Akademie-Verlag: Berlin.

Rapoport, Aanatol und Chammah, Albert M. (1965): Prisoner's Dilemma. University of Michigan Press: Ann Arbor, MI.

Rawls, John (1979): Eine Theorie der Gerechtigkeit. Suhrkamp Taschenbuch Verlag: Frankfurt am Main.

Ricardo, David (1994): Grundsätze der Politischen Ökonomie und der Besteuerung, hrsg. von Heinz D. Kurz. Metropolis Verlag: Marburg.

Rohr, Julius Bernhard von (1726): Compendieuse Haushaltungsbibliothek. Johann Christian Martini: Leipzig.

Röpke, Wilhelm (1979a): Jenseits von Angebot und Nachfrage. Haupt Verlag: Bern.

Röpke, Wilhelm (1979b): Civitas humana. Haupt Verlag: Bern.

Röpke, Wilelm (1994): Die Lehre von der Wirtschaft. Haupt Verlag: Bern.

Rothschild, Kurt W. (1992): Ethik und Wirtschaftstheorie. J. C. B. Mohr Verlag: Tübingen.

Rousseau, Jean-Jacques (1998a): Vom Gesellschaftsvertrag oder Grundsätze des Staatsrechts. Verlag Philipp Reclam: Stuttgart.

Rousseau, Jean Jacques (1998b): Abhandlung über den Ursprung und die Grundlagen der Ungleichheit unter den Menschen. Verlag Philipp Reclam: Stuttgart.

Rousseau, Jean Jacques (1998c): Emile oder über die Erziehung. Verlag Philipp Reclam: Stuttgart.

Sachs, Hans (1992a): Die ungleichen Kinder Evae, in ders.: Werke in 2 Bdn. Aufbau-Verlag: Berlin, Bd. 1.

Sachs, Hans (1992b): Wie Gott, der Herr, Adam, Eva und ihre Kinder segnet, in ders.: Werke in 2 Bdn. Aufbau-Verlag: Berlin, Bd. 2.

Sachs, Hans (1992c): Die ungleichen Kinder Evae, in ders.: Werke in 2 Bdn. Aufbau-Verlag: Berlin, Bd. 2.

Sachs, Hans (1992d): Der klagend Ehrenhold über Fürsten und Adel, in ders.: Werke in 2 Bdn. Aufbau-Verlag: Berlin, Bd. 1.

Schanz, Günter (1977): Grundlagen der verhaltenstheoretischen Betriebswirtschaftslehre. J. C. B. Mohr Verlag: Tübingen.

Schmidt, André (2009): Soziale Marktwirtschaft im Zeitalter des Systemwettbewerbs, in Aßländer, Michael S. und Ulrich, Peter (Hrsg.): 60 Jahre Soziale Marktwirtschaft. Haupt Verlag: Bern, S. 195-222.

Schmoller, Gustav von (1883): Zur Methodologie der Staats- und Sozialwissenschaften, in: Jahrbuch für Gesetzgebung, Verwaltung und Volkswirthschaft im Deutschen Reich, Jg. 7, 975-994. Wiederabdruck in Nau, Heinrich Heino (Hrsg.): Historisch-ethische Nationalökonomie als Kulturwissenschaft. Metropolis-Verlag: Marburg 1998.

Schmoller, Gustav von (1918): Die Soziale Frage. Verlag Duncker & Humblot: Berlin.

Schmoller, Gustav von (1978): Grundriss der allgemeinen Volkswirtschaftslehre in 2 Bdn. Duncker & Humblot: Berlin, Bd. 1.

Schubert, Andreas (1995): Platon: Der Staat. Schöningh Verlag: Paderborn.

Schultz, Helga (1997): Handwerker, Kaufleute, Bankiers – Wirtschaftsgeschichte Europas 1500 – 1800. Fischer Taschenbuch Verlag: Frankfurt am Main.

Schumpeter, Joseph A. (1993): Kapitalismus, Sozialismus und Demokratie. Francke Verlag: Tübingen.

Sen, Amartya (2003): Ökonomie für den Menschen – Wege zu Gerechtigkeit und Solidarität in der Marktwirtschaft. Deutscher Taschenbuch Verlag: München.

Seneca, Lucius Annaeus (1999): An Lucilius – Briefe über Ethik, in ders.: Philosophische Schriften in 5 Bdn., hrsg. von Manfred Rosenbach. Wissenschaftliche Buchgesellschaft: Darmstadt, Bd. 3.

Seuse, Heinrich (1993): Schriften, in Seuse, Heinrich und Tauler, Johannes: Mystische Schriften. Eugen Diederichs Verlag: München.

Sextus Empiricus (1996): Grundriss der pyrrhonischen Skepsis (Auszug), in Hossenfelder, Malte (Hrsg.): Antike Glückslehren. Alfred Kröner Verlag: Stuttgart, S. 300-369.

Smith, Adam (1985): Theorie der ethischen Gefühle. Felix Meiner Verlag: Hamburg.

Smith, Adam (1990): Der Wohlstand der Nationen. Deutscher Taschenbuch Verlag: München.

Smith, Adam (1996): Vorlesungen über Rechts- und Staatswissenschaften, hrsg. von Daniel Brühlmeier. Academia Verlag: St. Augustin.

Sombart, Werner (1967): Die drei Nationalökonomien. Verlag Duncker & Humblot: Berlin.

Sombart, Werner (1969): Der moderne Kapitalismus in 3 Bdn. Verlag Duncker & Humblot: Berlin.

Stehr, Nico (2007): Die Moralisierung der Märkte – Eine Gesellschaftstheorie. Suhrkamp Taschenbuch Verlag: Frankfurt am Main.

Steinmann, Horst (1978): Betriebswirtschaftslehre als normative Handlungswissenschaft. Zur Bedeutung der konstruktiven Wissenschaftstheorie für die Betriebswirtschaftslehre. Gabler Verlag: Wiesbaden.

Steinmann, Horst und Löhr, Albert (1992): Die Diskussion um eine Unternehmensethik in der Bundesrepublik Deutschland, in Lenk, Hans und Maring, Matthias (Hrsg.): Wirtschaft und Ethik. Reclam: Stuttgart, S. 235-252.

Steinmann, Horst und Löhr, Albert (1997): Begründungsprobleme der Unternehmensethik, in Geißler, Harald (Hrsg.): Unternehmensethik, Managementverantwortung und Weiterbildung. Luchterhand: Neuwied, S. 9-38.

Streller, Siegfried (Hrsg.) (1989): Die grundlichen und rechten Hauptartikel aller Baurschaft und Hintersassen der geistlichen und weltlichen Oberkeiten, vön welchen sie sich beschwert vermeinen, in Hutten, Ulrich von, Müntzer, Thomas, Luther, Martin: Werke in 2 Bdn., hrsg. von Siegfried Streller. Aufbau-Verlag: Berlin, Bd. 1.

Tauler, Johannes (1993): Predigten, in Seuse, Heinrich und Tauler, Johannes: Mystische Schriften. Eugen Diederichs Verlag: München.

Turgot, Anne Robert Jacques (1950a): Betrachtungen über die Bildung und Verteilung des Reichtums, Weddigen, Walter (Hrsg.): Anne Robert Jaques Turgot – Leben und Bedeutung des Finanzministers Ludwigs XVI, Klassiker der Wirtschaftswissenschaften, Bd. 1. Verlag Meisenbach: Bamberg.

Turgot, Anne Robert Jacques (1950b): Bemerkungen zur Denkschrift Saint-Péravys, in Weddigen, Walter (Hrsg.): Anne Robert Jaques Turgot – Leben und Bedeutung des Finanzministers Ludwigs XVI, Klassiker der Wirtschaftswissenschaften, Bd. 1. Verlag Meisenbach: Bamberg.

Ubl, Karl und Vinx, Lars (2000): Kirche, Arbeit und Eigentum bei Johannes Quidort von Paris, in Egger, Christoph und Weigl, Herwig (Hrsg.): Text – Schrift – Codex. Quellenkundliche Arbeiten aus dem Institut für Österreichische Geschichtsforschung, Bd. 35. Oldenbourg Wissenschaftsverlag: Wien, S. 304-344.

Ulrich, Hans (1984): Management. Haupt Verlag: Bern.

Ulrich, Peter (1987): Transformation der ökonomischen Vernunft. Fortschrittsperspektiven der modernen Industriegesellschaft. Haupt: Bern, 2. Aufl.

Ulrich, Peter (1988): Wirtschaftsethik als Wirtschaftswissenschaft. Beiträge und Berichte des Instituts für Wirtschaftsethik an der Hochschule St. Gallen: St. Gallen.

Ulrich, Peter (1997): Integrative Wirtschaftsethik. Grundlagen einer lebensdienlichen Ökonomie. Haupt: Bern.

Ulrich, Peter (2002): Der entzauberte Markt. Eine wirtschaftsethische Orientierung. Herder: Freiburg i.B.

Unkel, Karl (1882): Berthold von Regensburg. Bachem Verlag: Köln.

Vergil, Maro Publius (1990): Vom Landbau, in Hesiod – Vergil – Ovid: Werke und Tage – Vom Landbau – Liebeskunst, hrsg. von Niklas Holzberg. Deutscher Taschenbuch Verlag: München.

Volkmann, Hans (1979a): Theten, in Konrat Ziegler und Walter Sontheimer (Hrsg.): Der Kleine Pauly – Lexikon der Antike in 5 Bdn. Deutscher Taschenbuch Verlag: München. Bd. 5., Sp. 764f.

Volkmann, Hans (1979b): Sklaverei, in Konrat Ziegler und Walter Sontheimer (Hrsg.): Der Kleine Pauly – Lexikon der Antike in 5 Bdn. Deutscher Taschenbuch Verlag: München. Bd. 5, Sp. 230-234.

Vossenkuhl, Wilhelm (1992): Ökonomische Rationalität und moralischer Nutzen, in Lenk, Hans und Maring, Matthias (Hrsg.): Wirtschaft und Ethik. Verlag Philipp Reclam: Stuttgart, S. 186-213.

Wägner, Wilhelm (1902): Hellas – Land und Volk der alten Griechen. Otto Spamer Verlag: Leipzig.

Weber, Max (1988a): Agrarverhältnisse im Altertum, in ders.: Gesammelte Aufsätze zur Sozial- und Wirtschaftsgeschichte, hrsg. von Marianne Weber. J. C. B. Mohr (Paul Siebeck): Tübingen.

Weber, Max (1988b): Die protestantische Ethik und der Geist des Kapitalismus, in ders.: Gesammelte Aufsätze zur Religionssoziologie in 3 Bdn., hrsg. von Marianne Weber. J. C. B. Mohr (Paul Siebeck): Tübingen. Bd. 1.

Weber, Max (1988c): Der Sinn der „Wertfreiheit" der soziologischen und ökonomischen Wissenschaften, in ders.: Gesammelte Aufsätze zur Wissenschaftslehre. J. C. B. Mohr Verlag: Tübingen.

Weber, Wilhelm (1962): Geld und Zins in der Spanischen Spätscholastik. Aschendorff Verlag: Münster.

Weddigen, Walter (1950): Turgots Bedeutung, in ders. (Hrsg.): Anne Robert Jaques Turgot – Leben und Bedeutung des Finanzministers Ludwigs XVI, Klassiker der Wirtschaftswissenschaften, Bd. 1. Verlag Meisenbach: Bamberg, S. 1-43.

Wernher der Gärtner (1920): Meier Helmbrecht, übertragen von Fritz Bergmann. Insel-Verlag: Leipzig.

Willke, Gerhard (2002): John Maynard Keynes. Campus Verlag: Frankfurt am Main.

Wöhe, Günter (1984): Einführung in die Allgemeine Betriebswirtschaftslehre. 15. Aufl., Verlag Franz Vahlen: München.

Pseudo-Xenophon (1913): Atheneion Politeia, hrsg. von Ernst Kalinka. Teubner Verlag: Leipzig.

Xenophon (1920): Cyropädie, in Xenophon in 4 Bdn., in Langenscheidtsche Bibliothek sämtlicher griechischer und römischer Klassiker in 110 Bdn., Bd. 58 – 61, hier Bd. 3 (60), hrsg. von Christian H. Dörner. Langenscheidt Verlag: Berlin-Schöneberg.

Xenophon (1956a): Oikonomikos – Die Hauswirtschaftslehre, in ders.: Die Sokratischen Schriften, hrsg. von Ernst Bux. Alfred Kröner Verlag: Stuttgart.

Xenophon (1956b): Memorabilien – Erinnerungen an Sokrates, in ders.: Die sokratischen Schriften, hrsg. von Ernst Bux. Alfred Kröner Verlag: Stuttgart.

Xenophon (1982): Vorschläge zur Beschaffung von Geldmitteln oder Über die Staatseinkünfte, hrsg. von Eckart Schütrumpf. Wissenschaftliche Buchgesellschaft: Darmstadt.

Personenregister

Sachregister

www.ingramcontent.com/pod-product-compliance
Lightning Source LLC
Chambersburg PA
CBHW070842100426
42813CB00003B/722